한국전쟁 회고록

아버지 찾아 삼만리

조흥제 지음

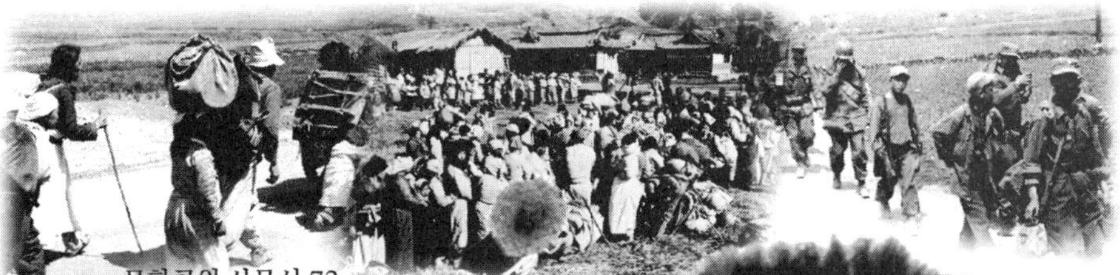

문학공원 산문선 72

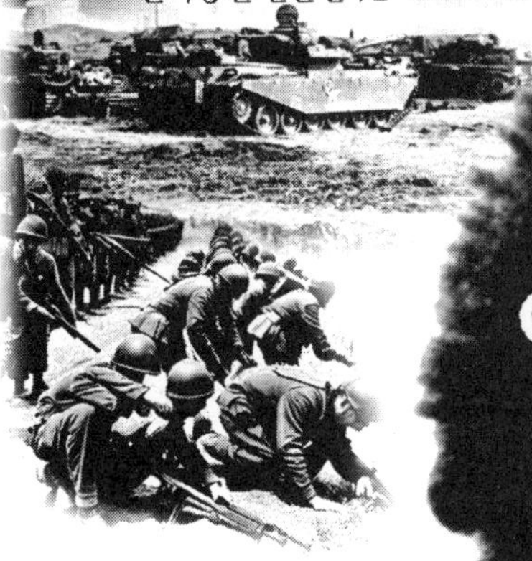

한국전쟁 회고록

아버지 찾아 삼만리

조흥제 지음

6.25전쟁을 직접 겪은 작가가 생생하게 풀어낸

우리 모두 알아야하는 전쟁의 이야기

문학공원

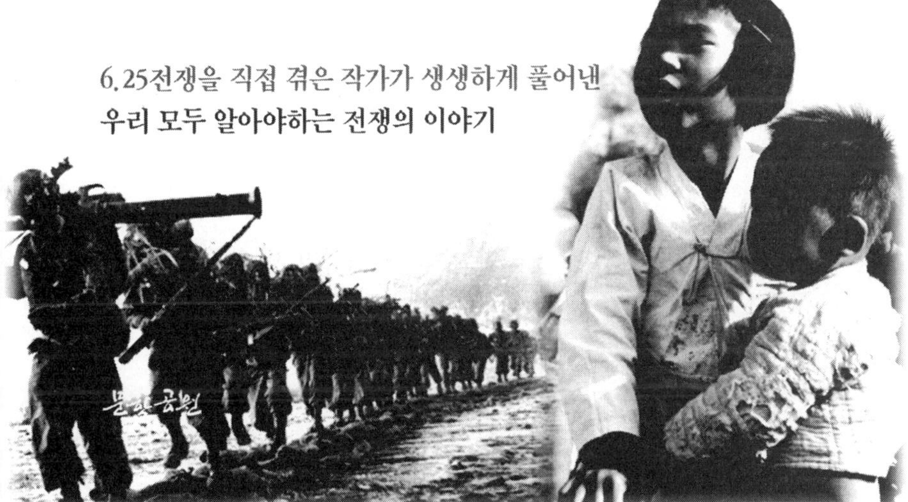

〈에필로그〉

휴전 70년을 맞으면서

이 기록은 내가 청소년기에 겪은 회고록이다.

대한민국 건국 후 6 · 25사변이 일어나 고향인 장단(長湍)을 떠나 충청북도 옥천(沃川)에서 피란 생활하다 휴전 후 대전(大田)에 나와 살 때까지의 기록으로 연대로는 1948~1954년 사이이다.

세월은 꿈결같이 흘러 홍안 소년이었던 내가 백발이 성성한 노인이 되었다. 이제 6·25 때 우리들을 지켜주시던 어른들은 다 저세상으로 가셨고, 그 시대 같이 고생했던 작은누님만 생존해 있다.

보입니다.

6·25 사변 날 밤 아비규환 속에 담임 선생님의 도움으로 건넜던 임진강 나루터.

보입니다.

썩어가는 참외밭이 있던 갈대만 무성한 거곡리 벌.

보입니다.

큰누님이 살던 노상리 붐베 마을.

보입니다.

내가 살던 장단군 장단면 도라산리 신촌 마을.

나는 지금 도라산 전망대에서 비무장지대(DMZ)여서 들어가지 못하는 우리가 살던 폐허가 된 장단읍과 인근을 내려다보면서 기억 속에 생생한 지역들을 어림짐작으로 짚어 보고 있다. 성큼 내려서서 가 보고 싶지만 그렇지 못하는 아픔!

눈앞에 두고도 가지 못하는 내 고향 '장단 가는 길'은 언제 열릴는지.

2023년 늦가을

조 홍 제

〈서문〉

민족의 아픔을 온몸으로 관통하다

김 순 진(문학평론가 · 은평예총 회장)

조홍제 선생님께서 6·25 한국전쟁을 몸소 보고 겪은 책을 출간하신다. 요즘 러시아가 우크라이나를 침공해 우크라이나 민족이 매우 큰 고난을 당하고 있고, 팔레스타인의 무장세력 하마스가 갑자기 밤중에 이스라엘에 5,000발 이상의 로켓포를 쏘며 침공함으로써 이에 분노한 이스라엘이 하마스 근거지를 대부분 폭격하며 팔레스타인의 무고한 시민들이 상상할 수 없는 고통에 휩싸여 있다. 게다가 이란, 예멘, 이라크, 시리아 같은 아랍국가들이 같은 이슬람 종파인 팔레스타인 하마스를 지원하며 참전할 태세여서 제3차 세계대전이 일어날까 봐 세계는 촉각을 세우고 있다.

나 역시 전쟁에 피해를 본 사람이다. 직접적인 피해를 본 건 아니지만 6·25전쟁으로 인해 화천군수셨던 할아버지가 인민군에게 총살당하셨고, 6.25동란 직전에 민주당 철원군 청년부장으로 원산에 가셨던 큰아버지가 나오지 못해 생사를 알 수 없다. 그로 인해 우리 가족의 삶은 매우 피폐할 수밖에 없었다. 할머니는 평생 수절과부로 살아야 했으며, 아버지 형제들은 4형제에서 3형제로만 살다 모두 작고하시고 작은아버지만 생전에 계시다. 전쟁으로 인해 가장과 큰아들을 잃은 우리 가족은 그 자체만으로도 고통인데, 북으로 가 나오지 못했던 큰아버지 때문에 연좌제에 묶여 늘 감시당하고 취업에 불이익을 당해야 했다.

나는 6·25전쟁 이후에 태어난 3세대인데도 그런 고통을 받고 살았는데, 직접 전쟁의 소용돌이에 휘말린 2세대였던 조홍제 선생은 어린 나이에 얼마나 마음고생이 심했을까? 요즘 사람들은 좋은 차 타고 빛내 아파트 사느라 스스로 자기를 어렵게 하는 문제에 부딪혀 어렵지만, 일제강점기와 6.25동란을 몸소 겪은 아버지 세대는 얼마나 살기가 팍팍했는지 가늠이 가지 않는다.

조홍제 선생은 일제강점기와 6.25동란을 몸소 겪으면서 우리 민족의 아픔을 온몸으로 관통하며 살아오셨다. 조홍제 선생 가족은 지금은 북한 땅인 경기도 장단에서 피란을 나와 아무것도 없이 허허발판에서 생존해야 했다. 전쟁의 과정에서 아버지와 떨어져 살아야 했던 조홍제 선생 가족들의 삶의 증언은 이 시대의 마지막 증언이다. 그는 후세에게 이런 처절하고 아픈 이야기들을 전해주지 않으면 안 된다고 결심으로 이 책이 출간하기에 이른 것이다. 매 단원마다 감동스럽고 가슴이 저리다. 오랜 문단생활을 통해 완숙미가 느껴지는 노(老) 작가가 후대에게 전하려고 작정하고 집필한 이 책은 증언 모두가 팩트며 페이지마다 감동 아닌 부분이 없다. 우리 민족 최고의 문학적 소재인 6·25 전쟁의 교훈을 그는 온몸으로 증언한다.

이에 책을 직접 출간하는 출판사를 운영하고 있는 필자는 이런 책을 좀 더 효과적으로 후손들에게 공급할 책임을 느낀다. 수십 년에 걸친 집필 과정과 노구를 이끌고 출판사에 수십 번씩 드나들며 마침내 책을 마무리하신 조홍제 선생의 노고에 우레 같은 박수를 보내드린다.

차례

제1부
단란하던 가정에

제2부
어머니를 잃을 뻔하다

차례

제3부
아버지 찾아 삼만리

제4부
쌀 한 가마니

제1부

단란하던 가정에

이 단원에서는 1948년 대한민국 건국 후 한반도의 변화를 다루었다. 남쪽은 대한민국을, 북쪽은 조선민주주의인민공화국(이후 북한으로 표기함)을 건국했다. 1950년 남침하여 낙동강까지 내려갔다가 연합군이 인천상륙작전에 성공하여 유엔군은 서울을 탈환하고 -38선을 넘어 압록강까지 갔다가 중공군의 참전으로 다시 내리 밀리는 상황을 다루었다. 우리는 경기도 장단에서 살다 피란 나와 전쟁이 앞서가 고향에 들어가 북한군 치하에서 살았다. 9.28수복이 되었으나 피란 나간 아버지는 안 오시어 어머니가 장사해서 먹고 살았다.

6·25사변 이전

김대중 정부 때 건축한 도라산역에는 서울역에서 9시에 출발하는 통근 열차를 타고 가야 한다.

도라산역이 세상에 관심을 갖게 한 것은, 해방 후 끊겨진 경의선 철로를 남한은 도라산역까지, 북한은 도라산역에서 이어가기로 합의하고 남한에서 부설한 최종점역이어서다. 하지만 북한은 약속을 지키지 않아 도라산역은 원래의 목적에서 벗어난 관광지로 밖에는 활용을 못 하게 되었다.

도라산역은 앞에 도라산이 있어 거기서 따온 역명이다. 도라산 서남쪽에서 6·25사변 때까지 살았었다. 도라산 정상 전망대에서 이제는 북한 땅이 된 초등학교 3학년 때 소풍 갔던 덕물산, 4학년 때 소풍 갔던 개성 송악산(松嶽山)과 만월대, 선죽교를 생각나게 했다.

도라산은 신라의 경순왕이 조국을 고려에 바치자 고려 태조 왕건은 경순왕에게 자신의 딸인 낙랑공주를 주어 부인으로 삼게 하고, 이곳 도라산에 별장을 짓고 살게 하였다. 하지만 경순왕은 태조의 후한 대접과 젊은 부인을 얻고서도 기뻐하기는커녕 먼 남쪽 하늘만 바라보고 한숨만 치 쉬고 내리 쉬었다. 오로지 자신의 나라였던 신라의 경주로만 돌아가고 싶다는 듯이. 그래서 도라산이 되었다는 전설을 간직하고 있다.

경순왕이 경주로 돌아가고 싶은 한을 담은 도라산은 오늘날 우리의 북한으로 가려는 염원으로 이어졌다. 도라산역은 그 역사적 사명을 띠고 이 땅에 태어났다. 도라산역에서 2km만 더 남서쪽으로 가면 내가 살던 장단역이 있다.

도라산역에 가기 위해 서울역에서 기차표를 샀다. 차표에서 **'서울↔ 도라산'**이라는 문자를 확인하는 순간, 내 몸은 사시나무 떨듯 감정이 격해 왔다. 얼마나 가고 싶었던 고향이었던가.

6·25사변 이후 남쪽지방에서 살면서, 꿈속에서까지 가보고 싶었던 정든 땅, 앞에는 개성이 있고, 우측에는 도라산이 있으며, 좌측에는 사천내가 있고, 뒤에는 임진강이 있는, 산 높고 물 맑은 살기 좋은 고장 내 고향…….

> 나의 살던 고향은 꽃 피는 산골
> 복숭아꽃 살구꽃 아기 진달래
> 울긋불긋 꽃 대궐 차리인 동네
> 그 속에서 놀던 때가 그립습니다

〈고향의 봄〉 노래의 풍경이 그대로 펼쳐졌던 고장이었다. 초등학교 5학년이었던 나는 학교 갔다 오면 책보를 방 안에 휙 던지고는 밖으로 놀러 뛰어나갔다. 그때는 어린이들 놀지도 못하게 하는 학원이 없었다. 학교에서 내준 숙제만 해도 잘하는 편이었다.

길 건너 친구네 집 앞 넓은 마당은 우리들의 놀이터였다. 거기서 자치기, 딱지치기, 구슬치기, 술래잡기, 가이생(S자 놀이), 밤에는 도둑놈잡기 놀이를 하면서 마음껏 뛰어놀았다.

여름에는 사천내로 미역 감으러 가서 수영복도 없이 고추를 내놓고도 창피한 줄 모르고 입술이 새파래질 때까지 놀았다. 도라산에서는 여치를 잡아 밀짚으로 나선형의 집을 만들어 마루에 매달아 놓으면 찌르륵찌르륵 잘도 울었다. 겨울에는 도라산에서 가마니 뙈기에 앉아 눈 언덕을 내려오다 떼굴떼굴 굴러도 해가 짧기만 했다.

나이가 들수록 어릴 적 기억이 새록새록 되살아나, '언제나 고향 땅을 밟아 보나.'하고 오매불망 기다렸는데, 일부나마 그 꿈이 이루어지는 순간, 나도 모르게 몸에 강한 전류가 흐른 것이리라.

드디어 열차가 임진강 철교를 건넌다. 새로 놓은 임진강 철교로. 그 전에 있던 철교는 옆에 깨진 교각들로 모습을 드러냈다. 강 건너 아래쪽에 낮익은 산이 보이는데 6·25사변이 일어난 날 오후 우리가 저 산모롱이를 돌아 배를 타러 갔었다. 그 나루터에서 배를 타려다 생(生)과 사(死)의 경계를 몇 번이나 넘나들었었다.

임진강 철교를 건너니 초등학교 2학년 때 임진강가 조랭이로 소풍가다 임진강 철교를 보고 놀라 탄성을 질렀던 기억이 난다. 꼬마들 눈에 그 철골은 장엄하게 보였던가 보다.

양옆에 있는 언덕을 보자 열차에서 떨어진 석탄(유연탄)을 줍고자 양동이(빠께쓰)를 들고 이곳까지 왔던 기억이 난다. 그때 석탄을 한 가마니나 모았는데 땔 줄을 몰라 그대로 두었지만 줍는 재미에 계속 했었다. 우리 집은 정미소 근방에 있어서 왕겨를 사다 아궁이에 넣고 풍구를 돌려 바람을 일으켜서 땠었다.

드디어 종착지인 도라산역에 도착했다. 역사(驛舍)는 유리로 만든 투명한 건물에 에스컬레이터까지 갖춘 최신 시설이었지만, 밖으로 나오자 황량한 들이 펼쳐지고, 50m 북쪽에 둘둘 말은 철조망이 보인다. 그 너머는 갈대꽃만 무성하게 핀 대한민국 행정권이 미치지 못하는 남방한계선이다.

역을 나서자 앞에 산이 있다. 그 산이 바로 도라산역의 역명을 낳게 한 도라산이다. 초등학생 때 저 산에서 삘기도 뽑아 먹고, 싱아도 꺾어 먹었다. 정상에는 뾰족 바위가 있었고 그 위에 올라서면 개성의 송악산, 임진강도 보이던 전망 좋은 곳이었다.

철조망 쪽으로 발길을 옮기자 침목이 있다. 그 침목에는 우리 대통령과 부시 미국 대통령이 왔다가 도라산역 준공을 축하하기 위해 쓴 글이다.

김대중 우리 대통령은 '평화와 번영의 한반도 시대, 김대중 이희호, 2000. 9. 18', 부시 미국대통령은 'February 2002. 2. 20. President of the United Startes of America. May This rail road unite Korean families. 이 철도가 한국 가족들을 합쳐주길 기원합니다.'라고 쓴 침목이.

셔틀버스가 왔다. 도라산 전망대와 제3땅굴, 통일촌을 일주하는 버스다. 기억 속에 생생한 고향산천이 어떻게 변했을까?

차는 먼저 도라산으로 올라갔다. 6·25사변 전에 도라산의 높이는

195m(군사지도)로 되어 있었는데 봉우리를 깎아 광장을 만든 지금의 높이는 158m라고 되어 있다. 무려 40여 m가 잘려나간 것이다.

광장 한쪽에 전망대가 있다. 거기에 들어가 망원경으로 북한 땅을 보았다. 앞에 보이는 내의 이름이 사천내인데, 거기가 남북의 경계선이라고 한다. 우리가 여름이면 매일 가다시피 한 멱(수영)감던 내다.

그 건너 초등학교 3학년 때 소풍 갔던 산꼭대기에 고려 말 충신 최영장군의 사당을 모신 무당촌이 있고, 관운장이 칼을 어깨에 메고 일어선 목상(木像)이 있던 덕물산, 4학년 때 소풍 가서 보았던 개성(開城) 선죽교와 만월대, 남대문(南大門, 한석봉의 친필) 뒤에 우뚝 솟은 송악산(松嶽山), 지금은 북한에 속한 땅들이 한눈에 들어온다.

시선을 밑으로 내리자 황량한 들이 펼쳐진다. 거기가 6·25사변 전에는 군청과 경찰서, 면사무소, 학교, 역, 금융조합(은행), 정미소, 면화공장 등이 있던 장단군의 심장부였다.

언덕을 파고 길게 부설했던 기찻길이 흔적조차 없다. 시가지 중앙에 산을 깎아 내고 지었던 모교 장단초등학교 터는 다시 산이 되었다. 매일 아침 운동장에 나가 반별로 열을 지어 서서 조회를 했다. 교장 선생님이 단 위에 올라가 일장 훈시를 하셨다. 무슨 말씀인지 귀에 하나도 안 들어오고 춥기만 했다. 훈시가 끝나면 담임 선생님이 때 검사를 했다. 손등을 펴고 있으면 선생님이 보고 때가 있으면 손바닥을 펴게 하고 30cm 대나무 자로 아프게 때리셨다. 조회가 끝나면 동북쪽에 있는 도라산을 바라보면서 교가를 불렀다.

높이 솟아 푸른 산 저 도랍산
이 맑은 정신을 몸에 지니고
험한 파도 헤치며 닦아 나가서
영원한 이 마을에 일꾼이 되리
맑고 길이 흐르는 저 임진강…

학교도, 주위에 형성되었던 시가지도 흔적조차 없고 푸른 숲만 펼쳐졌다. 우리 마을은 도라산 기슭으로 신촌말이라고 했다. 우리 집이 있던 곳을 짚어 보았다. 정미소와 면화공장이 있고, 철도를 건너는 다리 건너에 형성되었던 마을이다. 우리 집은 방 3개에 하늘만 보이는 안마당이 있고 대문간 밖에 도로가 있으며 뒤에 장독대가 있었다. 가족은 할아버지와 부모님, 여동생과 함께 다섯 식구가 단란하게 살았다. 우리 마을을 가리키는 표적은 아무것도 없다.

도라산 전망대에서 내려와 그 산 북쪽 기슭에 있는 제3땅굴을 찾았다. 북한군이 기습 남침하려고 국군 몰래 파 놓은 땅굴이 휴전선 전체에 20여 개가 되리라는 추측이고, 4개가 발견되었는데 그중 하나가 이 굴이다. 굴 안은 온통 바위다. 사람이 옆으로 넷이 서서 어깨 부딪히지 않고 걸을 수 있는 너비여서 한 시간에 15,000명의 사단 병력이 통과할 수 있는 규모라고 한다.

그런 큰 규모의 바위굴을 어떻게 소리 안 나게 뚫었을까. 국군에게 발각될까 보아 다이너마이트도 사용하지 못했을 터인데. 굴의 남쪽 끝에는 다섯 개의 출구가 있다고 한다. 북한군이 기습 침투 시 국군의 저지를 분산시키기 위해서다. 얼마쯤 들어가자 굴이 막혔고 저쪽은 북한 땅이라고 한다.

제3땅굴을 파는 조짐을 국군이 안 것은 바위 곳곳에 물을 채워 놓았는데 그 물이 움직였다. 북한군은 국군 몰래 파느라 폭약은 사용하지 못하고 곡괭이와 삽으로 파다가 단단한 바위가 나오면 극소량의 다이너마이트를 사용했던가 보다. 그것이 국군이 채워 놓은 물그릇을 출렁거리게 했던 모양이다. 누차 그런 현상이 벌어지자 국군이 그 지역을 파 들어가다 굴 끝 지점에서 북한 측과 만났다. 북한군은 아무것도 모르고 있었을 것이니 얼마나 놀랐을까.

내가 가 본 휴전선의 땅굴은 제3땅굴 외에 철원 북쪽 13km 지점인 군사 분계선 남방에서 발견된 땅굴은 너비 2.1m, 높이 2m, 길이 3.5km로 동작문인협회의 문학기행 때 가 보았다. 양구군 해안마을에도 땅굴이 있는데 그 지역은 1,000m 이상의 높은 산으로 둘러싸인 안에 있어서 미군들이 아이스크림 같이 생겼다 해서 '펀치 볼'이라고 명명했다. 그 마을은 면 단위의 큰 마을이다. 그 북쪽에 북한군이 파 놓은 땅굴이 있다. 산 위에 을지전망대가 있는데 거기는 1,000m가 넘는 고지에 군부대가 있다. 그 건너엔 가칠봉이라는 바위 봉우리가 있는데 북한 측 고지다. 미군이 엄청난 군사와 화력을 투입했어도 함락시키지 못했다.

유사시 완전무장한 북한군이 다섯 갈래로 땅벌 같이 쏟아져 나올 때, 국군의 저지가 가능할까? 휴전선에는 발견 안 된 땅굴이 수도 없이 많을진대, 북한군이 한날한시에 남한으로 침투한다면……, 아찔한 생각이 든다. 금강산을 가고, 개성공단이 남북 합작으로 운영되지만,

제3땅굴에 들어와 보니 섬뜩한 감이 든다.

"너 김일성 아냐?"

"몰라."

"김일성이 개성 송악산 너머에 빨갱이 나라를 세웠대."

"……."

같은 반 친구가 그런 말을 해준 것이, 내가 들은 김일성 이름의 최초였다. 친구는 덧붙여 "김일성은 우리나라에 쳐들어온대."라는 말도 해주었다.

그 친구의 형이 개성에 있는 중학교에 다녀서 그 방면의 소식을 많이 알았다.

"전쟁이 나면 하루에 끝나냐."

"몰라."

"어두우면 어떻게 싸우냐?"

이런 대화도 나누었었다.

그 후에 전쟁이 일어나는 꿈을 자주 꾸었다. 빨갱이 나라 군인들이 우리 군인을 위에서 누르는 꿈을 깨고는 불안감을 느꼈다.

'전쟁이 일어나면 우리는 어떻게 되나?', '피란을 가야 하나?, 가만히 있어도 되나?'하는 생각에 가끔 사로잡히기도 했다. 그 생각이 망상일 줄 알았는데.

주위에서 그런 얘기를 하는 사람은 없었다. 모두가 해방을 맞은 기쁨에 들떠 행복한 앞날을 설계하곤 했었다.

세계 2차 대전에서 일본이 패할 징조가 보이자 연합국 대표들은 일본이 지배하고 있던 조선을 어떻게 처리할 것이냐를 놓고 모임을 가졌다. 미국의 루스벨트, 영국의 처칠, 중국의 장개석 총통 등이 얄타에 모여 의논하였다.

그 후에 포츠담에 모여. 조선을 독립시키자는 데 합의하였다. 조선을 독립시키자는 안을 내놓은 것은 중국의 장개석 총통에 의해서였다.

장개석은 조선의 윤봉길 청년이 1932년 상해 홍구공원에서 일본 천황의 생일축하식에 모인 일본군 수뇌부들에게 물폭탄을 던져 일본군 대장 등 고위급 몇 사람이 죽고 다치게 했다. 장개석은 윤봉길 의사를 보고 100만의 군사로도 할 수 없는 큰 업적을 조선 청년 혼자 이룩했다고 감탄했다. 장개석은 그 후 공산주의를 신봉하는 모택동과 싸워 패하자 대만으로 건너와서 국민당 정부를 세웠다.

연합국의 조선을 독립시키려는 계획이 사회주의 국가인 소련이 참전하면서 변수가 생겼다. 미국은 소련의 참전을 계속 권유했으나 미루어 오다가 일본 히로시마에 원자 폭탄이 떨어진 3일 후인 8월 9일에 스탈린은 일본에 선전포고하고 참전했다. 8월 15일 일본이 항복할 당시 미군은 오키나와에 있었고, 소련군은 북한에 들어와 있었다. 미군은 한반도 중앙에 있는 38선 이남엔 소련군이 넘어 오지 말라고 하자 소련도 그 안을 받아들였다.

미국과 소련은 '조선반도를 어떻게 할 것이냐?'를 놓고 머리를 맞대고 의논한 결과 UN의 감시하에 5년간 신탁통치하기로 합의하였다. 남한에선 반대했고 북한에선 찬성했다. 하지만 소련은 북한을 자기들

체제인 사회주의 국가를 세우려고 하여 유엔 대표의 38선 이북의 방문을 막았다. 그러자 미국도 우선 남한에서만이라도 자유 민주 국가를 세우려고 1948년 5월 10일 국회의원 선거를 실시하였다.

어느 날부터인가 거리에는 가로로 높게, 커다란 현수막이 걸리고, 거기에 크게 쓴 글자들이 보였다. 거리에서는 왕왕 떠드는 소리가 났다. 그것들은 대한민국 초대 국회의원 선거 유세 장면이었다. 그 선거에서 948명이 입후보하여 198명의 국회의원을 뽑았다. 임시 국회 청사로 사용했던 중앙청에서 유진오 박사가 제출한 헌법초안을 통과시켰다. 이렇게 해서 만들어진 헌법에 의해서 3권 분립과 '대한민국의 영토는 한반도와 그 부속도서로 한다. 주권은 국민으로부터 나온다.'는 사유재산을 인정하고 능력에 따라 돈을 버는 자유민주주의 국체(國體)를 가진 대한민국이 탄생되었다. 헌법에 의해서 대통령을 국회에서 간선(間選)으로 뽑았는데, 미국에서 독립운동을 했던 이승만(李承萬) 박사가 당선되었다.

북한은 조선민주주의 인민공화국이라는 사유재산을 부정하고 농장에서 공동으로 일하고 배급을 받는 공산주의 정권을 세웠다. 그리하여 한반도에는 성질이 다른 두 개의 정부가 세워져 날이 갈수록 대결의 골이 깊어져 갔다.

그 무렵 우리 학교 운동장에서는 학교 공부가 끝난 다음에 바지·저고리를 입은 청년들이 목총을 어깨에 메고 훈련을 받았다. '한복을 입고 목총으로 훈련받는 군대, 저들이 전쟁이 일어나면 싸울 수 있을까?'하는 생각이 들었다. 훈련병들이 목총을 어깨에 메고 행진하면서 이런 가사의 군가를 불렀다.

신 대한 국방군을 뽑는다는 이 소식
손꼽아 기다리던 이 소식은 꿈인가
한 골짝 쓰는 자여, 두 골짝 쓰는 자여
나라님께 병정되길 지원합니다

어느 날 저녁때 시가지가 떠들썩하여 나가 보니 지붕 없는 차(스리쿼터)에 푸른 제복을 입고 철모에 풀을 꽂은 군인들이 기관총 앞에서 방아쇠를 당기는 자세로 달리는 것이 아닌가. 늠름하고 믿음직스러웠다. 주민들은 환호하면서 박수를 보냈다. 핫바지 청년들의 목총 훈련만 받는 것을 보아 오다가 저렇게 제대로 된 기백 넘치는 군인들을 보니 그 동안 불안했던 마음이 싹 가셨다. 그들은 국군조직법에 의하여 탄생된 우리 국군의 창군 멤버였다.

저들이면 우리를 지켜 줄 수 있을 것이다. 어느 누가 저들 앞에서 맞설 수 있으랴!

그 무렵 서울에는 군사영어학교가 생겼다. 6·25 당시 춘천 방면을 지켰던 6사단장 김종오 장군도 군사영어학교 출신이다. 그는 일본에서 대학교에 다니면서 2차 대전 때 학도병 훈련을 받다 힘이 들어 장교 교육생으로 전환하던 중 광복을 맞았다. 조치원 근방인 집으로 와서 서울 소식이 궁금하여 올라갔다가 미군이 경영하는 군사영어학교에 입학했다. 일제강점기 때 군대에 있던 한국인 장교들은 여기에 많이 몸담았다. 학생 중에도 공산주의자가 많아 학생들 사이에도 논쟁이 벌어졌다. 공산주의 신봉 학생들은 자유주의 학생들을 위협하여 자기들 편으로 만들었다. 김종오 학생도 저들이 끌고 가서 폭력을 가하려는 것을 기적처럼 벗어났다. 군사영어학교 출신들이 전쟁 때 장군으로 활동한 사람이 많다(백마고지)고 한다.

그 무렵 사회에도 좌우의 대립이 극심하였다. 박헌영, 여운형 등이 공산주의 정권을 세우려 하였다. 미국에서 독립운동을 하던 이승만 박사가 돌아오자 우파들은 이승만을 구심점으로 뭉쳤다. 그러자 좌파들은 폭동을 일으켰다. 용산 철도국 파업, 대구 10·1폭동 사건이다. 용산 사건에는 김두한 패가 가담하여 살인을 저질러 미군정 재판에서 사형이 구형되기까지 했다. 군대에도 공산주의자들이 많았다. 여수·순천 반란 사건, 제주4·3사건 등 전국에서 크고 작은 폭력 사건이 많이 일어났다.

38선은 개성에만 있는 것이 아니라 장단군 동쪽인 장남면에도 있다. 양쪽 군인들 사이에 충돌이 자주 일어났다. 그때마다 일선 부대에서는 경찰에 지원을 요청했고, 고랑포 지서에서는 본서인 장단경찰서에 연락하였다. 본서에서는 옥상에 있는 사이렌을 울렸다. 비번인 경찰관들을 소집하는 신호였다.

사이렌은 시계가 귀했던 그 시절, 시간을 알려 주는 역할도 했다. 새벽 4시에는 통금 해제, 정오, 자정에는 통행금지, 이렇게 하루에 세 번 울렸다. 그 외에 불이 났을 때는 연거푸 3번, 38선에서 충돌 시에는 아홉 번을 울렸다.

미군은 대한민국 정부가 수립되고 국군이 창설되자, 고문단만 몇백 명 남기고 일본으로 건너갔다. 소련군도 북한에서 철수하여 한반도에 외국군은 없었다. 북한은 겉으로는 남한에 평화회담을 열자고 제의하면서 비밀리에 전쟁 준비를 했다. 국군은 그런 눈치를 못 채고 무사태평으로 있었다.

그 무렵부터 6·25사변 전까지 38선 전체에선 남북한군의 충돌이 850여 회 일어났다. 개성에선 뒷산인 송악산 정상 능선으로 38선이 지나가 양군의 충돌이 가장 많았다. 개성 시내에도 박격포탄이 떨어졌다.

6·25사변이 일어나기 전날 일선부대에선 장병들에게 대규모 휴가를 보냈다. 6월 24일 밤 육군참모총장 채병덕 소장을 비롯한 군 수뇌들은, 미군 장교구락부 낙성식에 참석해 곤드레만드레가 되었다. 깨어 있는 사람은 육군본부의 북한반장인 김종필 중위뿐이었다.

이렇게 대한민국의 신경을 마비시켜 놓고, 한반도 중간에 가로 놓인 38선이란 도화선은 서서히 타들어 가고 있었다.

6·25사변이 일어나다

어느 날 새벽 파상적으로 울리는 사이렌 소리에 잠이 깼다. '또 38선에서 충돌이 일어났구나.'하는 생각을 할 즈음, 트럭을 타고 가는 경찰관들의 떠들썩한 소리가 들렸다. 그런 일이 자주 있었기 때문에 대수롭지 않게 생각하고 다시 잠이 들었다. 그 사이렌 소리가 우리 민족으로서는 영원히 잊을 수 없는, '6·25사변' 발발의 첫 신호일 줄이야 그 누가 알았으랴!

그날은 일요일이었다. 아침을 먹고 여느 때와 같이 마을 앞 친구네 마당에서 자치기를 하면서 놀고 있는데 짐을 이고, 진 사람들이 북쪽에서 많이 내려왔다. 북한군이 봉동까지 왔다는 소문도 있었다. 봉동은 개성과 장단 사이에 있는 기차역이다.

동네 분위기가 들뜨고, 뭔가 큰일이 일어난 것 같았다. 친구 누나가 밖에서 놀고 있는 제 동생을 불러들여서, 우리들도 마음이 어수선하여 집으로 발길을 돌렸다. 길 건너에 있는 아버지가 경영하시던 목공소로 갔더니 거기서는 어른들이 머리를 맞대고 구수회의를 하고 있었다.

아버지께서 들어서는 나를 부르시더니 '북한군이 지금 봉동까지 왔다는구나, 한 3일은 피해 있어야 될 것 같다. 너는 금순(여동생)이 데리고 붐베(장단면 노상리) 큰누님네 집으로 가거라. 우리는 상황을 봐 가면서 갈 터이니. 혹시 모르는 일이다. 전쟁이 길어지면 부모를 못 만나게 될는지도……, 그렇게 되면 동생을 잘 보살펴 주어 전쟁이 끝난 후에 만나도록 하자.'고 하셨다.

우리 남매를 누님댁에 보내면서 아버지께서 만약 '부모를 못 만나게 되더라도 동생 데리고 굳세게 살아 전쟁이 끝난 후에 만나도록 하자'고 하시는 음성은 떨렸고, 눈에는 이슬이 맺히셨다. 엄격하셨던 아버지, 조금의 흐트러짐도 없으셨던 아버지였는데.

'평소에 국군이 북한군을 물리쳤듯이 이번에도 격퇴할 것이다. 국군이 일시적으로 밀리지만 곧 반격할 것이다.'하는 생각이 나를 비롯한 마을 사람들의 가슴 속에 가득 찼었다. 아버지는 그 기간을 3일로 보신 것이다. 하지만 만약의 경우를 가정하고 그런 말씀을 하셨으리라. 아버지께선 몇 시간 후에 가족과 헤어질 자신의 운명을 아신 것일까. 운명의 장난은 우리 가족을 그쪽으로 몰고 갔다.

나와 여동생은 십 리쯤 떨어진 큰누님댁으로 갔다. 평소에 내가 가면 반가워했던 누님도 그날은 무심하였다. 점심때 이웃에 살던 작은집 식구들과 함께 부모님도 오셨다.

점심을 먹고 사돈어른께 피란 가자고 권유했으나, 환갑 가까운 그 분들은 가지 않겠다고 하셨다. 할 수 없이 누님 내외와 시동생만 우리와 동행하였다.

이리하여 삶과 죽음의 경계를 수 없이 넘나들었던 6·25, 1·4후퇴, 후방에서의 피난 생활 등 3년여 동안 계속된 한국전쟁을 겪었다. 3일이면 다시 돌아오리라고 예상했던 고향은 70년 넘는 오늘날까지, 홍안

▲ 20대의 조홍제 선생 사진

소년이었던 내가 백발이 성성한 노인이 되도록 타향살이하는 처량한 신세가 되었다.

누님네 마을 뒷산에 올라서니 임진강이 보였다. 강을 끼고 어느 산모롱이를 도니 나루터가 나오고, 거기에 피란 가려는 수많은 사람들이 있었다. 배는 몇 척 안 되고, 사람들은 많아 15명의 우리 일행이 한꺼번에 건너기는 힘들었다.

어른들이 대책을 의논하시더니 '어른 하나가 아이들 둘씩 데리고 강을 건너되, 먼저 건넌 사람은 강가에 일렬로 늘어선 미루나무 중 가운데 있는 가장 큰 나무 밑에서 기다리라.'는 지시를 내렸다.

아버지는 무거운 연장 궤를 지셔서 혼자 건너려 하셨고, 나와 여동생은 어머니와 같이 행동하기로 했다. 우리 남매는 어머니 양쪽에서 손을 붙잡고, 배가 오면 달려갔으나 사람이 많아서 탈 수가 없었다. 몇 번 배를 타려다 보니 어머니 손을 놓쳤다. 어머니를 오래도록 찾았으나 일행마저도 못 만났다. 우리 일행은 다 강을 건넜다. 이쪽에는 나밖에 없다고 결론지으니 두려움이 밀물과 같이 밀려왔다.

사람들은 강을 건너기가 쉽지 않자, 크고 무거운 짐들을 버리기 시작했다. 쌀가마니, 이불 보따리 등을. 배가 들어오면 사람들이 벌떼같이 달려들어 배를 붙잡고 실랑이를 벌여 배가 전복되려 하자 사공은 배를 강가에 바짝 대지 않아, 허리까지 차는 물에 들어가서 타야 했다. 아비규환이란 말은 이런 때를 이름인가. 평온하던 나루터가 아수라장으로 변한 상황을.

그때 뒷산에서 난데없는 총소리가 들렸다. 시꺼먼 옷을 입은 사람들이 뛰어 내려왔다. 그들은 50명쯤 되었다.

그중 대장인 듯한 사람이 앞에 나서더니 '에, 우리들은 경찰관입니다. 싸우다 왔습니다. 당신들은 내일 건너도 되고, 모레 건너도 되지만 우리는 오늘 건너지 않으면 안 됩니다. 먼저 건너게 해주십시오.' 라고 했다.

그들은 우리의 묵인을 받고 모두 건넜다.

오늘날 경찰은 치안 임무에만 종사하지만, 그때 경찰은 치안과 국토방위, 두 가지를 겸했으니 일이 많았다. 경찰들이 건넌 후 배 타려는 경쟁은 더 치열해졌다.

뱃전을 잡고 오르려고 하면 배는 출발하고, 손은 먼저 탄 사람들이 매몰차게 떼어 놓았다. 만조 때여서 황토색의 붉은 물이 노도와 같이 밀려올 때였는데, 배를 못 탄 사람들은 센 물살을 헤치고 나와야만 했다. 헤엄을 못 쳤으면 떠내려갔을 것이고, 불쌍하게 생각하는 사람은 아무도 없었을 것이다.

나는 다행히 헤엄을 칠 줄 알아 물에는 겁을 먹지 않았다. 배가 오는 대로 들어가서 뱃전을 잡았으나, 힘이 약하여 어른들에게 번번이

밀렸다. 계속 배를 쫓아다니다 보니 날은 이미 어두워졌다. 그런 일이 반복되다 어렵게 뱃전에 올라섰지만 들어설 공간이 없었다. 배가 기우뚱하자 물로 떨어지지 않으려고 앞에 앉은 사람의 어깨를 짚자 그가 올려다보았는데, 4학년 때 담임 선생님이었다.

"아니, 너 조홍제 아니냐."

"예, 선생님."

지옥에서 부처님을 만난들 이렇게 반가울까.

선생님이 일어서시더니 "네가 여기 앉아라, 내가 거기 서 있을 터이니."라고 하시는 것이 아닌가.

"아니, 괜찮습니다, 선생님."

선생님은 자신의 자리에 나를 앉혀 주고 내가 섰던 뱃전에 서셨다.

"이곳은 깊지 않으니 내리세요."

배가 강심을 조금 벗어나자 사공은 내리라고 하였다. 여러 사람들이 더 가자고 하자 사공은 "저 사람들을 다 건네주려면, 여러분들이 협조해 주셔야 합니다."했다.

그러자 뱃전에 섰던 선생님이 '어디 내가 내려 보지.'하고 뛰어내리니 가슴까지 찼다.

"여기는 아이들도 있는데, 좀 더 갑시다."하는 사람들의 빗발치는 요구에 배는 조금 더 갔다. 거기도 내 가슴까지 찼다.

사공은 한 사람이라도 더 건네주려고, 무척 애쓰는 걸 거기서 느낄 수 있었다. 뱃삯도 안 받고 수고해주었던 사공이 지금 생각하니 무척 고마웠다.

▲ 작은어머니 회갑날 식구들과

나루를 건너서 헤어진 가족을 불렀다. 하지만 가족을 잃은 사람이 나뿐이 아니어서 그들의 가족을 찾는 소리가 악머구리 끓듯 하였다.

으스름 달밤(음력 초열흘)이어서 어둡지는 않았다. 약속 장소인 미루나무가 있는 강가로 발길을 옮겼다. 하지만 미루나무에 다가서자 가시덩굴이 막아 더 이상 가기가 어려웠다. 건너편에서 보던 바와는 전연 달랐다. 일렬로 늘어선 여러 나무 중 가운데 있는 큰 나무 밑이 만나기로 되어 있던 장소였는데 가까이서 본 나무들은 처음부터 길을 막았다. 무리하여 더 들어서자 숲속에서 곤히 잠자던 산새들이 '푸르륵 푸르륵' 날았다.

'어머니'하고 목청껏 불렀으나 대답하는 것은 '우어어~'하는 메아리 소리뿐이었다. 온몸에 소름이 끼치도록 무서웠다. 다시 나루터로 나와 가족과 사촌들의 이름을 불렀다. 그때 어디서 '홍제냐'하는 소리가 들렸다. 그쪽으로 뛰어가면서 계속 불렀다. 그곳에는 사촌 형 둘이 어린 여동생을 안고 길옆 논둑에 앉아 있었다. 양쪽 모두 가족이 아니어서 실망하였다.

17세였던 사촌 큰형은 '지금 가족을 찾아다녀야 소용없다. 여기서 밤을 새우고 내일 아침에 찾도록 하자.'고 하였다. 형의 말을 따를 수밖에 없었다.

논둑에 앉아 있으니 긴장이 풀리고 물에 젖은 몸은 속에서부터 떨려 왔다. 일각이 여삼추같이 날이 밝기를 기다렸다. 그때 우리에게 다가서는 남자가 있었다.

"너희들 여기서 자려고 하니."

"예, 가족을 잃었어요."

"나는 저 안 동네 사는 사람인데, 우리 집에 가서 자고 내일 아침에 찾도록 하여라."

"예, 감사해요."

우리는 그 사람을 따라가는데 마을 입구에 들어서자 피란민 한 떼가 쉬고 있었다. 그중엔 아는 사람도 있어 거기에 합류하였다.

산을 넘자 마을 사람들이 마당에 멍석을 깔고 앉아서 쉬다가 우리에게 자리를 내주었다. 그때 돌 지난 사촌 여동생이 까르르 울었다. 주인은 우리를 자기네 건넌방으로 불러들여 큰 뚝배기에 국밥 한 그릇을 주었다. 세 사람이 게 눈 감추듯 먹고 그대로 잠이 들었다.

어느 때나 됐는지 쾅쾅 대문 두드리는 소리에 잠이 깼다.

“형님, 문 열어요. 큰일 났어요.”하는 소리를 듣고 주인이 나가서 대문을 열자 ‘지금 국군들이 뒷산에 개미떼 같이 진을 치고 있어요. 조금 있으면 이 마을이 불바다가 된대요. 빨리 피란 가야 해요.’하는 것이 아닌가. 주인의 동생인 모양이다. 고요하던 그 집도 난장판이 되었다.

우리는 더 있을 수 없어 어둠 속으로 나와 목적도 없이 무작정 걸었다. 임진강의 습한 공기는 젖은 몸과 마음을 더욱 움츠러들게 만들었다. 그때 여명 속에서 앞에 오는 사람의 형상이 눈에 익었다. 가까이 오는 걸 보니 작은아버지였다. 일행이 다 같이 강을 건넜다고 하셨다.

앞서간 전쟁

작은아버지를 따라 한참 가니 길가 어느 집 추녀 밑에서 일행들이 쉬고 있었다. 누구보다 반가운 건 어머니였다. 아버지는 안 계셨다. 어머니는 아버지보다도 나 때문에 무척 걱정했다고 하셨다.

숙부는 일행과 같이 있다가 강을 건너기가 쉽지 않자 강가에 있는 아는 사람네 집에 갔더니 주인이 없어 거기서 저녁을 해 먹고 쉬다가 새벽에 나와 보니 사람이 많지 않아 어렵지 않게 강을 건넜다고 하셨다. 나는 그런 줄도 모르고 일행이 다 건넌 줄 알고 혼자 애썼으니 어처구니가 없었다.

길가 어느 집 추녀 밑에서 돌을 세 개 괴어 놓고 냄비에 밥을 해 먹었다. 짐을 꾸려 남자들은 짊어지고, 여자들은 머리에 이고 큰길을 따라 남쪽으로 가는데 느닷없이 하늘에서 '따다다당'하고 벼락 치는 소리가 들렸다. 올려다보니 제비보다 더 빠른 비행기 두 대에서 시뻘건 불줄기가 뻗어 나가는 것이 아닌가. 그 끝에 시커먼 비행기 일곱 대 중 두 대가 맞으니 나머지 다섯 대는 북쪽으로 기수를 돌려 달아났는데, 그 비행기들은 북한군의 '야크 전투기'였다. 불줄기를 맞은 두 대의 비행기는 검은 연기를 뿜고 큰 포물선을 그리면서 서서히 떨어졌다. 공격한 제비보다 더 빠른 비행기는 '士'자 같이 생긴 미 공군의 F-80 전투기였고, '호주기', '쌕쌔기'라고도 불렀던 6·25 때 유일한 초음속전투기였다. 그 공중에서의 충돌이 6·25사변 때 일어난 최초의 공중전이었다고 전사에는 기록되어 있다. 미군 전투기들은 한국군에게 조종술을 가르치려고 파견된 미 공군 교관의 것으로 보인다. 그들은 한국군 10여 명에게 조종술을 가르치던 중이었다. 한국군이 실습하던 비행기는 연습용으로 폭탄을 손으로 투하했다는 기록이 있다.

그럼에도 불구하고 북한군의 야크기들은 다음날인 27일 김포비행장을 폭격하였다. 그때 공항에 대기하고 있던 미군 전투기들이 떠올라 공중전을 벌여 야크기들이 참패를 당했다. 여러 전사에는 그 공중충돌이 6·25 최초의 공중전이라고 하는데 임진각 근방에서 일어난 것이 최초의 공중전이었다.

하지만 6·25사변 발발 이후 얼마 동안 북한의 야크기는 남한에서 제공권을 장악했다. 놀라운 것은 미 공군의 대형폭격기인 B-29기 2대가 야크기의 공격으로 떨어졌다는 사실이다.

큰길로 가면 위험하다고 하여 우리는 샛길로 접어들었다. 그날 저녁때 어느 마을을 지나는데 사람들이 원을 그리고 둘러서 있었다. 그 근처에 비행기가 떨어졌다면서 아이들이 뒷날개 한 부분을 주워온 것을 보고 있는 중이었다. 나무에 검푸른 페인트칠을 했고 헝겊도 붙어 있었다. 비행기는 쇠로 만든 줄 알았는데 뒤쪽에는 나무도 있다니 놀라웠다.

조종사는 소련 사람으로 새카맣게 타서 죽었다고 했다. 그 소련군은 공군으로는 참전했던가 보다. 그날 낮 빨갛게 익은 토마토밭을 지났다. 우리 마을에서는 7월은 돼야 나오던 때여서 신기했다. 타향에는 볼거리가 참 많았다.

어느 마을 앞에서 쉬는데 주민들이 전쟁이 가까이 왔다고 걱정들을 하고 있었다. 정자나무에서 한가로이 나는 왜가리가 부러웠다. 인간 세상엔 온통 난리가 났는데도 영향을 받지 않는 저들이. 순간 '나도 죽을 수 있을까? 죽으려면 얼마나 아플까?' 생전 처음 죽음을 생각해 보았다.

비행기 잔해를 구경하고 숙부는 마을 이장을 찾아가 자고 갈 집을 주선해달라고 부탁했다. 그의 안내로 어느 집 대문간을 빌렸다. 우리는 사람이 드나드는 대문 안 헛간에 짐을 벗어 놓고 안마당에서 밥을 해 먹었다. 어둡기를 기다려 그 집 식구들이 다 들어온 후 가마니를 깔고 그 위에 이불을 펴고 누우니 공간이 좁아 옆으로 꼭 껴서 누웠다.

전날 밤 잠을 못 잔 어른들이지만 좀처럼 잠이 오지 않는 모양이었다. 하루 사이에 너무나 달라진 환경이 실감 나지 않았던가 보다. 거기다 남의 집 봉당을 얻어 가마니를 깔고 좁게 자는 불편함과 처량함 때문이리라. 한숨 소리만 여기저기서 들렸던 것으로 보아서…….

밤중에 요란한 총소리가 뒷산 너머에서 계속 들리자, 작은아버지와 매형은 구경 간다고 집을 나섰다. 그때 숙부는 30대 후반, 매형은 20대 중반이었으니 호기심도 많았으리라. 한참 만에 돌아온 그들은 멀지 않은 곳에서 불덩어리들이 날아다니더라고 했다. '우리가 이렇게 많이 왔는데 전쟁은 어떻게 해서 우리 뒤를 바짝 따라 왔을까?'하는 생각을 하니 무서웠다.

이튿날 아침에 일어난 누님이 돌아앉아 훌쩍훌쩍 울었다. 어린 아들과 시부모님을 모시고 나오지 못한 때문이라고 했다. 누님은 효부였던 모양이다.

20대 초반이었던 누님은 교육을 반듯하게 받았다. 엄격한 할아버지와 할머니, 부모님 밑에서 자라 가정교육을 잘 받았고, 일제강점기 때 소학교에 다닐 때 공부도 잘하여 일본인 선생이 일본 유학을 권유했다고 한다. 하지만 배일사상이 농후했던 할아버지께서 반대해 무산됐고 학교 졸업 후 집에서 쉬고 있을 때 일본군이 조선 처녀들을 잡아간다는 소문이 떠돌았다. 결혼한 여자는 괜찮다고 해서 누님은 16세라는 어린 나이에 시집을 갔다. 그때 잡혀간 조선 처녀들이 만주로, 남양군도로 일본군을 따라다니면서 성 시중을 들었던 위안부들이다.

그녀들이 요즈음 일본이 부인하는 위안부의 존재를 인정하라고 끈질기게 요구하면서 다방면으로 활동하여 미 의회에서까지 일본 정부에 경고하지 않았던가. 일본은 현대사에서 자신들이 저질러 온 잘못을 인정하려 하지 않는데 문제가 있다. 같은 처지였던 독일은 잘못을 인정했는데, 손바닥으로 하늘을 가리는 꼴이다. 누님은 어려서 시집와서 시어머니를 친어머니같이 생각하고 마음으로부터 따랐던 모양이다. 그 집에는 딸이 없었다. 그래서 정이 들어서 울었던 것 같다.

3일째 되던 날은 빼드렁니 할머니 집에서 잤다. 가족들은 다 피란 가고 노파 혼자 있는 집이었다.

우리 중 일부는 그 집 방에서 자고, 나머지는 이웃집에서 잤다. 피란 생활 중 처음 방에서 자게 되었다. 그날 밤도 총소리가 밤새도록 들려서 어른들은 두 집을 왔다 갔다 하면서 안절부절못하였다. 잠도 제대로 못 자고 아침을 맞았는데 들려오는 소식은 전쟁이 앞서갔다는 것이다. 우리는 3일 동안 어딘지도 모르는 산길을 헤매다 전쟁을 앞서 보냈다.

서울을 빼앗기다

북한군은 개전 4일 만인 28일에 서울을 점령했다. 먼저 서울에 들어 온 부대는 의정부 쪽에서였다. 북한군은 어떻게 국군의 방어선을 뚫고 그렇게 빨리 진격할 수 있었을까. 그것은 소련제 신형 전차(탱크)인 T-34가 있었기 때문이다. 국군에게는 그걸 파괴할만한 무기가 없었다. 무쇠 덩어리인 전차는 총은 물론, 포를 맞아도 끄떡하지 않고 전진하면서 직사포와 기관총을 쏴대니 우리 군은 막아설 수가 없었다. 북한군은 그런 전차 242대를 38선 전 전선에서 앞세우고 파죽지세로 몰고 내려왔다.

우리를 앞질렀던 북한군은 고양 봉일천에서 국군 1사단 백선엽 부대의 강력한 저항을 받고 고전하였다. 그때 서울 쪽에서 북한군이 탱크를 몰고 내려와 국군의 뒤에서 직사포를 쏴 예상치 못했던 국군은 많은 사상자를 내고, 행주나루 밑 이진포에서 한강을 건너 영등포로 집결하였다.

황해도 청단에 주둔해 있던 국군은 소수만 육로로 후퇴하고, 1사단 12연대 3대대장 김무중 소령 휘하부대와 중도에서 합류한 13연대, 15연대 일부 병력은 한강을 건너 김포 공항 인근 개화산에 진을 쳤다. 김포 공항을 지키려고 했던가 보다. 그들은 곧바로 뒤쫓아온 북한군에게 포위되어 사흘 동안 싸우다 실탄은 떨어지고 본대와의 연락도 끊겨 1,100명 전원이 전사했다. 이러한 사실이 밝혀지지 않아 3대대는 잃어버린 부대로 전사에 기록되어 있다.

개화산에 있는 미타사 주지인 송강 스님은 꿈에 피를 흘리면서 죽어 가는 군인들이 자주 보였다. 송강 스님은 마을 원로들과 이야기를 나누던 중 6·25 때 국군들이 여기서 많이 죽은 사실을 알게 되었다. 1사단장 백선엽 장군도 6월 28일 밤 이진포에서 뗏목으로 한강을 건넜는데 김포 방면에서 총소리가 계속해서 들렸다고 회상하여 그 사실을 간접 시인했다. 국방부에서는 1999년 그곳에 호국충혼비를 세워 영령들을 위로하였고, 애국정신의 산 교육장으로 활용하기 위하여 성역화하였다.

이 글을 쓰기 전 미타사에 가 보았다. 개화산역에서 내려 개화산을 우측으로 돌아갔더니 조그만 암자 같은 절이 나왔다. 비구니가 있어 충혼비가 어디냐고 물으니 한참 올라가라고 했다. 100여m 올라가자 큰 탑과 전사자들의 이름을 새긴 까만 돌 비석이 여러 개 있었다.

거기에 온 노인과 이야기를 나누었는데 그는 6·25 당시 초등학교 6학년생으로 여기서 살았다면서 국군 중 살아난 사람도 많았다고 했다. 정부에서는 그 많은 국군들이 증발되었는데도 그동안 조사조차 안 했단 말인가. 뒤늦게나마 그 사실을 밝혀내고 애국정신의 산 교육장으로 만들어 성역화했다니 그나마 다행이다.

이승만 대통령은 일요일 아침이면 창경원 연못에서 낚시질하면서 일주일 동안 쌓였던 피로를 풀었다. 6·25사변 당일에도 대통령은 창경원에서 낚시질하다 오전 10시경 38선 전 전선에서 충돌이 일어나 우리가 밀리고 있다는 전황을 황규면 비서실장으로부터 보고받았다. 대통령은 알았다고 대답하면서 태연히 낚싯줄을 드리웠지만, 그때 벌써 서울 탈출을 구상했다는 후문이다.

시경국장 김태선도 대통령의 피란을 권유했다. 북한군이 의정부까지 왔는데 언제 서울에 들이닥칠지 모르며, 옆에 있는 서대문 형무소에 빨갱이들이 많이 수감되어 있는데 불순분자들이 문을 열면 그들은 먼저 경무대(현 청와대)를 덮칠 것이라고 겁을 주었다.

미국 대사 무치오는 이승만 대통령의 호출을 받았다. '나와 한국 정부는 신속히 대전으로 이동한다.'는 내용의 말을 이승만 대통령으로부터 들었다. 미국 대사는 말렸으나 대통령은 '한국 정부가 북한의 포로가 되면 안 된다'고 하였다.

6월 27일 오전 3시경, 이 대통령은 영부인 프란체스카 여사와 황규면 비서실장만을 대동하고 피란길에 올랐다. 서울역에는 특별열차가 준비되어 있었다. 특별열차래야 기관차 1량과 유리창이 깨어진 3등 객차 2량뿐이었다. 이 대통령은 호남선으로 가서 목포에서 해군함정을 타고 부산으로 갔다가 정신을 차리고 대전으로 올라와서 충남도청에 피란정부를 세웠다. 이 대통령의 그러한 행적으로 볼 때 얼마나 정신이 없었는가를 알 수 있다. 대통령이 혼자만 서울을 탈출하여 서울 시민은 물론 관리들도 피란을 못 갔다.

전선에서의 소식도 정확한 것이 없었다. 모두가 과장 보고되었기 때문이다. KBS 라디오에서는 계속 국군의 우위를 보도했다. '동두천 방면에서 아군은 적 전차를 완전히 격파했다', '옹진지구에서는 전차

7대를 파괴하고 1개 대대를 섬멸시켰다', '삼척지구에 상륙한 공비 연대장은 부대를 인솔하고 항복하였다.'고 보도했다.

거의 같은 시각에 육군본부의 발표라면서 '옹진반도를 수비하던 17연대가 해주에 돌입했다.'고 했다. 라디오를 듣고 있던 서울 시민들은 놀란 가슴을 쓸어내렸다.

하지만 서울 하늘에는 적기(敵機)가 뜨고, 미아리 쪽에서는 포 소리가 쿵쿵 들렸다. 예나 지금이나 자기들의 약점은 드러내고 싶지 않은 것이 당사자들의 마음인가 보다. 곧 탄로 날 일도 부인하는 것을 오늘날 정치 세계에서 많이 하는 걸 보면. 그때도 군 책임자들은 자신들이 밀리고 있다는 사실을 숨기려고 별별 거짓말을 지어내 방송국에 제보했던가 보다. 육군참모총장 채병덕 소장의 행적이 의심되었다. 6·25 전날 일선 부대 장병들의 대규모 휴가 실시, 6월 24일 밤 군 수뇌부의 미군 장교구락부 낙성식에서의 만취상태, 6·25 발발 소식을 듣고도 늑장 대처, 한강 다리 폭파 등…….

군 내부에서는 채 총장의 개전 전후의 대응에 거센 비판이 일었다. 이러한 일련의 사태는 '북한의 지령을 받고 내응(內應)한 것이 아니냐?' 하는 의심을 받기에 충분했다.

채 참모총장은 결국 6월 30일에 해임되고 미국에 유학 중인 정일권 준장이 그 후임을 맡았다. 채 총장이 해임된 뒤 군 정보당국에서 조사가 있었다. 하지만 그것은 우연일 뿐, 적과 내통한 흔적은 없다고 결론지었다.

채 소장은 해임 된 뒤 예비군 사령관직에 임명되어 미군 사령부에 통역과 연락하면서 한가한 시간을 보냈다. 그는 계속 남해안인 하동쪽 방어를 강조해 왔다. 장군으로서 적의 침입을 받고서도 싸우지 못하는 것을 수모로 생각했던 모양이다.

채병덕 예비역 소장은 신성모 국방장관으로부터 '부산지구에 흩어져 있는 병력과 부상병을 모아 하동지구에 침입하는 적을 저지하라.'는 명령을 받고 감사해서 꾸뻑 절을 했다.

채 전 사령관은 병원을 순회하면서 출전 가능한 장병을 차출하고, 현지 청년들을 소집하여 1개 대대의 병력을 모았다. 그는 휘하 병력을 이끌고 하동고개에 진을 치려 했다. 하지만 북한군은 미리 와서 매복하고 있다가 달려들어 국군은 대패하고 채 소장은 전사하였다. 그는 우직하고 단순한 성품의 소유자였던 것 같다.

임진강에서 철교를 폭파하지 못하여 적의 도강을 허용한 꼴이 됐던 채병덕 육군참모총장은 북한군 전차가 미아리 고개를 넘어 서울에 들어오자 최 공병감에게 한강다리 폭파를 명령했다. 그때 인도교에는 차와 사람이 수없이 건너오고 있었다. 최 대령은 많은 사람들이 건너던 중 좀 덜 건너는 틈을 타서 점화를 명령했다. 순간 천지를 진동시키는 폭음과 함께 거대한 철골 구조물과 차량, 사람들이 공중으로 높이 치솟았다. 그 순간 최 대령은 신음 소리를 내면서 땅에 주저앉아 흐느껴 울었다고 전사에는 기록되어 있다. 그때 죽은 사람이 800여 명이라는 기록이 있다.

차를 타고 피란 가려는 시민들은 한강 다리가 끊긴 줄도 모르고 오다 계속 강으로 풍덩풍덩 빠졌다. 물에 빠진 차체가 다리 높이까지 올라왔다는 풍문까지 있었다. 그 때문에 시민들은 거의가 피란을 못

갔고, 국군의 주력도 한강을 건너지 못했다.

수복 후 한강 폭파 시점이 문제가 되었다. 현장 책임자였던 최 대령에게 책임이 있다고 하여 그를 사형에 처했다. 최 대령은 참모총장의 명령을 받고 임무를 수행한 것뿐인데 그에게 무슨 죄가 있단 말인가. 폭파 명령을 내렸던 채병덕 총장은 전사하여 그 한풀이를 현장 책임자에게 한 것인가. 그때는 모두가 제정신이 아니었다.

평상시의 시각으로 급박했던 때의 상황을 평가하는 것은 옳은 판단이라고 볼 수 없다.

북한군은 서울에서 4일을 머물렀다. 28일 서울을 점령한 북한군 수뇌부는 승리감에 들떠 3일간 서울시청에서 승전 축하파티를 열고 즐겼다. 김일성이 북괴군을 서울에 머무르게 한 이유는 입성하면 박헌영 부수상이 '우리 인민군대가 서울에 입성하면 내가 양성해 놓은 60만 명이 전국에서 봉기를 일으켜 남한을 전복할 것이다.'라고 말했으며, 소련 수상 스탈린도 '조선인민군은 한강을 건너가지 말고 전국에서 봉기가 일어날 때까지 기다리라.'는 지침을 내렸다. 그렇게 함으로써 자기들이 무력 남침을 한 게 아니고, 남조선의 해방투쟁을 도우려고 내려왔다는 명분을 내세우려 했다. 하지만 내분은 일어나지 않았다. 저들은 소작농들에게 땅을 주기로 했는데, 이승만 대통령이 조봉암을 농림부장관으로 임명하여 농민들에게 이미 땅을 주었기 때문이다. 그걸 토지개혁이라고 한다. 하지만 유상분배는 전쟁으로 인하여 무상분배가 되었다.

그때 일본에 있던 유엔군 사령관 맥아더 원수가 한국에 있던 군 고문단의 개전 보고를 받고 한반도로 건너 와 흑석동 고개에서 한강 건너 불타는 서울 시내를 바라보았다. 아울러 전의를 잃고 후퇴하는 거지같은 복장의 국군들을 보고 한국군만으로는 북한군을 막을 수 없다고 판단하고 본국 정부에 유엔군 파견을 요청하였다.

의장국인 미국은 즉각 안보리 상임이사국 회의를 소집했다. 미국, 영국, 프랑스, 중국, 소련 등 5개국 중 어느 한 나라가 반대하면 안건이 통과될 수 없게 법이 되어 있었다. 북한의 후원국이었던 소련이 표결 시간에 대오지 못했다. 미국은 소련을 기권으로 처리하고 유엔군 파병안을 통과시켰다. 소련 대표가 회의 석상에서 반대했더라면 유엔군의 한국전 파병은 불가능했을 것이다. 실로 우리로선 국운을 좌우하는 중요한 순간에 기적이 일어난 것이다. 소련 대표가 회의에 참석하지 못한 것은 의도적이었다는 것이 30년 후에 스탈린의 기록에서 밝혀졌다. 미국과 중국을 한반도에 붙잡아 놓고, 동구권을 확실하게 손에 넣으려는 계획이었다. 그 결의에 의해서 미국이 주축이 된 유엔 산하 16개국(그리스, 남아공화국, 네델란드, 뉴질랜드, 룩셈부르크, 미국, 벨기에, 영국, 이디오피아, 캐나다, 콜롬비아, 태국, 터키, 프랑스, 필리핀, 호주)이 직접 병력 파견을, 5개국(노르웨이, 덴마크, 스웨덴, 이탈리아, 인도)은 병·의원 등 간접지원을 해주었다. 그래서 6·25사변을 그들은 '한국전쟁'이라고 표현한다.

6·25사변 초기에 실로 예상을 뛰어넘는 기적이 일어났다. 8·15광복을 맞아 미군과 소련군은 한반도 가운데에 38선이란 선을 그어 놓고

그 남쪽에는 대한민국을, 북쪽에는 조선민주주의 인민공화국을 세우고 철수하였다.

미군은 일본에 사령부를 두고 미국의 방어선은 일본열도까지라고 하면서 한반도에서 전쟁이 일어나더라도 개입하지 않을 듯한 애매모호한 발언을 애치슨 국무장관과 맥아더 원수가 차례로 했다.

북한의 김일성은 거기에 고무되어 소련에서 최신 전차 242대와 군수물자, 야크 전투기의 지원을 받아 전쟁을 일으켰다. 소련은 공산주의 세력을 넓히려고 혈안이 되어 있던 때였으니만치 설사 미국이 한국전 파병을 위해 유엔 안보리 이사회를 소집하더라도 소련이 막아주리라고 김일성은 믿었다. 중국은 공산주의 중국이 아니라 자유중국인 대만이 중국을 대표했다. 유엔군 파병이 안 되면 방어태세가 되어 있지 않은 국군을 파죽지세로 몰고 내려가 8월 말까지는 남한 전역을 해방(자들의 용어)시킬 수 있을 것으로 예상했다. 누가 봐도 가능한 시나리오였다. 하물며 고무된 당사자들이야 말해 무엇 하겠는가.

헌데 전쟁이 벌어지자 그게 아니었다. 한국에 남아 있던 고문단의 보고를 받은 맥아더 사령관은 즉각 현해탄을 건너와 서울 노량진에서 강 건너 불타는 서울 시내를 바라보면서 유엔군 파견을 결심하게 되었다.

맥아더가 누구인가. 미 육군 사관학교를 수석으로 졸업하고 2차 대전 때 태평양 전선 사령관으로서 죽기 살기로 달려드는 일본군을 물리친, 그래서 유럽의 아이젠하워와 함께 별 다섯 개인 원수가 된 사람이 아니던가. 미국 군수뇌들이 모두 맥아더의 후배들이었다. 군대

사회는 직책도 중요하지만, 계급도 무시할 수 없는 조직이다. 그렇기에 맥아더의 주장이 미국의 군 수뇌들의 마음을 움직였고 트루먼 대통령도 그들의 조언에 영향을 받았을 것이다.

또 한 가지는 6·25 날 새벽 북한군 특수부대원 600명을 실은 군함이 부산에 상륙을 시도했다. 한국 해군에게는 군함이 없다는 것을 알고 김일성은 실행에 옮긴 것이었다. 그런데 한국 해군에 며칠 전에 들여온 군함이 있었다. 건국 후 손원일 해군참모총장이 부임해 보니 전투함 한 척도 없어 휘하 장병들에게 성금을 걷고 대통령에게 가서 돈을 대 달라고 하여 미국에 가서 녹이 벌겋게 슬은 퇴역 450톤짜리 전투함을 사서 하와이에서 6개월을 수리하여 3일 전에 들여와 백두산함이라고 이름 붙였다. 북한은 한국군에게 군함이 없으니 마음 놓고 부산항 오륙도 쪽으로 새벽에 들어오다 부산항을 시찰하던 백두산함에 걸렸다. 불을 끄고 다가오는 정체불명의 배를 보고 수하(誰何)를 했으나 응답이 없었다. 그래서 사격했더니 그쪽에서도 응사하여 치열한 접전 끝에 침몰시켰다. 만약 국군 복장을 한 완전무장한 북한군들이 상륙하여 마구 총을 쏴대면 어떻게 되었을까? 부산뿐 아니라 경상도 전체가 혼란에 빠지고 38선 전 전선에선 탱크를 몰고 질풍과 같이 내려오면 승리는 뻔한 것이다.

상황이 김일성 의도대로 되지 않은 것을 나는 하나님께서 대한민국을 지켜주셨다고 본다. 하나님을 몰아낸 북한에게 하나님을 섬기는 대한민국을 내줄 수는 없다고 보신 것 같다. 그래서 개전 초 예상치 못했던 악재들이 북한 측에 겹쳐 결국 굴욕에 가까운 휴전회담에 조인했을 것이다.

1948년 대한민국을 세운 이승만 대통령은 잠수함을 포함한 소련 해군의 적대적 활동, 북한 인민군의 해양침투 가능성을 인식했다. 1949년 3월 스탈린은 김일성과 청진, 나진, 원산 등 3개 항구를 30년 동안 조차(租借)하는 협정을 체결하고 80여 척의 잠수함을 배치하는 태평양 사령부를 설치했다.

소련 잠수함이 한국 함정을 공격하는 일도 발생했다. 1949년 신성모 국방장관은 소련 잠수함의 출현이 제주도와 여수·순천 공산주의자들의 활동을 지원하기 위한 것이라고 보았다. 근거로 소련 잠수함이 제주도 근해에서 자주 발견되고, 제주도 공산주의자들이 소지한 무기의 상당부분이 소련제였다.

이런 상황에서 정부는 북한의 위협에 대비할 수 있는 해군 건설을 위한 다양한 정책을 펼쳤다. 미국 정부에 함정 원조와 해군 고문단 파견을 요청했고, 손원일 해군참모총장을 미국에 보내 백두산함을 비롯한 4척의 구축함을 구매했다. 구축함은 적군의 잠수함을 침몰시키는 것이 주 임무인 군함이다.

지금까지 백두산함은 손원일 해군참모총장이 해군 봉급과 국민 성금을 걷고 모자라는 돈은 정부의 보조로 미국에서 폐선을 사서 하와이에서 수리하여 들여왔다고 했지만, 대부분의 구입자금은 미국 측에 요청한 결과이다. 이 대통령은 미군과의 해군 협력을 모색하기 위해 진해를 해군기지로 사용할 것을 미국에 제안하기도 했다.

고향으로 오다

우리는 전쟁의 상황도 모르는 채 발길을 고향으로 돌렸다. 돌아오는 발걸음이 되찾은 고향이라면 얼마나 좋을까. 그들은 황토색의 누런 옷을 입고 있었다. 소름이 끼쳤다. 그는 우리를 쳐다보지도 않고 지나가서 다소 안심할 수 있었다.

임진강에 오자 배와 뱃사공은 그대로 있었다. 며칠 전 그 많던 사람들은 다 어디로 갔는지, 평소에 조용하던 나루터 그대로였다. 사공은 돈도 안 받고 우리를 건네주었다. 오로지 사공 일이 자신의 임무라는 듯. 누님댁으로 다시 왔다. 누님댁은 그대로 있고, 사장어른은 무사하였다.

집이 읍내인 우리와 숙부네는 겁이 나서 가지 못했다. 도시에는 어떤 위험이 도사리고 있을지 몰라서였다. 우리 집도 여기와 같이 그대로 있을까? 학교 친구들은, 선생님들은. 그 넓은 학교는 바람만 휑하니 불 터이니 얼마나 쓸쓸할까.

나의 보디가드인 세퍼드 존은 어떻게 되었을까? 친구와 싸우면 상대방에게 달려들어 겁을 주던 애견, 피란 나올 때 데리고 나왔으나 배를 타고 건너다 후다닥 뛰어나갔다는 존은.

그때는 양식이 귀했다. 논은 천수답이 대부분이었고, 농사짓는 기술도 발달되지 않았을 뿐만 아니라 농약이나 비료가 없어 소출이 많지 않았기 때문이다.

흉년이 들면 서민들은 아침 밥·저녁 죽을 먹으면서 곤궁하게 살았다. 쌀밥은 생일이나 명절날에 먹어 보는 귀한 밥이었다. 누님네도 예외는 아니었다. 누님네 가족이 5식군데 객식구가 10명(우리 3, 작은 집 7)이나 왔으니 보통 문제가 아니다. 더구나 햇곡식이 나오기 직전이어서 양식이 더 귀했다.

날이 밝으면 우리들은 누님의 시어머니를 따라 뒷산으로 버섯을 따러 갔다. 그 할머니는 버섯을 따는 데 명수였다. 버섯이 있는 데도 잘 알고, 따는 때도 맞추었다. 버섯은 아침에 나왔다가 해가 높으면 벌레가 난다. 그래서 아침 일찍 따야 효용가치가 있다. 버섯은 먹을 수 있는 것과 없는 것이 있다. 항아리 버섯, 꾀꼬리버섯, 싸리버섯은 먹을 수 있지만, 파리버섯, 광대버섯은 먹으면 죽는다. 독이 있는 버섯은 대개 색깔이 곱다. 우리는 매일 아침 버섯을 한 소쿠리씩 따 왔다.

누님의 시동생이 나와 비슷한 또래였다. 그가 어느 날 나를 데리고 마을에서 한참 떨어진 과수원으로 갔다. 나무 울타리를 친 외딴곳이었다. 울안에 들어서자 검붉은 추리(자두)가 나무에 많이 달렸다. 개들이 짖으면서 달려 나왔다.

피란 간 주인을 대신해서 지켜주는 것이다. 놈들이 무서워 가까이 가지 못하고 떨어진 자두 몇 개를 주워 왔다. 며칠 후에 다시 가보니 개도 어디로 갔는지 없어 자두를 마음껏 따먹고 집으로 가지고 왔다.

우리는 매일 버섯과 자두를 따다 먹었다. 누님댁으로 온 지 며칠 지나지 않은 어느 날 어머니는 집에 갔다 온다고 하셨다. 모두 들 걱정 속에 보내드렸다.

나는 친한 친구가 임진강가 친척집에서 피란살이하고 있다는 소식을 듣고 찾아갔다. 불과 며칠만이었지만 서로가 살아 있다는 데에 반가움을 느꼈다. 친구의 어머니가 쌀밥을 해서 한 사발 고봉으로 퍼주셨다. 그 밥 속에는 반가움과 고마움이 배어 있었다.

돌아오던 중, 막 언덕에 올라서는데, 하늘에서 큰 폭음이 들렸다. 글자까지 선명하게 보이는 은회색의 비행기 네 대가 머리 위를 스치듯이 날아가는 것이 아닌가. 나도 모르게 낮은 곳에 엎드렸다. 뒤이어 '쾅쾅'하는 커다란 폭음이 들렸다. 비행기들은 내 머리 위까지 큰 원을 그리고 돌면서, 우리 집이 있는 읍내를 폭격하는 것 같았다. '집에 가신 어머니는 무사하실까? 우리 집은 괜찮을까'하는 생각이 떠나지 않았다. 한참 만에 비행기 소리가 멀어져 머리를 들고 놀란 가슴을 진정시켰다.

누님댁에 오니 비행기들이 장단읍을 폭격했다고 한다. 어머니 때문에 모두들 걱정했는데 저녁때 무사히 오셨다. 어머니가 마을에 들어서자 사람이 없어 아랫마을 우리가 살던 동네에 가셨을 때, 비행기가 그 마을을 폭격하여 큰일 날 뻔하셨다. 친구네 옆집에 폭탄이 떨어져 그 삼촌이 뒷간에서 뒤를 보다 즉사했다니 무슨 팔자가 그런가. 그는 청소년으로 어머니와 동생과 같이 살았는데 가장의 역할을 했다. 앞으로 멘 목판 장사를 하면서도, 열심히 살려고 노력했던 성실한 사람이었는데.

용산전쟁기념관에 '신념의 조인'이라는 글자를 몸체에 새긴 무스탕 전투기가 있다. 그 조종사 미 공군 '딘 헤스' 중령은 한국전쟁이 일어나기 전 한국군에게 전투기 조종술을 가르칠 교관으로 파견되었다. 그는 한국군 10여 명에게 교련시키던 중 전쟁이 일어나자 250여 회 출격하여 혁혁한 전공을 세웠다. 26일 아침 우리 머리 위에서 제비보다 더 빠른 비행기 두 대가 날아가 적기 두 대를 격추시킨 것도, 27일 북한 야크기의 김포비행장 폭격 때 떠올라 격추시킨 것도 그들이었다.

미국 전투기는 두 기종이었다. 무스탕기라는 프로펠러가 하나 달린 F-51기와 프로펠러가 없는 士자 같이 생긴 호주기, 쌕새기라고도 불렀던 초음속의 F-80이었다. 미 공군이 본격적으로 참전하자 소련의 야크기는 활동을 멈추어 하늘은 미군기들의 독무대가 되었다. 미군기들이 북한 하늘을 맘대로 날아다니면서 다리를 끊고 건물을 파괴하였다. 그러자 북한은 고사포 부대를 설치하여 미군기를 격추시켰다. 벤프리트 유엔군 사령관의 아들이 공군으로 참전하여 북폭에 참전했다가 돌아오지 못한 것도 고사포를 맞고서였다. 한국전에서 1,800여 대의 미군기가 떨어졌는데 반은 사고에 의한 것이었고, 반은 격추에 의한 것이었다. 격추시킨 것이 고사포에 의해서였다. 고사포는 비행기의 높이와 방향을 예측하여 쏘면 비행기 근처에서 터지게 하는 포다.

어머니가 집에 가셨을 때, 마루 밑에서 존이 뛰어나와 길길이 뛰면서 반가워하더란다. 2년간 기른 세퍼드였다. 피란 나올 때 존도 따라 왔다. 새벽에 일행이 배 타고 강을 건널 때 존도 탔었는데 가운데쯤 오자 후닥닥 뛰어나갔다고 한다. 놈이 집에 와서 주인 없는 집을 지키다 어머니를 보고 반긴 것이다. 개들이 닭을 다 잡아 먹어 마을은 개 세상이 되었다.

존은 눈이 새빨개져서 어머니를 따라 왔다. 놈은 덩치가 커서 먹이를 한 빠케츠(양동이)나 먹었다. 양식이 모자라 사람도 못 먹는 세상에. 어느 날 어머니께서 날 부르시더니

"저 사람들에게 존을 데려다 주어라."고 하셨다. 그들은 동네 사람들로 나무에다 줄을 걸고 존을 매달려 하고 있었다. 그때는 개를 소나 돼지같이 잡아 먹던 시절이었다. 보리쌀 두 되를 받고 존을 팔았다고 했다. 나는 싫다고 하였지만 어쩌랴! 상황을 아는 것을. 목에 맨 줄을 붙들고 그 사람들 손에 넘겨주고는 뒤도 돌아보지 않고 뛰었다. 뒤에서 '깨갱'하는 존의 단말마를 듣고 한없이 달렸다. 그날 저녁은 마음이 아파 밥도 먹지 못하였다.

존은 몇 년 전 이웃에서 젖 떨어진 놈을 얻어 왔다. 그날 밤 놈은 제 엄마가 보고 싶다고 밤새도록 울어 안고 달랬다. 새벽이 되자 방석 위에 눕혔더니 몸을 동그랗게 말고 쿨쿨 잤다. 자라서 나를 졸졸 따라다녀 친구 같이 만들었다. 서양 개여서 이름을 '존'으로 지어 주었다. 그때는 개에게 줄을 매지 않고 놓아서 길러 내가 어디 갔다 오면 한걸음에 달려와서 이리 뛰고 저리 뛰면서 반가워하였다. 공을 던지고 물어 오라면 땅에 떨어지기 전에 물어 왔고, 친구와 싸우면 '앙' 하고 달려들어 겁을 주었다. 항상 내 주위에 있으면서 보호해 주던

놈이었는데, 내 손으로 죽음의 길로 끌어다 주다니.

전쟁이 일어나면 사람보다 가축이 먼저 수난을 당한다. 개는 말할 것도 없고 소나 돼지도 적군이 들어와서 잡아먹는다. 경상도 어느 마을에선 북한군이 주인 보는 앞에서 외양간에 매둔 소를 끌고 가자 소는 주인을 보고 '음메, 음메'하면서 산골짜기로 끌려갔다는 글을 읽었다. 채명신 장군이 전쟁 초기 게릴라부대 대장으로 적지에 파견되었다가 돌아오던 중 어느 굴에 들어가니 마을 사람들이 있었고 소도 있었다. 채 대장은 소를 잡아 지친 부대원들에게 주었더니 주민들이 싸늘한 눈초리로 보았다. 채 대장은 북한 돈을 주면서 달랬다. 물론 가짜 돈이었다. 외숙네도 돼지를 길렀는데 피란 갔다 오니 없어졌다.

요즘은 개의 세상이다. 애완견을 여러 마리 기르는 집도 많고 병이 나면 개 병원에 데려가는데 보험이 안 되어 치료비가 비싸다고 한다. 속된 말로 시아버지가 아프면 그냥 두어도 애완견이 아프면 병원에 데려간다는 말도 있다. 주인에게 아양만 떨면서 호의호식하는 요즘의 개들을 보면서 세상을 잘못 만나 주인에게 버림을 받은 존을 생각한다. 만약에……, 세상이 어지러워지면 한 집에 몇 마리씩 기르는 개들의 운명은 어찌 될까.

피란 나간 지 보름 만에 우리는 다시 집으로 돌아왔다. 마을은 예상했던 바와 같이 텅 비어 있었다. 우리 집은 대문이 떨어져 나가고 집안은 굴속같이 어두컴컴하였다. 마루에는 수많은 발자국이 찍혔고, 장롱 속에 있던 옷들은 방바닥에 흩어져 있었다. 사랑방 책장에 꽂혀 있던 할아버지께서 아끼던 장서들도 쏟아져 방안에 가득했다. 할아버지는 한문학자이셔서 책이 많았다.

그때 서울에선 학자들이 애장하고 있던 희귀본들이 엿장수가 엿을 싸 주는 휴지로, 밥을 해 먹는 땔감으로 사용되었다. 보물급의 문화재들이 아이들 장난감이 되었다니, 전쟁 통에 얼마나 많은 장서와 문화재가 파괴·훼손되었는지는 상상할 수도 없다.

집 뒤에 있던 장독들도 깡그리 깨지고, 나가기 전에 담가 놓았던 김치는 곰팡이가 하얗게 끼었다. 쌀독은 배고프다고 오히려 사람에게 하소연했다.

집을 대강 치우고 밖에 나가 보았다. 옆집 선배도, 뒷집 후배네도 집은 비어 있었다. 길 건너 자치기, 구슬치기하고 놀던 친구네 마당에는 풀이 많고, 정미소 담장에는 목공 일을 하시던 아버지께서 판자를 펴 놓고 말리던 곳이었는데 판자가 없다. 마을을 한 바퀴 돌아보니 대문 열린 빈집에서는 귀신이 나올 것 같고, 사람이 안 다니는 골목길은 적막하기가 이를 데 없었다.

언덕배기에 같은 반 급우인 정자네가 와 있었다. 그렇게 반가울 수가 없었다. 그 애네도 하루 전에 돌아왔다고 한다. 전에는 같이 놀지 않았지만 가깝게 지냈다. 그 애가 잘 하는 공기치기를 주로 하고 놀았다. 공기치기는 5개로 하는 것이 있고, 수십 개 놓고 하는 것도 있다.

며칠 지나자 돌아오는 사람이 많았다. 서로가 껴안고 반가워하였다. 살아 돌아온 것은 축복이었다. 어떤 사람은 서울까지 갔다가, 다른 사람은 시골 친척 집에 있다가 왔다고 했다. 한강을 건넜다가 돌아온 사람은 없었다. 아버지도 오시지 않았다. 혼자 몸이니 멀리 가셨으리라.

마을 사람들이 돌아오자 조금은 활기를 띠었다. 아이들도 낮에는 밖에 나가서 놀았다. 밤에는 어떤 위험이 있을지 몰라서 나가지 않았다. 같이 놀던 정자는 제 친구들이 오자 내게서 돌아섰다.

여름철에 자주 멱 감으러 갔던 사천내는 가지 않았다. 어른들이 마을을 벗어나지 말라고 신신당부했기 때문이다. 사천내는 개성 가는 다리로 깊은 데는 한 길이 넘는 큰 내로 철교 밑은 몇 길이나 되었다. 우리들은 철교보다 조금 낮은 시멘트에서 물로 뛰어내렸다. 10여 m 되는 공간이어서 겁이 났지만, 선배들이 선동하여 뛰어내렸다. 겁 먹고 뛰어내리면 물에 한없이 들어가는 스릴을 느꼈다. 철교 건너 동두라지 연못은 깊어 수영하기도 좋고, 바닥이 개흙이어서 시커먼 손바닥만 한 큰 조개도 많았다. 그런 수영하기 좋은 곳을 두고도 날이 더워도 못가 몸이 근질근질하였다.

주민들은 먹고살 일을 걱정했다. 생업의 기틀이 뿌리째 뽑혔기 때문이다. 우리는 누님네서 얻어 온 좁쌀 한 말로 조당수(좁쌀 죽)를 쑤어 먹었다. 그걸 다 먹으면 어떻게 살아야 할지를 어머니는 걱정하셨다.

학생들은 학교에 나오라는 통지가 왔다. 학교에 가니 감개무량했다. 우리 장단초등학교는 판자로 지은 단층으로 학생이 1,600명인 큰 학교였다. 교실은 엄청 컸다. 우리 방의 10배는 되게 컸다. 교실 뒤에는 우리들이 도화지에 그린 그림을 붙였다. 마침 우리가 들어간 곳이 우리 반이었다. 내가 그린 화분에 꽃이 그대로 있어서 반가웠다. 복도에는 사촌 형이 그린 세계지도가 있다. 공부 가르치려는 사람은 군인이었다. 헌데 공부는 안 가르치고 노래만 가르쳤다. 거기서 배운 노래가 애국가와 김일성 장군 노래다.

아침은 빛나라 이 강산
은금의 자원도 가득한
삼천리 아름다운 내 조국
반만 년 오랜 역사에…

이렇게 시작되는 것이 애국가이고

장백산 줄기줄기 피 어린 밤에
만고의 빨치산이 누구인가를
절세의 애국자가 누구인가를
아~ 아 그 이름도 빛나는 김일성 장군

이렇게 시작하는 가사가 김일성 찬양 노래였다. 북한의 사상을 빨리 알리는 데는 노래만한 것이 없었던가 보다. 아이들은 그 노래를 입에 달고 다녔다.

어느 날 북한군이 친구 동생에게 애국가를 불러 보라고 했다.

'동해물과 백두산이…….'하고 대한민국 애국가를 부르는 것이 아닌

가. 겁이 덜컥 났다. 아니나 다를까. 그 군인은 '그만, 그만'하더니 그 애의 머리를 쥐어박았다.

"이놈아, 그건 애국가가 아니야?"

그 애는 머리를 감싸 쥐고 "애국가예요."하면서 눈을 동그랗게 떴다.

"공화국 애국가 아냐?"

'아침은 빛나라 이 강산'

두 나라 애국가가 있어서 아이들은 이렇게 헷갈렸다.

첫 전투에서 패한 유엔군

유엔군과 북한군의 첫 격돌은 7월 5일 오산 죽미령에서였다. 일본에 있던 미 24사단 소속 스미드 대대는 먼저 현해탄을 건너와 오산에 진을 쳤다.

국군은 전면에 나타난 북한군 탱크를 보고 당황했다. 미군 장교는 그런 한국군을 비웃으면서 바주카포를 가리켰다. 그것으로 잡을 수 있다는 뜻이다.

2차 대전 때 무기의 특색을 보면 소련은 육전에서 강했고, 미국은 공중전에서 강하였다. 그때 미군은 소련의 전차(戰車)를 바주카포로 잡았던 모양이다. 후에 소련군이 바주카포에 견디는 전차를 새로 만든 줄을 미군은 까맣게 모르고 있었다.

스미드 중령은 망원경으로 적 전차 8대를 확인했다. 1.8㎞ 전방에 왔을 때 포격을 지시했다. 20분 정도만 퍼부으면 적은 유턴할 것으로 알고, 75㎜ 포와 바주카 포탄을 비 오듯 퍼부었다. 하지만 적 전차에서는 별로 마주 쏘지도 않고 속도를 높이더니 스미드 부대 아래쪽 도로를 순식간에 통과하는 것이 아닌가. 미군들은 멍청하니 서서 적군이 옆을 지나가는 것을 구경만 하고 있었다. 그 전투에서 미군은 전사 및 행방불명 150명, 포로 72명이라는 막대한 인명 손실을 입었다.

손자병법에 '지피지기(知彼知己)면 백전백승(百戰百勝)이요, 부지피이지기(不知彼而知己)면 일승일패(一勝一敗)요, 부지피부지기(不知彼不知己)면 백전백패(百戰百敗)니라'라는 구절이 있다. 적을 알고 나를 알면 백번 싸워도 백번 이기고, 적을 알지 못하고 나를 알면 한번 이기고 한 번 지고, 적을 모르고 동서고금을 막론하고 병법의 진리다.

첫 전투에서 참패당한 미 24사단 장병들은 계속 밀려 금강에서 교두보를 마련하고 임전무퇴의 각오로 임했다. 하지만 앞이 단단하다고 느낀 북한군은 하류인 공주 쪽에서 강을 건너 대전으로 올라오고 있었다. 앞만 바라보고 있던 미군이 당황하는 사이 대전 시내에는 벌써 적 전차가 들어왔다.

미 24사단장인 딘 소장은 스스로 로켓포를 쏴서 적 전차를 파괴시키기는 했지만, 적군은 뒤쪽인 세천에서도 올라와 허물어진 전선을 추스를 수는 없었다. 딘 사단장은 쫓기다 금산 쪽 산속에서 방향을 잃고 헤매다가 포로가 되었다. 미군 측에서는 딘 소장을 실종자로 처리했다. 몇 년 후 포로교환 때까지는.

유엔군은 좋은 장비와 비행기의 지원을 받고서도 계속 밀렸으니 그 원인은 무엇일까. 그것은 북한군의 독특한 게릴라식 전술 때문이었다.

'어떠한 경우라도 각종 수단을 동원하여 적의 배후로 진출하여 포위 섬멸하라. 야간 행동을 강화하고 공격 속도를 늘려라. 척후와 게릴라에 의해 적진의 약점을 찾고, 포위 태세를 취함과 동시에 밤에 침투하라. 내부의 분단과 외부의 압박을 강화하라.'는 것이었다. 한마디로 척후병과 게릴라를 적 배후에 침투시켜 적의 동태를 훤히 알고 공격하는 것이다. 앞만 보고 싸우던 미군은 북한군의 이 같은 작전에 말려 좋은 장비를 가지고도 당하지 못한 것이다.

북한군 속에서의 생활

저들은 미군 비행기의 폭격으로 망가진 도로, 파괴된 다리를 주민들을 불러 내 밤새도록 고치게 했다. 가마니나 포대에 흙이나 모래를 넣어 쌓거나 통나무, 널빤지를 가지고 다리를 보수하였다. 그런 형태의 인원 동원을 부역이라고 했다. 저들은 마을 사정을 잘 아는 사람에게 감투를 씌워(농촌에서는 머슴에게) 주민을 강제로 나오게 하여 일을 시켰다.

그들 중에는 빨간 완장을 차고 서릿발 날리면서 신나게 일을 하는 사람도 있었지만 마지못해 하는 사람이 더 많았다. 부역뿐만 아니라 군인 갈 나이가 된 사람들은 강제 입대시키고, 지난 사람들은 실탄 등 무거운 군수물자를 져 나르게도 했다. 낙동강 전투에 그렇게 동원된 숫자가 30만 명이라는 글을 읽었다. 그 숫자는 북한군의 3배다.

잠자다가 길 안내해달라고 하여 끌려간 사람도 많았다. 주로 적군이 후퇴할 때 행한 바지만, 그들은 돌아오기도 했고 안 오는 사람도 많았다. 부역 외에 보국대, 징용, 징집, 노무자 등 여러 가지 용어가 주민 강제 동원에 사용되었다.

큰누님댁에서 얻어 온 좁쌀 한 말은 죽을 쑤어 먹어도 세 식구가 며칠 못 먹었다. 아버지만 바라보고 살던 우리는 살아갈 길이 막막하였다. 큰누님댁에서는 10여 일 이상 있었기 때문에 더는 갈 수 없었고, 20여 km 떨어진 작은누님댁으로 갔다.

구읍을 지나자 17, 8세쯤 된 처녀가 우리에게 따라붙었다. 그녀는 개성 사는데 집은 불타고 부모님은 돌아가셨다면서 고랑포 작은아버지네 집에 살러 간다고 했다. 북한군이 지나가자 처녀는 어머니 뒤로 숨었다. 처녀 혼자 30리 길을 마을도 없는 도로를 오는 동안 얼마나 불안했을까. 그 군인은 앞만 보고 갔다. 하지만 젊은 여자 혼자 인가가 없는 먼 길을 가는 것은 본능적으로 무서웠던 모양이다. 그래서 어머니에게 동행을 요청한 것이리라.

그녀는 어머니와 재미있게 얘기하면서 고랑포까지 와서 헤어졌다. 어두운 그림자를 드리웠을 그녀가 어머니와는 밝은 표정을 짓고 얘기하던 것이 행복해 보였다. 졸지에 부모를 잃고 집까지 불탄 그 처녀는 얼마나 막막하였을까. 작은아버지네 집에서 괄시 안 받고 잘 살았을까?

내가 태어나서 해방 전까지 살았던 고향에 들렀다. 동산 너머에 임진강이 있고 그 건너에 임진강 십경(十景)에 드는 자장리 석벽이 있으며, 강상에 삭녕군수와 장단군수를 다투게 했다던 고창바위, 정초에 부군 굿을 했던 마을 앞 정자나무……, 동갑내기 셋이서 어울려 놀던 꿈속에서까지 수없이 가보고 싶었던 구레마을에.

우리는 광복 후 그 마을을 떠나 지금 살고 있는 장단역으로 이사하였다. 아버지는 먼저 가셨고, 나는 동생을 업은 어머니와 함께 아침 일찍 떠나 50리 길을 걸어서 갔다.

40리쯤 떨어진 장단 구읍(舊邑)을 지나자 다리가 아파 더는 갈 수가 없어서 주저앉았다. 어머니는 '저 고개만 넘으면 된다, 저 산모롱이만 돌면 된다.'고 계속 거짓말을 하셨다. 어머니의 거짓말은 그때가 처음이자 마지막이었다. 지쳐서 더는 갈 수가 없을 즈음 큰매형이 마중 나와 나를 업고 갔다. 강아지 흰둥이도 처음에는 앞에서 쫄랑쫄랑 가더니 새집에 와서는 며칠 동안 마루 밑에서 나오지 못하였다. 놈도 다리가 아팠던 모양이다.

이튿날 역으로 기차를 보러 갔다. 기차는 자동차보다 빠르다는 말을 사촌들에게 들었던 터여서 노독이 풀리도록 기다릴 수가 없었다. 헌데 빠르다는 기차는 자동차보다도 느리게 가질 않는가. 역 구내에서 움직이는 것이 느린 것을 몰랐다.

며칠 지나자 두고 온 고향에 가고 싶었다. 눈앞에 삼삼히 펼쳐지는 고향 산천, 보고 싶은 친구들……, 참을 수 없도록 가고 싶었다. 그렇지만 부모님께 가겠다고 말씀드리지는 못하고 속으로만 끙끙 앓았다.

그렇게 그리웠던 고향에 온 것이다. 우리가 살던 집은 헐려 친구네 집에서 잤다. 5년이라는 세월이 지나서였는지, 난리가 나서인지는 모르지만, 친구들과도 서먹서먹하였다. 사는 환경이 다른 때문인 것 같았다.

임진강에는 6·25사변 전까지 황포돛배가 다녔다. 연안에서 나는 농산물을 고랑포에 모아 서울로 실어 나르는 작업을 황포돛배가 했다. 6·25사변 후 임진강 북쪽이 민통선으로 묶여 뱃길이 끊겨 다니지 못하다가 2004년 파주시에서 일부를 재현하였다. 내가 어릴 적 미역 감던 뒷동산 너머로 관광선이 다닌다기에 타러 갔다.

배는 파주군 적성면 두지리에서 출발했다. 그 지역은 임진강 양안에 석벽이 연하여 있어 일제강점기 때 일본인들조차 '조선·일본에 긴 석벽은 여기밖에 없다.'고 자랑하던 절경이다. 관광선 해설사는 한국문인협회 회원인 여성이었다. 용이 머리를 들고 있는 형상의 용의 머리, 거북이 물을 먹는 형상의 거북 바위를 지나자 어렸을 때 마을 뒤 언덕에 올라서면 강 건너에 석벽이 보였는데 그 이름을 자장리 석벽이라고 불렀다. 황포돛배는 그 밑을 바짝 지나가는 것이 아닌가. 주상절리 형으로 금강산 해금강 총석정을 닮은 기둥 모양의 바위들이 모여서 무척 아름다웠다.

배가 조금 내려가자 거대한 공룡이 물에서 뭍으로 올라가는 형상의 바위가 있는데 해설사는 '삭녕바위'라고 소개했지만, 이곳 주민들은 '고창바위'라고 불렀다. 고창바위는 너른 벌판에 우뚝 솟아 있고 그 위에 평지가 있어 여름이면 시인·묵객들이, 봄·가을에는 주민들이 천렵과 친목 모임을 갖는 장소로 이용했다.

고창 바위는 옛날 대홍수 때 이웃 군인 삭녕에서 떠내려왔다고 전한다. 삭녕군수가 장단군수를 찾아와 '우리 군에 있던 명물이 귀군에 와서 경관을 빛내주니 세금을 내라'고 하여 매년 꼬박꼬박 내왔다. 장단군수가 바뀌어 세금을 안 내자 삭녕군수가 와서 따졌다. 그때가 여름이었던지 등나무가 바위를 덮어 고색창연해 보였다. 그런 모양을 보고 이 바위는 고창바위이지 삭녕바위가 아니라고 하여, 삭녕군수는 쫓겨 가고 그 후부터 이 바위는 고창바위라고 불렀다는 전설을 간직하고 있다.

배가 고랑포 여울목에서 유턴하는 우측에 호로고루성이 있다. 삼국시대 때 임진강을 '호로하'라고 불러서 그런 이름이 붙었다. 이 성에는 삼국시대 때 세 나라의 축성기법이 다 들어 있는 보기 드문 성지(城址)라고 한다.

신라가 당나라와 힘을 합하여 백제와 고구려를 쳐서 멸망시키기는 했지만, 당나라는 신라와 상의 없이 백제와 고구려 땅에 도독부를 설치하고 혼자 좌지우지했다. 거기에 더하여 신라의 수도인 경주에도 도독부를 세우려 하자 신라는 들고 일어났다. 연천 매초성 근방에 6개의 작은 성을 축조하여 4만 명의 군사를 주둔시켰다. 당나라에선 이근행에게 20만 대군을 주어 매초성을 공격케 하여 빼앗았다. 시일이 길어지자 당군은 보급의 어려움을 겪었다.

매초성이 임진강가에 있는 점을 이용하여 본국에서 보급품을 배로 실어 오고자 했다. 신라군은 임진강에서 당나라 보급선을 차단했는데 그 지역이 호로고루성 근방이었다고 생각된다. 그곳은 여울목이어서 수심이 얕아 배가 올라갈 수 없어 여울목 위로 다른 배에 짐을 옮겨 실어야 하는데 신라군은 그 틈을 노리지 않았을까.

그 건너 석벽에 조선 왕조 때 정치가였던 허목(許穆·1595~1682)이 연천군수로 있을 때 와서 보고 절경에 취하여 새긴 글자가 있는데 관광선에서는 보이지 않고 파주문화원에 탁본으로 보관되어 있다.

고려 때 삼국사기를 지은 김부식(金富軾, 1075~1152)이 여기에 왔다 읊은 시가 있다.

가을바람 솔솔 불어와
물은 망망한데
머리 들어 하늘을 보니
마음만 망망하구나
가엾은 미인은 천 리에 떨어져 있는데
강가의 난초는 누굴 위해 향기로운가

강기옥 시인이 이 배를 탔다가 즉석에서 지어 선장에게 주었다는 시도 있다.

강물에 둥실
사랑이 실려 가면
임진나루 뱃사공아
길 떠나온 가난한 가슴에도
사랑 한 모금 담아 주렴
나루 건너 물 건너 강물로 살다가
바람으로 살다가
자취도 없이 사라진
고운 님 소식도 전해주렴
호적도 없는 역사의 숨결에도
강물은 도도히 출렁이고
햇살의 파편은
조각난 역사를 아름답게 꾸며 내는데
임진나루 뱃사공아
내게도 흘려버린 사랑을 나누어주렴

잃어버린 역사를 되찾아주렴

내 고향에 펼쳐진 절경을 보려고 예나 지금이나 시인·묵객들의 발길이 끊이지 않았던 것이 6·25사변이라는 시대의 격랑으로 잠시 멈추었다가 다시 재현되어 황포돛배를 띄운 것이다.

작은누님댁으로

작은누님은 해방 후 이웃 마을로 시집갔는데 우리가 장단읍으로 이사 오는 바람에 멀리 떨어지게 되었다. 작은누님댁에 갔더니 누님의 시어머니와 어머니는 붙들고 '얼마나 놀라셨어요.'하고 서로를 위로하였다.

마을 갔다 온 누님은 우리를 보고 뛸 듯이 기뻐하였다. 그 표정에서 우리의 소식을 얼마나 기다리고 있었는가를 알 수 있었다. 누님댁에는 매형과 돌 지난 조카, 나보다 한 살 위인 시누이, 시부모와 시할아버지까지 있는 대가족이었다.

누님댁은 38선 바로 밑이었다. 마을 뒷산 너머 1km도 안 되는 곳에 사미천이라는 큰 내가 있는데 거기가 경계선이었다. 마을 사람들은 사미천 건너 마을 사람들과 오가면서 친하게 지냈는데, 그 사이에 38선이 그어져 바라보기만 하는 다른 나라가 되었다. 집 뒤 언덕 너머에는 국군들이 참호(塹壕)를 파고 지켰으며, 사미천 건너에 있는 북한군이 밤에 넘어와 수류탄도 던지고 갔다.

여기도 장단군이기 때문에 남북한군의 충돌이 일어나면 장단경찰서에서는 경찰관들이 지원을 나갔고 사변이 일어나던 날 새벽에 트럭을 타고 우리 집 앞으로 가던 경찰관들도 여기로 오던 중간에서 북한군의 포격을 받고 공중분해되었다.

누님의 증언에 의하면 6·25 날 새벽, 콩 볶듯 하는 요란한 총소리가 나서 이불 몇 채를 덮고 있었다. 총알이 이불을 뚫지 못한다는 말을 들었기 때문이다. 총알이 이불에 들어오면 회전하는 대로 솜이 감아 결국은 멈추고 만다. 총소리가 그친 뒤 밖에 나가 보니 벽에 걸어놓은 두레박에 총알이 두 개나 들어 있었다.

밖이 시끄러워서 대문을 열어봤더니 바깥마당에 군인들이 꽉 찼는데 그들은 만세를 불렀다. 정신을 차리고 보니 국방색의 국군복장이 아니라 황토색의 북한군 복장이었다. 순식간에 세상이 바뀐 것이다.

우리 집에선 38선이 40리나 떨어진 개성에 있어서 피란 나갈 여유나마 있었지만, 경계선이 바로 야산 너머에 있던 누님네는 그럴 겨를조차 없었다.

눈 깜박할 사이에 38선을 돌파한 북한군은 십리 밖에 있는 고랑포 지서에 들이닥쳤다. 자다가 미처 정신을 차리지 못한 경찰관들은 도망가기에 바빠 본서에 알리지도 못했다.

북한군은 경찰관인 것처럼 장단경찰서에 전화를 걸었다. '삼팔선에서 충돌이 일어났느니 빨리 지원을 부탁합니다.'라는. 본서에서는 여느 때와 마찬가지로 사이렌을 울려 비번인 경찰관들을 소집하여 차를 타고 고랑포로 가서 국군을 지원하라고 보냈다.

북한군은 탱크를 앞세우고 경찰을 태운 차가 오기만을 기다리면서 천천히 남진하다 트럭이 고개를 넘는 순간 불을 뿜었다. 포탄은 명중되어 20여 명의 경찰관들은 불귀의 객이 되고 말았다.

인근에 있던 국군부대에서는 그 장면을 보고 적 전차에 바주카 포탄을 쏘아 명중시켜 환호성을 지르면서 좋아하였다. 하지만 전차는 멈칫하다가 다시 움직이는 것이 아닌가. 바주카 포탄이 다 떨어지도록 쐈으나 전차는 한 대도 파괴시키지 못했다. 전차를 잡을 수 있다던 무기가 장난감에 지나지 않았다. 대대장은 특공대를 모집하니 8명이 지원하였다. 그들은 수류탄을 들고 전차에게 접근했으나 전차 호위병들에게 다 사살되었다.

임진강 건너 파평산 근방에선 국군의 육탄 공격에 의하여 적 전차 여러 대가 부서졌다. 수류탄을 들고 전차에 올라가 뚜껑을 열고 그 안에다 집어넣어 터트리는 것이 육탄 공격이며 그들은 전차와 운명을 같이 했다. 중부전선 홍천 현리에서도 국군들의 육탄 공격에 의하여 적 전차 8대가 부서졌다. 길이 좁아 전차 호위병들이 따라올 수 없어서 가능했다

누님댁에 가다 보면 그때 부서진 트럭이 길가에 녹을 빨겋게 뒤집어쓴 채 방치되어 있었다. 거기에 탔던 경찰관들은 일요일에 쉬지도 못하게 한다고 투덜대면서 자다가 일어나 아내의 도움으로 옷을 주섬주섬 주워 입고 대문을 나섰을 것이다. 저녁때 집에 돌아와 가족과 함께 단란한 시간을 보내려던 그들은 통곡하는 식구들을 남겨 놓은 채 그렇게 저세상으로 갔다. 적 전차에 수류탄을 들고 접근하다 산화한 국군, 전우의 시신도 거두지 못한 채 후퇴해야만 했던 부대장과 부대원들의 심정은 어땠을까.

10여 년 전 그 근방에 있는 누님댁에 갔을 때 김신조가 철조망을 끊고 넘어왔던 곳에 갈 수 있다고 생질조카가 알려 주어 아들 차를 타고 갔었다. 김신조는 1968년 우리 대통령을 암살하려고 북한군 31

명의 특수부대원과 함께 청와대 뒷산까지 왔다 신분이 탄로 나 사살되었다. 김신조는 유일하게 잡혀 전향하였다. 최 일선 초소에 주민등록증을 맡겨 놓고 방문 목걸이를 주어 목에 걸고 있으니 군 지프차가 왔다. 운전병이 혼자 오기는 심심했던지 동료 군인을 데리고 왔다. 고개를 넘는데 한국전쟁 때 녹 슬은 트럭 잔해가 있던 그 고개다. 그 사실을 알리는 조형물이 없다. 그 사실을 운전병에게 물으니 모른다고 했다. 주민등록증을 받으면서 그 고개에서 일어났던 전사를 아느냐고 물었더니 그들도 모른다고 하여 그 얘기를 해주었다. 국군 전사(戰史)나 경찰 기록에는 그 사실이 있다. 나도 그 기록을 보고 이 글을 쓴 것이다. 거기에 충혼비라도 세워 주어 30여 명의 원혼들을 편안히 잠들게 해줄 날이 하루 속이 왔으면.

누님에게는 시누이가 많았다. 시집간 큰시누이, 개성에서 직장에 다니는 중간시누이, 막내시누이, 이렇게 셋이 있었다. 남자는 매형뿐으로 미남이었다. 키가 크고 이목구비가 반듯했다. 누님은 할아버지들의 결정으로 16살에 시집왔는데 매형 나이는 23세의 건장한 청년이었다. 우리 형제자매는 3남 4녀였다. 형 둘은 어렸을 때 홍역으로 다 죽고 나만 남았다. 큰누님은 일제강점기 때 일본군이 조선 처녀들 잡아간다고 하여 서둘러 시집갔고, 우리가 머문 집 누님은 둘째 누님이다. 셋째는 9살로 같이 피란살이하고, 막내 여동생은 6·25사변 이후 피란지에서 태어났다. 둘째 누님과 나는 나이가 6살(누님 32년, 나는 38년) 차이가 났지만, 그 사이에 형제자매가 없어서 누님을 졸졸 따라다니면서 귀찮게 굴었다. 그런 누님이 시집갈 날을 받아 놓고 자기가 시집가면 '누님'이라고 부르라 했다. 그런다고 하고 싸우고 나서는

'누나 시집 가도 누님이라고 안 부를 거야.'했더니 '부르지 말아라.'하고 톡 쏘았다.

그런 누님이 막상 없으니 한쪽 팔이 떨어져 나간 것 같았다. 어느 날 건장한 청년이 왔다. 둘째 매형이란다. 그만하면 누님을 맡겨도 될 것 같았다. 뭐라고 말을 걸어야겠는데 할 말을 못 찾아 '우리 옥순이 잘 있어요?'하고 물었다. 누님의 이름이 옥순이다. 옥순이 누님이 첫날밤에 신랑·신부의 예식을 치르고는 신랑이 '이제는 잡시다.'하였다. 누님은 '너나 자라.'고 속으로 말하고 있는데 매형은 번쩍 안고 방으로 갔다. 신랑의 얼굴도 못 보고 자다가 일어나 훤한 달빛이 문 창호지에 비쳐 자는 신랑의 얼굴을 보니 잘 생겨서 '그만하면 됐다.'고 안심했단다.

막내 시누이는 나보다 한 살 위여서 친구처럼 지냈다. 우리 둘이는 아침이면 고개 너머 배추밭에 가서 배추벌레를 잡아 주는 것이 일과처럼 되어 있었다. 그녀는 마음씨도 좋고 얼굴도 예뻤는데, 배추벌레 잡는 일에서만은 나를 앞서려고 했다. 내가 빨리하면 저도 빨리하고, 내가 늦게 하면 저도 늦게 해서, 가지고 노는 느낌이 들었다. 참는 것도 한계가 있는 법, 참고 참았던 것이 어느 날 폭발하여 달려들어 엎치락뒤치락하였다.

어느 순간, '이러면 안 되는데.'하는 생각이 들어 떨어져서 흐트러진 옷매무시를 바로 잡고 태연히 집에 와서 아침을 먹었다. 어른들이 알면 큰일이었다. 공짜로 세 식구가 얻어먹는 처지에 미움까지 받으면 쫓겨날 수도 있어서였다. 그녀의 어머니는 평소와 다른 눈치는 보이지 않았다. 제 엄마에게는 이르지 않은 게 분명했다.

세월이 많이 지나 그녀도 가정을 가진 어느 날, '그때를 회상하고 재미있어한다.'는 말을 누님에게서 들었다. 이성을 알듯말듯한 두 남녀가, 더구나 어려운 사이인 사돈지간에, 아무도 없는 산골짝 배추밭에서 엎치락뒤치락하고 싸웠으니 분명 별일은 별일이었다. 나는 그 사건을 잊어버렸는데.

어느 날 누님의 시어머니가 우리 어머니에게 보리를 찧자고 하셨다. 겉보리를 돌절구에 넣고 마주 보고 서서 무거운 돌공이를 머리 위까지 들어 올렸다가 내리쳐 보리의 껍질을 벗기는 작업이다. 어머니는 농사를 안 지어 그런 일은 해 보지 않으셨다. 아무 소리 못하고 따라 했지만 얼마나 힘드셨을까. 그 마을 여자들은 머리에 쌀 한 가마니는 보통 이고 다녔다.

누님의 시할아버지는 사랑에서 고드랫돌로 지직(기직)을 매셨다. 왕골을 잘게 쪼개 짚 한 가닥을 싸서 틀 위에 놓고 칡에서 얻은 노끈에 고드랫돌을 매서 엮었다. 할아버지는 틈만 나면 지직틀 앞에 앉아 조금씩 그 일을 하셨다. 그렇게 해서 짠 지직을 방에 깔고 살았다.

방바닥은 골을 만들고 그 위에 얇은 돌(구들)을 평평하게 놓은 후 흙으로 발랐다. 구석에는 불길이 잘 닿지 않아 습기가 차서 기직 밑에 벼룩이 서식했다. 놈들은 밤에 사람을 깨물어 가려워서 견딜 수가 없었다. 지직을 들추고 보면 깨알만한 검붉은 놈들이 높이 튀어 도망갔다. 벼룩은 뒷다리가 길어 사람의 무릎까지 튀어 올라 제 길로 천 길을 뛴다는 속설이 있다. 점프력이 생물 중 가장 좋다.

이제는 지직 대신 멋으로 강화 화문석이나 대나무 자리가 있어 여름에 시원하라고 방에 펴고 살기도 하지만 대개는 비닐을 깔아 짚과 왕골로 짠 지직은 없어지고 따라서 벼룩도 없어졌다.

우리는 작은누님댁에 있다가 다시 집으로 왔다. 어머니는 개성에서 감을 사 오셨다. 그걸 인근 동네로 가지고 다니면서 팔았다. 대금으로 받은 곡식을 개성에 가서 팔고 또 물건을 사다 팔기를 반복하셨다. 개성까지 왕복 32km를 짐을 머리에 이고 여자가 하루에 갔다 오기는 쉬운 일이 아니었다. 어머니가 1910년생이니 41세이기는 하지만.

어느 날 개성 가신 어머니가 어두워도 오시지 않아 마중을 나갔다. 두려운 가슴을 안고 조촘조촘 이웃 마을인 두루메까지 갔더니, 폐주물공장에서 느닷없이 요란한 소리를 내면서 불줄기가 하늘로 뻗치는 것이 아닌가. 그 공장은 일본인들이 제철소를 차리고 주물을 생산하다 전쟁에 패하여 쫓겨 간 곳이다. 사변 전 우리들은 사천내 젠추다리 밑에서 수영하고 오다 거기에 들어가면 크고 작은 쇳덩어리들이 많아 주워오던 곳이었는데, 거기에 군부대가 있을 줄은 몰랐다. 그 소리에 겁을 먹어 더 가지 못하고 기다렸더니 얼마 만에 어머니가 오셔서 나오지 말라고 하였다.

개성서 사 온 감을 작은누님네 동네로 가지고 가서 팔았다. 받은 대금은 좁쌀이었다. 콩도 많이 나왔다. 그걸 개성에 가지고 가서 팔고 물건을 사 오기를 반복하셨다. 우리 집에서 작은누님네 집까지 거리는 50리(20km)다.

우리나라의 기후를 보면 남쪽은 따뜻하고 북쪽은 춥다. 지형을 보면 남쪽은 평야지대고 북쪽은 산악지대다. 따라서 농작물의 분포도 다르다. 남쪽에는 쌀과 보리를 많이 심은 반면, 북쪽에는 조과 호밀, 귀리가 많았다.

장단은 한반도의 중앙인 경기도 북부에 위치해 있어 양쪽의 영향을 다 받았다. 지형은 구릉 지대여서 논보다는 밭이 많았고, 따라서 '조'를 많이 심었다. 벼는 탈곡기를 마당에 놓고 발로 밟아 '붕방붕방' 소리를 내면서 타작을 했지만, 조는 이삭을 잘라 마당에 펴 놓고 도리깨로 두들겨서 떨었다.

우리 고장에서 많이 심던 곡식 중 하나는 호밀이다. 호밀은 유럽과 중앙아시아 원산으로 척박한 땅에서 잘 자라고 소출도 밀보다 많았지만, 빛이 검고 끈기가 적어 맛은 없었다. 나는 만두를 좋아하는 편인데 호밀로는 만두를 만들어도 맛이 없었다.

그 외에 피와 귀리가 있었다. 피는 벼에 기생해서 자라 괄시를 받지만 경기 지방에선 따로 피를 밭에 심었다. 피 역시 끊기가 적고 맛이 없었다. 귀리는 찰지고 맛은 좋았던 것으로 기억되는데 많이 심지는 않았다.

그 외에 인삼이 있다. 고려 인삼으로 대표되는 인삼이 개성에 있어서 인근인 장단에도 인삼밭이 많았다.

장단을 대표하는 작물은 콩이다. '장단백태'는 교과서에까지 오른 우수한 품종이다. 장단 콩 제품은 맛이 다르다고 한다. 지금도 임진각에선 매년 장단 콩 축제가 열려 여러 가지 행사를 하는데, 그때는 경향 각지에서 많은 관광객이 오고, 콩으로 담근 장류가 날개 돋친 듯이 팔린다.

그때는 콩으로 두부를 해 먹을 생각은 못 하고 맷돌에 갈아 콩비지를 만들어 끼니로 먹었다.

다부동 전투

어느 날 마을에 북한군이 많이 들어 왔다. 이웃집에는 군수물자를 실은 소를 헛간에 매두었다. 밤에 그들은 가고 낮에는 쉬었다. 우리 집에도 사랑방에 네 명이 들었는데 그중에 하나는 덩치만 컸지, 애티를 벗지 못하였다.

어머니께서 몇 살이냐고 물었더니 열네 살이라고 했다. '열네 살짜리를 군에 내보내다니 쯧쯧!' 어머니는 혼자 중얼거리고는 혀를 끌끌 차셨다. 그 군인은 아무 말도 않고 서 있었다.

작은누님댁에 있을 때였다. 이웃집에 북한군들이 와서 묵었는데 방 안에서 떠들고 있는 군인들 중 조용히 앉아 있는 군인이 있어 자세히 보니 수염이 없는 여자 군인이었다. 남자 군인 중에 여자 군인도 함께 있다니 북한군은 여권을 무시하는 것 같다.

평택에서 미군의 집중적인 포격으로 북한군이 나갈 수 없게 되자 피란민을 앞세웠다. 피란민이 안 나가자 총으로 쏴서 죽였다. 그와 같이 북한군은 목적을 위해서는 수단과 방법을 가리지 않았다.

계속 내리 밀리던 미군은 낙동강 다리를 건넌 후 끊을 계획이었다. 헌데 미군의 뒤를 바짝 따르던 피란민들은 그럴 틈을 주지 않았다. 다리 건너편으로 가라고 해도 말을 듣지 않았다. 미군들은 다시 강을 건너가니 피란민들도 따라 건너갔다. 미군이 빨리 뛰어오니 그들도 죽기 살기로 따라왔다. 그렇게 몇 번 했더니 피란민들의 좇음이 둔해져서 미군이 재빨리 건넌 후 다리를 끊어 수많은 피란민이 다리와 함께 수장됐다. 미군은 피란민 중에 섞여 나오는 북한 게릴라를 앞에 보내지 않기 위하여 과민 반응해 수많은 양민을 학살한 꼴이 됐다.

계속 내리 밀리던 연합군은 낙동강을 사이에 두고 한숨을 돌렸다. 남해안 쪽으로는 북한군이 하동까지 왔다. 하동 고개에서 국군은 적의 매복 작전에 걸려 대패하고 대장인 채병덕 장군이 전사했다. 사기가 꺾인 국군은 유엔군의 지원을 받아 어렵게 적을 막아 내고 있었다.

동쪽은 포항 근방에서 김석원 장군이 이끄는 학도병이 막대한 사상자를 내면서 일진일퇴를 거듭하고 있었다. 그 가운데 있는 주 전선이 대구 쪽인 낙동강지구다. 거기가 뚫리면 부산까지는 일사천리다. 미국 정부는 낙동강에서 적을 막아 내지 못하면 한반도를 포기하고 일본으로 건너오라고 하였으나 총사령관 맥아더 원수는 사수하려고 마음먹었다. 이와같이 낙동강 전선에서 양쪽은 총력전을 벌이고 있었다.

북한군은 낙동강 전선에 10만여 명, 전차 20여 대, 각종 포 670문을 가지고 공격하였다. 거기에 비하여 유엔군과 국군은 20만여 명이었고, 일본은 거대한 보급기지였다. 연합군에게 전세는 절대 유리하였지만, 유엔군은 그런 사실을 모르고 있었다.

팔공산 근방 다부동에서 25일간 치열한 전투를 벌인 결과 북한군 24,000명, 유엔군 10,000여 명의 사상자를 냈다. 그 전투를 다부동 전투라고 전사에는 기록되어 있다. 다부동 전투는 백선엽 장군이 지휘하던 1사단이 했으며 6·25 전쟁의 향방을 바꾼 최대 격전지였다. 백선엽 장군은 제1사단 8,000여 명의 휘하 장병을 이끌고 북한군 3개 사단 20,000여 명의 총공세를 막아냈다. 북한군의 공세에 밀려 부하들이 후퇴하려 하자 백 장군은 '우리가 밀리면 나라도 끝장이다. 내가 앞장서겠다. 내가 물러서면 나를 쏴라.'고 했다. 그가 앞장서자 부하들이 적진으로 돌격해 빼앗긴 고지를 탈환했다. 유학산 고지는 9번, 328고지는 무려 15번 주인이 바뀌었다. 백 장군의 1사단은 한 달 넘는 공방전에서 북한군을 물리치고 낙동강 방어선을 지켜냈다.

6·25 전체에서 한국군이 거둔 가장 중요한 승리였고, 역전의 결정적 발판이 됐다.

그때 나온 군가(軍歌)가

전우의 시체를 넘고 넘어 앞으로 앞으로
낙동강아 잘 있거라 우리는 전진한다
원한이의 피에 맺힌 적군을 무찌르고서
화랑담배 연기 속에 사라진 전우야

그때를 배경으로 나왔다. 백선엽 장군이 2020년 100세의 나이로 세상을 떠났다. 정부에서는 백 장군이 일본군 장교로 조선독립군 토벌에 참여했다고 하여 서울 현충원에 안장시키지 않고 대전현충원에 안장했다. 백 장군이 20대 초반 때 일본군 장교로 있었으면 얼마나 있었겠나. 일본군 부대 편성도 자기가 원해서 조선독립군 소탕작전에 참여하지는 않았을 것이다. 과(過)가 하나면 공(功)은 열일 것이다. 정치 논리를 떠나 백선엽 장군의 공적을 높이 사서 유해를 서울 현충원으로 옮겨 주기를 바란다.

진흙 속에 핀 장미

전선이 낙동강에서 오래 머물렀을 때 북한군 치하에서 있었던 일이다. 어느 날 밤 농부가 마당가에 앉아 풀숲에서 부산하게 움직이는 반딧불이를 보면서 '전쟁이 어떻게 될 것인가?'를 깊이 생각하고 있을 때 앞에 뭐가 툭 떨어져서 주워 보니 돌멩이였다. 돌이 날아 온 풀숲을 헤쳐 보니 거기에 사람이 누워 있었다.

방안에 데려와 보니 허벅지에 관통상을 입은 미군이었다. 상처에는 고름이 잔뜩 들어 퉁퉁 부었다. 농부는 부젓가락을 화롯불에 빨갛게 달구어 찌르려고 하니 미군은 손사래를 치면서 거절했다. 농부는 눈을 부라렸다. '그렇게 안 하면 죽는다'는 암시가 그 속에는 들어 있었다. 미군도 이래 죽으나 저래 죽으나 죽기는 마찬가지이니 이 사람이 나를 살릴지도 모른다는 생각이 들었던지 눈을 꼭 감고 다리를 내주었다. 농부는 부젓가락으로 푹 찔러 구멍을 내고 두 손으로 사정없이 꾹 눌러 짰다니 얼마나 아팠을까. 고름이 한 사발이나 나왔다. 그리고는 상처가 아무는 풀이 있었던지 짓이겨 붙였다. 매일 그렇게 했더니 20여 일 후 어기적어기적 걷게 되었다. 집 뒤꼍에 갔더니 머리 위를 지나가는 비행기가 있어 무전을 쳤다. 이튿날 비행기에서 물건을 떨어뜨려 주었다. 그것이 북한군의 수중에 들어가 온 마을이 발칵 뒤집혔다.

농부는 미군에게 '화장실 똥통 속으로 들어가라.'고 했다. 그때 화장실은 큰 구덩이를 파고 나무로 만든 매화틀을 놓고 그 위에 올라앉아 일을 보았다. 미군은 못 들어가겠다고 하는 걸 농부는 또 눈알을 부라렸다. 그렇게 안 하면 당신은 물론 우리도 다 죽는다는 암시가 그 속에는 들어있었다.

미군도 할 수 없었던지 똥통 속에 들어가 매화틀 밑 벽 쪽에 밀착해 코 위만 내놓고 있었다. 수색하던 북한군은 화장실 문만 열어 보고 냄새가 고약했던지 통 속은 들여다보지 않고 가서 발각되지 않았다.

얼마 안 있어 수복이 되었다. 미군은 쪽지를 써 주면서 군부대에 갖다주라고 했다. 며칠 후 스리쿼터에 미군들 몇 명이 타고 오더니 그 미군을 붙잡고 길길이 뛰면서 울었다. 같은 부대원들인 모양이었다. 그러더니 부상병도 그들과 함께 훌쩍 떠나가 버렸다.

농부는 허탈했다. 고생하면서 치료해주고 위험을 무릅쓰고 숨겨 주었는데, 갈 때는 고맙다는 인사 한마디 없이 떠나다니. 마을 사람들도 그를 위로해주었다.

몇 달 후 부상병이었던 미군은 말쑥한 군복차림으로 통역관을 대동하고 찾아왔다. 어깨에는 대령 계급장을 달고 있는 고급 장교였다. 그는 미국 자기네 집 옆에 살 집을 장만해 놓았으니 미국 가서 같이 살자고 하였다. 농부는 반대했으나 마을 사람들과 아들들이 찬성하여 미군의 뜻을 따르기로 하였다.

이 사건은 60년대 직장에 같이 근무했던 동료 마을에서 있었던 실화로 세상에 알려지지 않았고 한다. 살벌한 전시였지만 이렇게 국경을 넘는 미담도 있었다. 그 후 아들들은 가끔 왔는데 잘 되었다고 했다.

휴전 무렵 오산 미군 비행장 근방에 살던 학생이 서울대학교에 합격하였다. 하지만 입학금이 천문학적인 숫자여서 가난한 농부네 형편으론 입학금을 감당할 수가 없었다. 형이 운영하던 방앗간 발동기를 팔아 겨우 입학금은 댔으나 다음 학기에 등록금을 마련할 수가 없었다.

그때 비행장에서 하우스 보이를 모집한다는 광고를 보고 응모했다. 몇 대 1의 경쟁을 뚫고 당첨되었다. 하는 일은 미군이 머무는 숙소에 청소도 해주고 빨래도 하는 것이었다. 거기서 월급을 받아 등록금을 댔다.

다음번 모집 때 다시 응모했지만, 당첨자 명단에 자기 이름이 없어 실망하고 돌아서는데 미군 중위가 왜 그러느냐고 물었다. 사실 얘기를 했더니 대학교 학부와 이름을 물었다. 적어 주었더니 며칠 후 서울대학교 학장에게서 호출 명령이 떨어졌다. 갔더니 미군이 등록금을 대주었다면서 찾아가서 인사하라고 했다. 발표 현장에서 물었던 그 미군 장교였다. 그를 찾아가서 감사하다는 인사말도 하고 사진도 같이 찍었다. 그는 휘하 부대원들에게 그 사실을 알리고 부대원들 월급에서 조금씩 걷어서 그 학생의 등록금을 대준 것이다. 얼마 후 그 미군 장교는 일본으로 전출명령이 내려졌다. 그는 후임자에게 그 학생이 졸업할 때까지 등록금을 대 주라고 하고 갔다.

그 학생은 졸업 후 군대 갔다 와서 중앙정부에서 근무하면서 무사히 정년퇴직했다. 그는 대학교 등록금을 대준 미군을 찾았으나 만나지 못하였다. 조선일보에 그때 상황과 미군의 이름을 적고 '그의 행방을 아는 사람은 연락바란다.'는 수인광고를 냈더니 게재되었다. 이튿날 '따르릉' 전화가 왔다. 받으니 자기 딸이 그 미군의 동네에 산다면서 그 미군이 마을 로터리클럽 회장으로 있다고 했다. 미국에 있는 딸을 통하여 그의 전화번호를 적어 전화했더니 그는 기억하지 못했다. 같이 찍은 사진을 보내 주었더니 기억했다.

당장 비행기 타고 태평양을 건너가서 만났다. 그 미군은 로터리 클럽 회원들에게 그를 소개했다. 그 사건은 그 마을에서 센세이션을 일으켜 지방 신문에까지 났다.

그는 그 사실을 책으로 냈다. 10여 년 전 프레스센터에서 국민행동본부에서 주최하는 조갑제 강의에 나와서 그 사실을 알리고 방청객에게 책을 무료로 나누어 주었다.

어떻게 살아야 이상적인 삶일까? 출세하여 이름도 날리고 돈도 챙겨야 하지만 가슴에 멍울지지 않게 살아야 한다. 가슴의 멍울은 양심의 가책을 느끼는 일을 했을 때 생긴다. 더구나 나이 먹은 사람은 젊었을 때 죄를 지은 것은 풀고 저세상으로 가야 한다. 신세 진 것도 마찬가지다. 갚을 수 있는 것은 갚아야 한다. 그 사람도 오래전에 자기의 앞길을 개척해준 사람이지만 얼굴도 모르는 미국인을 찾을 필요가 있었겠는가. 하지만 가슴은 찾으라는 명령을 내렸을 것이다. 마음의 명령대로 살면 한 점 부끄러움이 없고 얼굴에 주름살이 펴진다.

2000년대 〈월간조선〉 부록으로 발행된 『6·25, 우리들의 이야기』

라는 한국전쟁 체험기를 모아 엮은 책 중에 초등학교 6학년이었던 사람이 쓴 '용서와 사랑'이라는 체험기는 잔잔한 감동을 주었다.

필자의 형은 여수·순천 반란 사건 후 서남지구 남부군 토벌 경찰대에 지원했다. 남부군은 반란에 실패하여 산으로 들어간 사람들을 말한다. 얼마 후 형은 고향 근방 지서로 발령받았다는 편지가 와서 아버지와 함께 갔더니 미모의 여인과 함께 살고 있었다. 아버지는 처자식이 있는 사람이 무슨 짓이냐면서 꾸중하셨다. 형은 꿇어앉아 빌었고, 여자는 옆에서 울고 있었다. 아버지는 해준 밥도 안 잡숫고 벽에 걸어놓은 두루마기를 홱 낚아채 입고 나오셨다.

아버지의 그런 행동과는 달리 동생은 형네 집에 자주 갔는데 형수는 맛있는 음식도 만들어 주고, 옷도 사주어 정이 들었다. 형수는 남로당 여성동맹부위원장으로 활동하다 여수·순천 반란 사건 후 지리산으로 들어가 공비가 되었다. 그녀는 밤중에 몰래 집에 왔다가 잠복근무 중이던 형에게 붙잡혀 자수 형식을 취해 전향하여 같이 살았다. 형은 후에 공비토벌을 나가서 세 사람을 붙잡아 총살시키려다 그들의 요구대로 집으로 보내 주었다는 얘기를 했더니 여자는 절을 세 번이나 하면서 '하늘이 주신 당신'이라고 어깨를 들먹였다.

6·25 사변 후 형은 국군을 따라 후퇴했고, 북한군이 들어와 마을 유지들이나 공무원 가족을 잡아갔다. 필자의 아버지도 잡혀가면 살아오지 못할 처지였다. 그때 마을에 말을 탄 기마병들이 온다고 떠들썩하여 나가 봤더니 앞에 백마를 타고 오는 별을 단 여군이 형수였다. 그녀는 입에 손가락을 대고 아무 말 말라는 사인을 했다. 필자네 집에 와서 일행은 밖에 있으라고 하고 그녀는 방에 들어가 아버지에게

절을 하고는 '아드님은 무사히 돌아올 것입니다.'라고 말하고는 봉투를 놓고 나왔는데 그 안에는 황소를 살만한 거금이 들어 있었다. 문밖에 섰던 필자를 끌어안고는 하염없이 눈물을 흘렸다. 친동생같이 귀여워했는데 다시는 못 볼 것을 마음 아파한 듯하다. 그녀는 남부군(남한에 있는 공비) 총대장 이현상의 비서로 있어서 영향력이 대단했다는 소문이다. 아버지가 무사할 수 있었던 것은 그녀가 손을 썼기 때문이다.

수복 후 돌아온 형은 가족을 지켜 준 그 여자 공비(임시 처)를 찾았지만, 행방을 알 수 없었다. 지리산 공비 토벌 때 죽었다는 풍문도 있었지만 제대로 아는 사람은 없었다. 형님은 일생 동안 경찰관으로 생활하다가 정년퇴직한 후 세상을 떠났다. 삼우제(三虞祭) 날 산소에 갔더니 정체불명의 큰 화환이 있어서 의아해했는데, 추석 때 또 그와 같은 큰 화환이 있었다. 그때 섬광이 머리를 스치고 지나갔다. '공비였던 형수가 보내주었을 것이란 생각이 떠올라 이 글을 쓰게 되었다.'면서 '한 번 만나 뵙고 싶다.'고 했다.

필자의 추측이 맞는다면 경찰관은 포로에게 한 번의 용서로 적대관계를 해소했고, 두 번의 용서로 영혼까지 헌납받았다고 보고 싶다. 그녀가 지리산 토벌 작전 때 어떻게 살아 나왔고, 어떤 인생길을 걸었는지 모르지만 마음은 항상 옛 애인을 향해 있었다고 보여진다. 절체절명의 순간에 용서는 단 두 번만으로도 영원히 잊혀지지 않는가 보다.

'하늘이 주신 당신'이라고 격한 감정을 표현하면서 어깨를 들먹인 공비였던 여자가 했다는 말이 귓가에 아련히 맴돈다. 우리 현대사에 얼마나 많은 사람이 이념이라는 몹쓸 병에 걸려 눈이 뒤집혀 날뛰었을까?

그녀가 문밖에 서 있는 필자를 붙잡고 하염없이 눈물을 흘린 것도 마음을 아프게 한다. 거기에는 이념을 떠나서 순수한 마음이 있어서이다. 이 글이 세상에 나간 후 잠깐 형수(공비)는 모습을 드러냈을까? 아니면 영원히 베일 속에 숨었을까.

90년대 초에 애 엄마가 머리가 아프다고 하여 병원에 데려가서 여러 가지 검사를 하더니 뇌혈관 경색이라고 했다. 어느 날 퇴근하여 병원에 갔더니 애 엄마의 병상이 비어 있었다. 옆에서 장모님이 계시다가 중환자실로 옮겼다면서 일주일밖에 못 산다고 주치의가 말했다고 알려주었다. 사촌동생이 목사여서 예수님을 영접했다. 새벽기도에 나가고 시간 있을 때는 부흥회에도 참석했다. 가슴 뭉클하게 하는 간증도 많이 들었는데 그중에서 숙명여자대학교 여교수의 간증이 잊히지 않는다.

그녀는 인천에서 살았는데 6·25 사변 때 피란을 못 가 아버지는 북한군에게 붙잡혀 갔다. 수복 후 국군은 북한군에게 협조한 가족이라고 하여 14살 먹었던 그녀와 어머니, 여동생을 학교 운동장에 세워 놓고 죽이려고 총을 겨누었다. 소녀는 사형집행 병사에게 "아저씨, 우리를 죽이지 말고 살려 주세요."하였다.

"나도 여섯 살 먹은 여자애에게 총을 겨누고 싶지 않지만, 명령이니 어쩔 수 없다."고 병사는 말했다.

동생이 여섯 살이었다. 그 병사가 고개를 숙이는 순간 목에 걸린

반짝이는 십자가를 보았다. 거기에서 힘을 얻어 살려달라고 매달리자 병사는 "그래! 내가 너희 가족을 죽인 것으로 보고할 터이니 집에 가지 말고 멀리 가서 살아라."하였다.

소녀는 동생을 들쳐 업고 정신 잃은 어머니의 손을 잡고 뛰었다. 등 뒤에서 총소리가 몇 방 들렸다. 100리 쯤 떨어진 어느 마을에 가서 헌 천막을 얻어 치고 미군부대 근방이어서 양공주들이 버린 옷을 꿰매 이불을 만들었다. 먹을 것이 없어도 차마 동냥은 못 하고 어느 가게에서 일해주고는 큰 성냥 한 통을 얻어와 작은 곽 몇 개에 옮겨 담았다. 그것을 길가에서 사과궤짝에 올려놓고 팔려고 오들오들 떨면서 앉아 있었다.

미군들이 떼를 지어 나와 옆에 있는 양공주 촌으로 들어갔다. 그들 중 국군 병사와 흑인 병사가 다가와 "나는 신학대학생이다. 이 흑인 병사는 신부님인데 우리 부대는 내일 전쟁터에 싸우러 나간다. 군인들은 두려움을 잊기 위해 위안부에게 갔는데 우리는 기독교인들이라 차마 그럴 수 없어서 너를 도와주러 왔다."고 했다.

그들과 함께 집에 와서 천막 방에 들어서자 날씨가 추워 '성에'가 여기저기 끼었다. 어머니는 몸이 아파 이불을 덮고 누워있고, 동생은 옆에서 울고 있었다. 한국 병사는 빽에서 과자와 통조림을 꺼내 주었다. 흑인 병사는 무릎을 꿇고 간절히 기도했다. 소녀네 가족을 위한 기도라는 것을 신학대학생이 알려주었다. 그들은 일어서면서 성경책과 십자가, 자기들이 덮고 자던 야전용 침낭(寢囊)까지 주고 갔다. 며칠 후 그 병사들이 얼어 죽었다는 소문으로 돌아왔다. 자기의 가진 것 모두를 불우한 사람에게 주고 떠난 그들의 이웃 사랑! 그녀는 그들의 죽음을 헛되게 하고 싶지 않았다.

휴전 후 소녀는 교회 계통의 도움을 받아 공부할 기회가 열렸다. 열심히 공부하여 문학박사가 되고 대학교수가 되었다. 성냥팔이 소녀 때 모든 것을 주고 떠난 신부님과 신학생의 선행을 책으로 만들어 팔은 돈으로 '나사렛 성가원'이란 불우한 사람들을 수용하는 시설을 만들었다. 거기에 재산, 정성, 노력을 몽땅 쏟아부어 옛날 춥고 배고팠던 때 도움을 준 흑인 신부와 한국군 신학생에게 입은 은공을 갚으려 했다. '그들은 죽은 것이 아니라 다시 태어났다. 하나님께서 백배천배 더 크게 역사하시는 것을 보고 그들도 천국에서 기뻐할 것이다.'라고 결론을 맺었다.

애 엄마는 우리 식구를 하나님께로 인도하고 6개월 만에 하늘나라로 갔다.

참외 썩는 냄새

어느 날 숙모님께서 임진강가로 참외 사러 가자고 하셨다. 보리쌀 한 되를 가지고 우리 두 식구와 작은 집 세 식구, 모두 다섯 명이 갔다. 언덕에 올라서니 일망무제, 한없이 너른 평원에 원두막이 밤하늘의 별같이 많았다.

뱃사공은 거기서 생산되는 참외를 매일 한 차례씩 200석 싣는 큰 배에 싣고 서울 마포나루에 가서 팔고, 올 때는 강화에 들러 팔딱팔딱 뛰는 활어를 싣고 왔다. 그걸 아낙네들이 함지박에 이고 다니면서 팔았다. 우리도 조기, 밴댕이, 까나리, 새우젓, 곤쟁이젓 등을 사 먹었다. 육로교통이 발달되지 않았을 때는 수상교통이 중요한 운송 수단이었다.

벌에 내려서자 참외 썩는 냄새가 코를 찔렀다. 어느 참외밭에 들어서자 할머니가 원두막에 앉아서 한숨만 치 쉬고, 내리 쉬었다. 정성들여 가꾼 참외가 썩는 것을 보는 농부의 마음은 한숨이 되어 나왔다. '참외 사러 왔다.'고 했더니 할머니는' 마음대로 먹고 가져가고 싶은 대로 가져가라.'고 하였다.

그때 거기서 많이 심었던 참외는 푸른색의 열골참외였다. 줄이 열 개가 처져있다고 하여 붙여진 이름이다. 크기도 했지만, 무척 달았다. 우리는 배부르게 먹고, 잔뜩 짊어지고 왔다. 그때 참외는 '김막가'라는 노랗고 주먹만한 참외가 있었는데, 무척 달아 일본인들이 좋아했다. 그것이 변종이 되어 골이 쳐진 '은천참외'가 되어 오늘에 이르렀다. 그 외에 푸른 바탕에 검은 무늬가 있는 알록달록한 참외가 있었는데 '개구리참외'라고 하고 6·25사변 후는 '성환참외'라고 했다.

그 벌이 자유로 반구정 건너편에 있는 거곡리 벌이다. 가끔 자유로를 지날 때마다 임진강 건너를 보면서 그때를 떠올리곤 한다. 거기는 십리벌이 펼쳐져 있는 장단의 곡창지대였다.

휴전 후 거곡리 벌은 민간인이 갈 수 없는 비무장지대였는데, 요즈음 통일촌 사람들은 일부 개간하여 논을 만들어 농사도 짓는다. 그 벌이 사변 전에 참외를 심었었다는 것을 농부들은 알까.

큰누님댁에 있을 때 학질(瘧疾)에 걸렸다. 학질은 여름에 발생하는 감기 비슷하게 떨리고 추운 병으로 말라리아라고도 한다. 증세는 하루 아프고, 그다음 날은 낫고, 그다음 날은 또 아프고의 연속인 병이어서 '하루걸이'라고도 부르는, 영양부족으로 발생하는 병이다.

나는 네 직, 즉 8일을 앓아도 낫지 않았다. 낮에도 누워있으면 천장에서 전차가 왔다 갔다 하며 헛것이 보였다.

"얘야. 이리 나오너라."

꼼짝을 못 하고 누워있는 나를 어머니와 누님이 나오라고 하여 뒤곁으로 데리고 갔다.

"이걸 머리에 얹고 춤을 추어라."

시꺼먼 큰 가마솥 뚜껑이다.

"왜 이걸 머리에 이고 춤을 추어요."

"그래야 병이 낫는단다."

병이 낫는다는 말에 머리에 올려놓으니 중심이 안 잡혔다. 몇 번을 실패한 끝에 겨우 고정시키고 춤을 추려고 팔을 벌리는데 부엌문이 벌컥 열리더니 두 분이 고함을 지르면서 뛰어나왔다. 정신이 아득하여 그 자리에 쓰러졌다. 학질은 놀라게 해주면 낫는다는 속설이 있어 그렇게 한 모양인데 나는 졸도하여 쓰러졌으니 낫기는커녕 더 심하게 앓았다. 닭을 어디서 구해 왔는지 한 마리 고아주어 며칠 후에 자리를 털고 일어났다.

학질에는 금계랍이 특효약으로 해열제다. 키니네라고도 하는데 노란색으로 엄청나게 써서 먹기가 힘들었다. 하지만 난리 통에 약이 어디 있는가. 몸으로 이겨내거나 손쉬운 고기인 닭을 고아 먹을 수밖에.

어느 날 오후 "홍제야, 너 머리가 무척 길다. 머리를 깎자."고 어머니께서 말씀하셨다.

"이발소도 없는데 어떻게 머리를 깎아요."

"지금 이발소가 어디 있니. 가위로 깎을 수밖에."

"가위로 어떻게……."

나는 보자기를 목에 두르고 어머니는 바느질 가위로 머리를 깎기 시작했다. 그때 아이들은 머리를 지금같이 길게 기르는 것이 아니라 스님같이 박박 깎았다. 처음에는 싹둑싹둑 기분 좋게 잘리더니 짧게 되면서 문제가 생겼다.

"아이고, 아야."

머리를 감싸 쥐니 어머니는 멈칫하셨다.

"살을 집었구나."

"아야, 좀 조심해요."

"조심하느라고 했는데 그렇게 됐구나."

스님같이 짧게 깎는 머리를 해 보지 않은 바느질 가위로 하려니 잘 될 리가 만무했다. 몇 번 머리를 감싸 쥐고 도망 다니다 겨우 쥐 뜯어 먹은 것같이 깎았다. 수복이 되어 이발소에서 머리를 깎을 때 사각사각 잘려 나가는 머리털을 보면서 이발 기계의 편리함을 뼈저리게 느꼈다.

이발의 역사를 더듬어 보면 BC 1900년경에 헤브라이족의 추장이 죄인을 처벌할 때 두발을 삭발하여 자랄 때까지 죄를 뉘우치면서 속죄하게 한 것이 이용(理容)의 시초였다. 그 후 머리에 부상을 입은 사람은 머리를 깎고 치료해주어 이용사가 의사의 직분까지 겸하였다.

1804년 프랑스의 나폴레옹이 이용과 치료를 분리하였다. 그때 프랑스의 기계제작회사 바리캉 마르에서 머리 깎는 기계를 만들어 보급시켰는데 그 기계 이름을 제작회사 명을 따서 '바리캉'이라고 명명했다. 지금도 손가락을 움직여 머리 깎는 기계를 '바리캉'이라고 하는데 거기서 유래되었다고 한다.

제2부

어머니를 잃을 뻔하다

이 단원에서는 유엔군이 50년 10월달에 38선을 넘어 압록강까지 갔을 때 중공군이 밤중에 얼음 위로 압록강을 건너 산속으로 숨었다. 유엔군은 그 사실을 몰랐다. 중공군은 평안북도 운산에서 밤중에 미군 막사를 기습하여 미군은 자다가 놀라 임진강 이남까지 후퇴했다. 그때 우리도 임진강을 건너 양주 외숙댁에 있다가 전쟁이 코앞에 왔을 때 피란 나오다 의정부에서 전쟁의 가운데 들어 죽음 직전에서 살아났으나 전쟁은 앞서가 외숙네 집으로 가서 중공군 속에서 살다 수복이 되는 때까지를 다루었다.

고랑포에 미군 들어 왔다

작은매형은 20대 중반으로 저들이 찾는 의용군의 대상이었다. 피난 갈 여유가 없었던 매형은 마루 밑에 방공호를 파고 숨어 있었다. 그 마을에 매형의 친구였던 빨갱이가 있었는데 매일 와서 매형을 내놓으라고 가족들을 못살게 굴었다.

어느 날 인민군이 와서 매형을 찾았다. 집 안팎을 뒤져보더니 집 뒤울안에 수북하게 쌓아 놓은 흙더미가 어디서 나온 것이냐고 물었다. 그것은 마루 밑에 방공호를 팔 때 나온 흙이어서 그를 안내하던 할아버지는 얼굴이 하얗게 질렸다. 매형은 그때 방공호 속에 숨어 있기 때문이었다. 할아버지가 어떻게 말하였는지 인민군은 의심쩍은 얼굴로 돌아갔다.

조금 후 친구 빨갱이가 왔다. 매형은 그때 나와서 점심을 먹다가 그의 소리를 듣고 뒷문으로 나가 산으로 뛰었다. 산 너머는 임진강가여서 갈대가 무성해 들킬 염려가 없었다.

저녁때 매형은 팔뚝만한 물고기를 들고 왔다. 강가를 배회하고 있으려니까 여울목에 밀려온 숭어가 퍼덕이고 있어 잡아 왔다고 했다. 어쨌거나 그날 저녁은 생선국에 잘 먹었다. 그 후 매형은 국군이 들어올 때까지 갈대밭에 숨어서 살았다.

그렇게 강제로 붙잡아 간 남한의 장정들을 북한군은 의용군이라고 했다. 의용군은 자청해서 군대에 나간 군인이니 말도 안 되는 억지다. 저들은 의용군을 도망가지 못하도록 앞세우고 뒤에서 감시하면서 유엔군의 총알받이로 만들었다. 나도 처남 둘이 의용군에 끌려갔는데 돌아오지 못했다고 한다. 뭐니뭐니해도 불행한 세대는 그때 군에 나갔던 청년들이다.

북한군은 전선이 남쪽으로 내려갈수록 보급의 어려움도 많았지만, 유엔군 측도 마찬가지였다. 아무리 많은 병력과 물자를 투입하고 육해공 삼면에서 두들겨도 적이 물러날 기미가 보이지 않아서였다. 부산항에는 매일 1만 톤의 군수물자가 들어와 보국대에 나간 민간인이 지게에 져서 날랐다. 그들은 최고 7만 명까지 있었고 기간은 6개월이지만 지켜지지 않았다. 제대할 땐 집에 갈 기차표 한 장뿐이었다. 북한군에도 낙동강 전선에 30만 명의 보급대가 동원되어 군수물자를 날랐다는 기록이 있다. 그 수치는 북한군의 3배였다. 그래서 유엔군은 융단폭격 계획을 세웠다.

1950년 8월 16일 오전 11시 58분부터 26분 동안 B-29폭격기 98대가 떠서 경북 왜관 서북방 가로 5.6km, 세로 12km 안에 모두 3,234개의 폭탄, 총중량 900톤을 퍼부었다. 하지만 북한군은 하루 전에 이동한 후여서 큰 성과는 없었다고 전사에 기록되어 있다. 6·25사변 전체를 통틀어서 융단폭격은 그때가 처음이자 마지막이다.

우리가 작은누님 집에 갈 때 길가에 새우젓독만한 푸른 쇠붙이가 있었다. 터지지 않은 포탄 같았다. 그것이 비행기에서 떨어뜨린 폭탄일지도 몰랐다. 터지면 죽는다고 어머니는 내 손목을 잡아끌었다.

B-29기는 중폭격기(重爆擊機)로 10톤의 폭탄을 싣는 당시로서는 가

장 큰 폭격기였다. 주로 교량이나 시설물을 파괴할 때 출격하였다.

6·25사변 3년 동안 2만 회 이상 출격했고, 20만 톤 이상의 폭탄을 한반도 곳곳에 투하했다. 2차 대전 때 어느 날 일본 도쿄에 B-29기 1,000대가 떠서 하늘이 안 보일 정도로 뒤덮었다니, 시민들은 정신을 차리지 못했을 것이다. 거기서 10만 이상의 시민이 죽어 일본인들은 기가 팍 죽었다고 한다.

융단 폭격은 그야말로 한 지역을 초토화시키는 폭격으로 2차 대전 때 영국군 폭격기 1,080대가 떠서 90분간 독일 쾰른시에 2천 톤의 폭탄을 투하했고, 노르망디 상륙작전에서는 미·영 공군기 12,500대가 떠서 하늘을 새까맣게 덮고 독일군에게 융단폭격을 가했다. 다부동에서는 큰 사상자가 없었다니 다행이다. 그들도 남한에서 강제 동원된 북한군이 대부분이었을 것이니.

작은누님댁에 있던 어느 날 저녁때 누님의 시할아버지가 뛰어 들어오시더니 '고랑포에 미군이 들어왔다.'고 하면서 춤을 덩실덩실 추셨다. 고랑포는 장단군 동부 300여 호의 마을로 그곳에서 생산되는 농산물을 배에 싣고 서울로 나르는 포구 문화가 발달된 소도시로 누님네 마을에서 10리 거리였다.

'오늘 저녁에는 저들이 어떤 해코지를 할지 모르니 피하라'고 해서 우리는 저녁을 먹고 산으로 올라갔다. 이튿날 아침 먹고 마을 사람들이 고랑포로 미군 환영하러 나갔다. 수십 명의 주민들이 열을 지어 마을 앞산을 오르는데 '따쿵'하는 총소리가 들렸다. 북한군의 휴대용 아시보소총 소리다. 우리를 보고 쏜 것이다. 모두가 엎드려 기어서 고개를 넘었다. 산 위에서 본 임진강에는 그 전에 없던 다리가 놓이고 차가 물밀듯이 건너왔다. 강에 다리는 없었는데 갑자기 어떻게 놓았을까.

고랑포에 도착하니 포장 없는 차에 탄 미군들은 노랑머리에 살결은 하얗고 눈이 파란 사람, 까만 피부에 이는 하얗고 곱슬곱슬한 머리의 병사, 처음 보는 미군들 앞에서 우리는 넋을 잃고 바라보았다.

그들은 우리를 보고 차에서 엉덩이를 들썩이면서 '만세'하고 두 손을 번쩍 드는 시늉을 했다. 그제야 우리들도 정신을 차리고 '대한민국 만세'를 불렀다. 주민들은 북과 꽹과리를 들고나와 두들기면서 춤을 추는 사람도 있었다.

그때 미군 한 명이 뒷산에 올라가더니 총을 쏘았다. 그러자 강에 놓인 다리 좌우로 포탄이 떨어져 커다란 물기둥을 만들었다. 미군 차량은 겁먹지 않고 계속 건너왔다. 그들은 미군 중에서도 가장 강한 미해병 1사단으로 인천상륙작전, 서울탈환작전, 장진호작전에 참여했던 강군이었다.

평소에 없던 다리를 미군들은 어떻게 갑자기 놓았을까? 그 다리는 방수 주머니에 물을 채우고 그 위에 놓은 부교(浮橋)로 3일이면 완성하는 간편한 교량이다.

우리는 출렁출렁 움직이는 다리를 건너 후방으로 피란을 갔다. 다리를 건너니 미군과 국군이 수없이 오고 있었다. 헌데 미군은 차를 타고 오고, 국군은 걸어서 와 속상했다. 하지만 국방색의 군복을 입은 국군을 보니 황토색의 꾀죄죄한 북한군에 비해 모두가 늠름하고 믿음직스러웠다.

미군 여러 명이 풀밭에 둘러앉아서 깡통을 들고 먹었다. 신기하여 쳐다보았더니 하얀 봉지를 던져 주었다. 먹어 보니 맛있었다. 비스킷 과자를 처음 보는 것이다.

미군은 A, B, C레이션의 식사 명칭이 있는데 야외용은 C레이션으로 깡통에 넣었다. 우리 국군이 먹는 밥 대신이란다. 고기도 있고, 콩도 있고, 국수도 있고, 밥도 있었다. 커피도 있고, 사탕도 있고, 소금도 있었다. 알콜통도 있었다. 겨울에 산속에 있을 때 데워 먹으라는 것이다. 각자 배낭에 지고 전투에 임하여 3, 4일은 보급을 안 받아도 살 수 있다. 국군은 취사병이 솥을 가지고 전투지역에 따라다니면서 밥을 해주어야 하니 얼마나 비효률적인가?

저녁때 어느 마을 누님네 아는 집으로 갔다. 우리와 누님네 마을 사람 등 세 가족이 그 집에 들었다. 그날 아침 마당에서 뛰어노는 강아지를 미군이 안고 갔단다. 주인이 미군부대에 가서 찾아와 마루 밑에 숨겼더니 저녁때 그 미군이 또 강아지를 가지러 왔다. 주인이 없다고 했더니 우리와 같이 갔던 누님네 마을 여자가 마루 밑에서 낑낑대는 강아지를 들어 올리면서 '여기 있다.'고 했다. 미군은 주인에게 '까뗌'하고는 눈을 흘기고 강아지를 안고 갔다.

주인은 강아지를 숨겨 놓았는데 꺼내 보이면 어떻게 하느냐고 내어 준 여자에게 화를 냈다. 꺼내 준 사람은 젊고 예쁜 새댁이었는데 미안해서 어쩔 줄을 몰랐다. 그때는 미군의 그런 행동을 이해 못했는데 얼마 후에 그들이 개를 좋아한다는 것을 알았다.

국군이 마을 사람들에게 와서 총 쏠 줄 아는 사람이 있느냐고 물었다. 없다고 했더니, 마을 앞산에 북한군들이 있는데 밤에 내려올지도 모르니 스스로 지키라고 했다. 마을 사람들은 잠 안 자고 지키겠다고 하였다. 나도 마을 사람들과 같이 교대로 마을 순행을 돌았다.

밤중쯤 되니 대포 소리가 났다. 벽이 흔들리고 방고래가 들썩거리는 엄청나게 큰 소리였다. 그렇게 큰 포 소리는 일찍이 들어 보지 못했다. 그 포성은 밤새도록 났다. 정체를 아는 사람은 아무도 없었다. 공포 속에서 밤을 새웠는데 아침에 들려오는 소식은 고개 너머 임진강가에서 미군들이 쏜 155mm 포 소리였다고 했다. 후에 안 일이지만 그 대포는 6·25 초기 육지에서 사용하던 포 중에서는 가장 큰 포였다.

155mm 포는 포를 쏘는 차가 따로 있다. 트럭 뒤에 매달고 다니다 전방에서 척후병에게서 무전이 오면 거리와 각도를 맞추고 포를 쐈다. 대개 30리를 가는 곡사포라고 알려졌다.

2000년 문산에서 도라산역까지 철로가 놓이면서 하루 한 차례씩 기차가 다녔다. 그때 도라산 전망대, 제3땅굴, 통일촌을 구경하고 도라산역에서 나오는 차를 기다리는데 한 노인이 내 옆에 있었다. 그는 임진강을 바라보면서 자기는 전쟁 때 북한군으로 참전하였다고 했다. 임진강 이북으로 후퇴해 와서 강 건너에 미군이 모퉁이를 돌면 포탄을 퍼부으려고 잔뜩 준비하고 있었다. 미군이 사정권 내에 들어오자 모든 화력을 사정없이 퍼부었다. 주춤하던 미군은 곧 반격에 나서 공격해 왔다. 탱크에서 직사포도 쏘고 후방에서 155mm 곡사포를 정신 못 차리게 쏴서 혼비백산하여 도망갔다고 한다. 그때 들린 포성이 우리를 잠도 못 자고 공포에 떨게 한 그 대포 소리였다.

북한군은 탱크 242대를 전 전선에 배치하고 전쟁을 시작했지만 후퇴할 때는 몇 대 안 남았다. 탱크가 힘을 못 쓰자 박격포를 많이 사용했다. 박격포는 분리하여 당나귀에 싣고 산에 가서 맞추면 각도를 조정하는 포신이 되었다. 포탄을 포신에 사람이 집어넣고 옆으로 엎디면 안에 뇌관을 터뜨리는 장치가 있어 터지면서 멀리까지 간다. 당나귀도 국군을 보면 숨을 만큼 영리하더라는 참전용사의 증언이었다.

배에서 쏘는 함포는 더 컸다. 포 구멍으로 사람이 기어들어 간다는 말까지 있을 정도였는데 구경이 400mm 되는 큰 것도 있고, 독일의 전함 비스마르크 호에는 구경 38mm인 포가 여섯 개나 있었다. 그만한 크기면 포신으로 사람이 기어들어 간다는 설이 부풀린 말이 아니다. 해군으로 가서 함포 사격을 하던 문학 선배가 있었는데 포신이 3개에서 포탄이 한꺼번에 나간다고 했다. 걸프전 때 미군 군함에서 쏜 포탄은 무게 1 · 2t짜리 3개가 한꺼번에 30km이상 날아갔다니 그 떨어진 지역은 얼마나 넓게 패였을까. 6·25 때 우리나라에 파견되었던 전함에서 쏜 포도 16인치 되는 큰 포도 있었다는 참전 해군 용사의 증언이다. 인치는 2.54cm이니 400mm이다.

앞으로 전쟁이 일어나면 포는 아무것도 아니다. 보당만 누르면 미사일이라는 자동차만한 포탄이 멀리까지 날아가 정확하게 목표지점에서 터진다. 국군도 800km까지 날아가는 미사일을 가지고 있어 휴전선 근방에서 쏘면 북한 전역이 사정권에 든다고 한다.

다음 날 아침 우리는 작은누님댁으로 왔다. 수복된 지 3일째 우리는 집에 오려고 고랑포를 지나 아래 고랑포에 이르렀을 때 완전무장한 국군들이 4열 종대를 지어 행군하고 있었다. 완전무장한 국군은 배낭 밖에 꼬부려 말은 담요를 짊어지고 총을 어깨에 메고 가는데 싸우러 가는 병사들이라고 한다.

그 대열 옆에서 대장이 호루라기를 불면서 가는데 100m 전방에서 흰 옷을 입은 할머니가 길을 건너려고 하였다. 열외에 서서 가던 대장이 호루라기를 크게 불면서 손짓했다. 그 할머니에게 길을 건너지 말라고 한 것이다. 할머니는 그 소리를 듣고 주춤하고 서서 국군들이 다 지나갈 때까지 기다렸다.

주위에 있던 사람들은 얼굴이 하얗게 질려서 그 장면을 보고 있었다. 전장에 투입되는 군대 앞에서 여자가 길을 건너는 것은 금기(禁忌)라고 한다. 일본군은 그런 경우 현장에서 사살하여 사기를 돋우었다고 한다. 국군은 우리 동포를 쏘아 죽이기를 바라지 않았겠지. 그래서 힘껏 호루라기를 불어 그 할머니가 듣게 하고 바라볼 때에 건너지 말라는 손짓을 했을 것이다. 그 장면을 본 사람들은 놀란 가슴을 쓸어내렸다. 동포란 무엇인가.

그때는 국군들이 진격하던 때여서 우리 앞에 가던 국군들도 비록 전투지역에 투입되었더라도 많은 사상자는 나지 않았을 것이다. 휴전 무렵 후방에 있을 때 전황을 실은 신문을 보았는데 어느 전선에서 몇 명, 다른 전선에서 몇 명이 죽었다는 기사만 났었지, 대규모 사상자가 발생했다는 기사는 못 봤다.

요즈음 우크라이나와 러시아의 싸움은 그게 아니다. 무기의 발달로 대규모 사상자가 발생하는 것이다. 개전 일주일만에 러시아군 전차

2,400대가 파괴되었다고 한다. 1년이 지났으니 사상자는 얼마나 났으며 탱크는 얼마나 부서졌을까? 끔찍한 일이다. 러시아 예비군들은 '무의미한 싸움에 목숨을 바치고 싶지 않다.'고 이웃 나라로 망명한다는 것이다. 그들이 말하는 목숨을 바쳐도 아깝지 않을 전쟁은 무엇일까? 조국이 침범받아 풍전등화 앞에 섰다고 판단할 때가 아닐까? 우크라이나 전은 소련으로 있을 때 편입된 16개국인데 소련이 러시아가 되면서 공산주의를 버리고 옐친 대통령은 위성국가였던 16개국을 독립시켰다. 새 대통령 푸틴은 옛 소련 위성국을 다시 러시아 손안에 넣으려고 일으킨 전쟁이다.

인천상륙작전

유엔군 사령관인 맥아더 원수는 적 후방에서 상륙작전을 감행하기로 작전을 세웠다. 그 구상은 서울이 함락되었을 때 노량진 언덕에서 망원경으로 강 건너에서 불타는 서울을 바라보면서 했다니 그는 뛰어난 안목을 가진 군 작전의 달인이었던가 보다.

그의 예상과 같이 낙동강 전선에서 밀고 올라가기는 쉽지 않았다. 북한군도 총력을 기울여 방어하고 있어서였다. 그래서 구상한 것이 인천상륙작전이다. 맥아더는 인천상륙작전 계획을 본국정부에 건의했으나 대통령은 물론 육군본부에서도 반대했다. 인천이 갯벌이어서 상륙이 쉽지 않다는 것이었다. 하지만 끈질긴 집념으로 설득시켜 허락을 받아냈다. 육본의 수뇌부가 후배들이어서 덕을 보았을지도 모른다.

인천상륙작전 준비는 일본에서 극비리에 했다. 비밀이 샐까 봐 원산, 군산을 대상지로 띄웠다. 거기에 동원된 함선은 261척, 병력은 한국 해병대를 포함해 7만여 명이었다.

총사령관 맥아더는 걱정이 태산 같았다. 본국 정부에서도, 주무 부처인 육군본부에서도 반대하는 것을 밀고 나갔으니 잘못될 경우, 혼자 책임져야 했다. 더구나 인천항은 수로가 좁고 썰물 때는 갯벌이 되어 북한군이 대기하고 있을 경우, 연못에 갇힌 오리 신세가 되기 십상이기 때문이다. 다행히 인천항에는 대규모의 북한군 수비대는 없었다.

9월 15일 미명 월미도에 수천 발의 포탄을 퍼부어 적을 괴멸시키고 인천상륙에 성공하여 서울로 진격하였다. 그때 인천상륙작전에 참여했던 미군은 미 해병 1사단이 주축이 되었는데 그 부대는 미군의 최강부대였다. 서울 안산에서는 적의 저항이 심해 시일이 많이 걸렸다. 나중에는 미군이 죽어도 또 죽어 넘어져도 서서 올라오자 벙커에서 총을 쏘던 북한군이 오히려 질려서 물러났다는 기록이 있다.

서울에 들어오자 시가전이 벌어졌다. 문제는 정부청사로 사용하던 중앙청에 '어느 부대가 국기를 먼저 꽂느냐?'였다. 미군은 성조기를 먼저 꽂으려 하고, 국군은 태극기를 먼저 꽂으려고 경쟁하였다. 행운의 여신은 한국군의 손을 들어 주었다. 한국해병대 박정모 중위가 9월 28일 새벽 중앙청 돔에 어렵게 올라가 태극기를 꽂고 두 손을 높이 들고 대한민국 만세를 불렀다.

서울이 수복된 3일째 되는 날, 부산에 있던 이승만 대통령은 국무위원들을 대동하고 비행기를 타고 김포공항에 내렸다. 맥아더 원수와의 밀약이어서 국무위원들도 깜깜이었다. 그 시간에 맥아더 원수도 와서 김포공항에서 이승만 대통령과 반갑게 악수하고 중앙청으로 가서 열악한 환경에서 환도(還都)식을 거행하였다. 유리창은 깨져서 바람에 뎅그렁뎅그렁하고 유리 파편이 먼지 같이 흩날려 불안하기 짝이 없었다. 언제 부유물이 참석자들 머리 위로 떨어질는지 알 수 없었다. 하지만 맥아더는 '한국 수도를 대한민국 대통령에게 돌려 드립니다.'라는 내용의 연설을 했고, 이승만 대통령은 '감사하다.'는 답사를 하고 30분 만에 서둘러 환도식을 마치고 대통령은 경무대로 가서 짐을 풀었다. 이승만 대통령은 1875년생이고 맥아더는 1880년생이다. 그런 노인들이 어떻게 그런 대담한 모험을 했을까.

인천상륙작전은 맥아더 원수와 이승만 대통령의 합작품이었다. 이 대통령은 맥아더의 그 제안을 받고 전폭적으로 지지하였다. 해군참모총장 손원일 소장에게 지시하여 인천 앞바다에 있는 영종도에 정찰대를 보내 정보를 수집하게 했다. 손 총장은 정보국장 함명수 소령을 불러 지시하였다.

그는 3명의 부하를 이끌고 영종도에 은밀히 상륙하여 정보를 수집한 결과 적의 활동이 미미하다고 보고했다. 그 정보는 즉각 맥아더 사령부에 보고됐고, 맥아더는 해군 대위 클라크를 현지에 파견하여 다시 조사하게 했으나 그도 좋게 보고하였다. 클라크 대위는 사령부로부터 상륙함대가 오기 직전 팔미도에 등댓불을 켜라는 지시를 받았다.

상륙함대가 일본에서 밤중에 오는 동안 맥아더는 불안하였다. 그 불안은 잠자리에 들었던 참모 휘트니 준장을 0시에 사령관실로 부른 것에서 여실히 나타났다.

맥아더는 잠옷에 점퍼를 걸치고 온 참모를 의자에 앉혀 놓고 그 앞에서 왔다 갔다 하면서 혼잣말로 중얼거렸다.

'문제는 기습이다. 기습할 수 있느냐, 없느냐?'다. 그렇지만 '기습할 수 있을까? 비밀이 지켜진 채로 있을까?' 워싱턴은 반대했다. 그러나 나는 그 반대를 눌러 버렸다. 승리든 패배든 내 책임이다. 내가 잘못 판단했다면, 수천 명의 미국 젊은이들이 피를 흘리게 된다. 그렇지만 대안이 있는가? 없다. '노!'

확신에 찬 독백을 마치고는 참모를 보고 활짝 웃으면서 "내 얘기 들어 주어 고맙네. 이젠 돌아가 자게."하고 참모를 보내 주었다.

얼마나 불안했으면 맥아더는 상식에 어긋나는 행동을 했을까. 그렇게 하고 팔미도에 다다랐을 때 등댓불이 켜져 있었다. 맥아더는 거기서 쾌재를 불렀으리라.

인천에 유엔군 함정이 올 수 있다고 보고 북한군은 월미도에 포 사격 시설을 많이 만들었다. 몇 척은 괴멸시킬 수 있는 큰 시설이었다. 하지만 '산만한 배가 수백 척이 한꺼번에 오리라'고는 예상하지 못했다. 더구나 새벽에 '일어나기도 전에 오리라'는 것은. 상륙함대는 포격을 할 때도 본대는 갯벌 밖에 있고 함포사격선만 가까이 가서 포격하고는 물러났다니 지형을 이용한 주도면밀한 작전이었다.

후배가 그때 인천에서 살았는데 밤새도록 포 소리가 나서 벌벌 떨다 날이 밝아 밖에 나가 보니 어제까지 같이 놀던 옆집 친구의 집이 흔적도 없다고 했다. 월미도뿐 아니라 인천 시내에도 얼마나 많은 포탄이 떨어졌는지를 알 수 있다.

아침이 되자 인근 섬 주민들이 나와 대선단이 펼치는 인천상륙작전을 구경하였다. 산같이 큰 배(LST. 상륙작전용 함정)들이 바다를 꽉 메우고 포를 쏴대니 그 이상 더 좋은 구경거리는 없었을 것이다. 그 장면을 한국전쟁사에서는 '세기의 파노라마'라고 명명했다.

이 글을 쓰기 전 월미도에 몇 번 가 보았다. 하인천역에서 전철을 내려 도로로 연결된 바다를 건너 월미도에 가면 뒤쪽에 정상 올라가는 길이 있다. 100여 m의 작은 산이다. 전쟁 당시에는 일반인 출입을 막았으나 허용하였다. 정상에서 인천항은 한눈에 들어왔다. 크레인이 엄청 많았다.

월미도 건너 자유공원에도 올라가 보았다. 맥아더의 동상이 있는데 망원경을 들고 상륙함대가 들어오던 먼바다를 응시하고 있다.

반가운 편지

그해에는 농사를 제대로 짓지 못하였다. 농사가 흉년이면 도토리가 풍년이 든다. 풍년 때는 도토리가 흉년이고. 자연에도 이렇게 조화를 이루게 하여 하나님께서는 사람에게 먹고살 길을 마련해주셨다.

가을로 접어들자 아낙네들은 산으로 도토리를 따러 다녔다. 나도 어머니를 따라 산에 가서 도토리를 땄다. 도토리나무는 키가 큰 상수리나무와 작은 갈잎 도토리나무 두 가지 종류가 있다. 누님네 마을 뒷산에는 키 작은 갈잎 도토리나무가 많았다. 손바닥만 한 나뭇잎을 들추어 가면서 땄는데 거기에 푸른 색깔의 쐐기가 숨어 있다 쏘았다. 쐐기에 쏘이면 피부가 도톨도톨하게 부풀고 따가웠는데 치료는 그 쐐기를 꿰트려 시퍼런 체액을 상처에 바르면 낫는다고 믿었다. 뱀에게도 물리지 않도록 조심해야 했다. 발에도 양말을 안 신고 짧은 검정 고무신을 신어서 풀숲을 헤치면서 다니면 피부가 노출됐기 때문이다.

그렇게 따 온 도토리를 말려서 껍질을 벗기고 물에 담가 두면 검은 물이 나오면서 떫은맛이 빠졌다. 건져서 맷돌에 들들 갈아 솥에 넣고 찌면 덩어리로 뭉쳐지는데 그걸 '도토리범벅'이라고 했다. 떫은맛이 덜 빠졌지만, 그걸로 저녁 끼니를 때웠다. 도토리로는 묵을 해 먹는게 정상인데 그때는 그런 사치스러운 음식은 할 엄두를 못 냈다.

70~80년대에는 등산을 다니면서 발길에 채이는 도토리를 한 알, 두

알 줍다 보면 한 됫박이 된다. 그러면 본격적으로 줍는다. 두 말 정도 모이면 묵을 쑤어 먹었다. 먼저 껍질을 까서 다라에 물을 붓고 담가 놓으면 검붉은 액체가 나온다. 다 빠지면 건져 방앗간에 가서 가루로 만들어 체에 내리면 도토리 물이 나온다. 그걸 솥에다 넣고 불을 때면 액체가 걸어진다. 그걸 퍼서 목판에 담아서 굳히면 묵이 된다. 막걸리 안주는 도토리묵이 최고다. 등산 가서 땀을 흠뻑 흘리고 내려와 막걸리 한 사발 쭉 마시고 야들야들한 도토리묵 한 입 먹는 맛은 고기에다 대랴. 6·25사변 때는 오로지 배를 채우고자 할 뿐이었다.

수복된 후 작은누님댁에서 집으로 왔다. 피난 나갔던 사람들이 하나둘씩 들어 왔다. 죽었다 살아온 사람을 만난 듯 주민들은 껴안고 반가워하였다. 주민들이 거의 들어왔는데도 우리 아버지는 오시지 않았다. 그제야 어머니는 걱정하기 시작하셨다. 마을 사람들은 우리를 돌려놓고는 측은한 눈길을 던졌는데 아버지가 돌아가셨을 거라고 해서였다. 어머니는 아버지가 서울에서 아는 사람을 만나 그의 차로 한강 다리를 건너다 빠져 돌아가셨을 거라고 하였다.

그러던 어느 날 대문간에서 '편지요.'하는 우체부 아저씨의 말을 듣고 뛰어나가 보니 대문간에 노란 봉투가 떨어져 있었다. 주워보니 아버지에게서 온 편지였다. 한걸음에 사랑에 계신 할아버지께 갖다 드렸다. 편지를 다 읽으신 할아버지의 노안에는 한 줄기 굵은 눈물이 흘러내렸다. 할아버지께서 눈물 흘리는 것은 그때 처음 보았다.

편지의 내용은 '6·25사변 날 임진강을 건너 가족이 오나 하고 조촘조촘 가다 한강을 건너서는 가족 찾으려는 욕망을 버리고 충청도까지

가서 잘 있다.'는 내용이었다.

그날 어머니는 개성에 물건 사러 가셨다. 한시라도 빨리 알려 드리려고 어머니 마중을 나갔다. 발면발면 나간 것이 2㎞ 넘게 떨어진 사천내까지 갔더니 날이 완전히 저물었다. 다리 건너에서 흰옷을 입은 어머니가 광주리를 이고 오셨다.

"어머니."하고 뛰어갔다.

"네가 웬일이냐?"

평소에는 마중을 나가지 않았기 때문이었다.

"아버지에게서 편지 왔어요."

"뭐야."

다리 위에서 편지를 드렸더니 어머니는 어둠 속에서 그 편지를 쥐고 한참을 보고 서 계셨다.

우리는 수복이 되었으니 오시라고 답장을 했으나, 아버지는 오시지 않았다. 우리가 놀이터로 사용했던 마을 앞 넓은 마당은 친구네 집 앞이었다. 수복 후 친구 아버지가 마당에 '통통통' 소리를 내면서 돌아가는 발동기를 놓고 방아를 찧었다. 옆에 있던 큰 정미소는 가동하지 않던 때여서 그 사이를 이용한 것이다. 때가 마침 추수 때여서 방아를 찧지 못해 불편을 겪던 농민들은 벼를 가져와 작은 발동기는 밤낮 통통거리면서 바쁘게 일했다,

그 집 앞에는 항상 사람들이 몰려들었고 따라서 친구네는 하얀 쌀밥을 먹고 살았다. 친구 아버지의 직업이 무엇이었는지는 모르지만, 집도 크고 나무가 많은 뒤뜰도 있으며 앞마당도 넓었던 것으로 보아 돈을 잘 벌었던 모양이다.

질서가 잡혀 옆에 있던 큰 정미소가 가동되자 친구네 발동기는 통통거림을 멈추었다. 이웃 사람들이 더하라고 했지만, 그는 미련 없이 발동기를 처분하고 직조(織組)기계를 몇 대 들여놓고 옷감을 짰다. 친구 아버지는 틈새시장을 잘 활용하는 머리가 좋은 분이었던 것 같다.

5·16혁명 후 서대문 현저동에 살던 그 친구네 집을 찾아갔었다. 그 친구가 군에 입대한 직후였던지 마침 육군 중사를 초대하여 진수성찬을 베풀었다. 우리도 잘 얻어먹었지만 살기 힘들던 시절 그런 성찬은 쉽지 않았다. 거기서 친구 아버지는 아들의 상사 마음을 잡기 위하여 무척 애 쓰는 것이 보였다.

그때 친구 아버지는 섬유회사 간부였다고 한다. 수복 후 직조기 몇 대를 들여놓고 경영했던 것이 훗날 섬유회사 이사로 만들었던 것이다. 어려울 때 처해 있는 상황을 잘 활용하는 기지! 이것이 가족들 고생을 덜 시키는 것이다.

미군에 의지하는 생활

수복이 되었지만, 먹고살 길이 막막했던 주민들은 물자가 풍부한 미군에게 매달렸다. 그들의 빨래도 해주고, 소년들은 숙소를 정리해 주는 하우스보이 일도 했다.

군수물자도 민간에 많이 유출되었다. 미군부대 근방에는 통조림을 그대로 버리는 것도 있었다. 그런 걸 줍는 날은 재수 좋은 날이다. 지금 생각하니 유효기간이 지난 것들이다. 초콜릿과 커피는 처음 보았다. 통조림을 넣었던 빈 깡통은 큰 것은 두레박으로 사용하고 작은 것은 그릇으로 사용했다. 깡통을 펴서 잇대어 판잣집 지붕도 이었다. 군수품을 넣었던 종이박스는 여러 가지 생필품을 넣는 상자로 사용했다. 커다란 나무 상자를 묶었던 납작한 쇠줄은 아이들이 가지고 노는 장난감을 만들었다. 버릴 것이 없었다. 미군들이 먹다 남은 찌꺼기를 버리는 짬뽕 통을 가져다가 담배꽁초나 이물질을 골라내고 양념을 하여 다시 끓여서 팔았다. 그 이름을 '꿀꿀이 죽'이라고 했다.

옷도 많이 나돌았다. 커다랗고 볼품없는 군복이었지만 질이 좋아서 그대로 입었다. 줄이 쳐진 사지 즈봉은 특히 청소년들 선망의 대상이었다. 군복 점퍼를 그대로 입고 다니는 민간인이 많아 단속하는 기관이 있었다. 그들은 등허리에 '염색'이라고 검은 글씨를 써주었다. 그러면 염색집에 가서 검게 물들여야 한다. 게으른 사람은 염색이라고 쓴 그대로 입고 다니는 사람도 있었다.

미군부대 근방에서 그들에게 의지하여 먹고 사는 사람들도 많았다. 먹고 살기 힘든 세상에 살아남아야 한다는 생각에서였는지는 모르지만, 여자들은 돈을 주는 미군을 받아들이는 사람들이 늘어났다. 그들을 나쁘게 말하는 사람은 양갈보, 좋게 보는 사람은 양공주라고 불렀다. 양주 동두천, 파주 용주골은 그래서 커진 도시다. 미군 PX(구내매점)에서 도난 사고가 많이 난 것도 그 때문이다.

여자의 차림새도 확 바뀌었다. 밖에 나갈 때는 '벨벳도'라는 검붉은 털로 짠 치마를 입었고, 일할 때는 '몸빼'라는 발목을 고무줄로 묶은 헐렁한 바지를 입고했다. 머리는 처녀들은 길게 길러 땋고, 시집간 여자는 쪽을 쪄서 비녀를 꽂았다. 그랬던 머리가 미장원이란 곳이 생겨서 머리를 자르고 불로 지져 부풀부풀하게 만들었다. 할아버지들은 보기가 싫어 '머리를 불에 볶고 다닌다.'고 했다. 남자들의 복장이 바뀐 것은 바지·저고리의 퇴출이다. 한복을 입고 사는 사람이 많았다. 양복은 빨아서 말리면 입을 수 있지만 한복은 뜯어서 빨고 또 꿰매야 하니 일이 많아서였다. 남자 머리도 이발소에 가서 머리를 자르고 고데라는 집게를 불에 달궈 양쪽으로 눕히고 포마드를 발랐다.

어느 날 작은누님댁에서 좁쌀 두 말을 자루에 담아 멜빵 해서 짊어지고, 어머니도 같은 양을 머리에 이고 우리 집으로 출발했다. 개성 가서 감을 사다가 팔아서 대금으로 받은 좁쌀이었다.

고랑포에 오자 날씨가 흐려 비가 곧 쏟아질 것 같았다. 우산도 없고, 중간에는 마을도 없는 무인지경이었다. 그래서 머뭇머뭇하고 있는데 서쪽 하늘이 좀 밝아지는 것 같아서였던지 청년 둘이 용감하게 출발하여 우리도 따랐다. 10여 리쯤 오자 하늘이 캄캄해지더니 소나기가 쏟아지다 콩알만 한 우박으로 변하는 것이 아닌가. 밭에 원뿔형으로 세워 놓은 낟가리 옆에 앉아서 우박을 다 맞았다. 노출된 목은 따가워 견딜 수가 없었다.

한 시간여 만에 비는 그쳤지만, 입술이 새파랗고 몸은 떨려 왔다. 10월 하순의 열기 없는 태양은 추운 몸을 녹여 주지 못했다. 물에 불은 좁쌀은 자루가 툭툭 불거지고 무게는 천근만근 나갔다. 포장이 안 된 길은 곤죽이 되어 푹푹 빠지고 검정 고무신에 물이 들어와 미끄러워서 걸을 수가 없었다. 해는 어느덧 서산에 뉘엿뉘엿 넘어가고 갈 길은 멀고…….

그때 구세주가 나타났다.

"아니, 홍제 어머니 아니세요."하는 소리에 고개를 들어 보니 옆집 아저씨가 자전거를 타고 오다 서 있는 것이 아닌가.

"어디 갔다 오세요."

어머니도 반가워하면서 말을 걸었다.

"물건 옮겨 주고 오는 길입니다."

그 아저씨는 우리의 두 짐을 자전거에 싣고 천천히 오시라고 하고는 먼저 갔다. 늦게 집에 오니 그 쌀자루가 마루에 있었다. 아무도 없는 썰렁한 집에서 등잔불을 켜고 그 쌀로 밥을 해 먹으려고 꺼내니

쌀 갖다준 아저씨 부인이 들어오면서 “홍제 어머니, 우리 집에 와서 저녁 잡수세요.”하는 것이 아닌가.

그 집에 가 보니 좁쌀일망정 따끈한 밥과 화로에서 보글보글 끓는 된장찌개가 기다리고 있었다. 이웃사촌의 따뜻한 정이 물씬 풍겨 나와 눈물이 왈칵 쏟아졌다.

어머니는 그 좁쌀을 왕복 80리 길인 개성까지 머리에 이고 가서 팔고 물건을 사 오셨으니 내가 잠깐 소나기 맞고 고생한 것은 아무것도 아니다. 어머니는 중년 여인이시고 키도 작은 분이신데 어떻게 그런 용기를 내셨는지 참 대단한 분이다. 아버지가 계셨으면 고생을 안 하셨을 것인데 아버지가 안 계시어 어머니가 고생을 많이 하셨다.

가을이 깊어가자 작은누님댁 바깥마당 가에 있던 대추나무에 대추가 빨갛게 익어갔다. 그 대추나무는 앞집 할아버지네 거였다. 대추나무 밑을 지날 때마다 푸른 하늘에 걸린 붉은 대추가 사과보다도 더 크게 보여 군침을 돌게 했다. 하지만 대추나무 임자 할아버지가 밤낮으로 지켜서 접근할 수가 없었다. 할아버지가 안 보일 때 돌을 던지면 떨어질 때가 있었다. 잽싸게 집어 도망가지 않으면 작대기찜질을 당할지도 몰랐다.

친구 셋이 의기투합하여 대추를 따 먹기로 하였다. 밤중에 대추나무 밑에 모여, 두 사람은 밑에서 지키고 나는 나무에 올라갔다. 내가 나무를 잘 타서였다. 어렸을 때 우리 집 뒤에는 밤나무가 세 그루 있었다. 여름에는 밤나무에 올라가 살다시피 해서 별명이 다람쥐였다.

손을 뻗자 묵직한 대추의 감각이 찌르르 전기를 타고 왔다. 얼마나 먹고 싶었던 대추던가. 달콤한 대추를 먹으면서 연신 바지 주머니에 쑤셔 넣었다. 주머니가 불룩해질 무렵 건넛집 대문이 벌컥 열리더니 '어떤 놈들이냐.'하면서 할아버지가 성난 사자같이 뛰어나오는 것이 아닌가. 급히 내려오다 발을 헛디뎌 떨어졌다. 일어나려고 하니 꼼짝 할 수가 없었다. 동지들은 다 도망가고 황소 같은 할아버지는 다가오고…….

할아버지는 내 턱을 들어 올리면서 "하하, 네 놈이었구나, 내 그럴 줄 알았다."하고는 우선 주머니에 있는 대추를 모조리 꺼냈다.

"누구누구야 같이 딴 놈들이."

"나 혼자예요."

뺨에서 불이 났다.

"내가 도망가는 놈들을 보았는데"

"……."

할아버지는 그제야 내가 다친 것을 알았는지 손을 잡아 일으켰으나 '아야야'하고 일어나지 못하자 멈칫거리더니 잠자던 누님과 매형을 데려왔다.

누님에게는 또 얼마나 혼날까. 잔뜩 주눅이 들어 있는데 나를 일으켜 세우려다 안 되니

"아무리 대추가 중하기로서니 애를 이 지경으로 만드셔요."

누님은 나를 야단치는 게 아니라 할아버지께 항의했다. 예상하지 못했던 일이다. 아무 말도 못 하고 입맛만 쩍쩍 다시는 할아버지. 다치지 않았으면 얼마나 혼났을까. 매형이 업고 집으로 왔다. 헌데 밤새도록 발목이 아파 잠을 잘 수가 없었다. 이튿날 침쟁이 할아버지가

와서 젓가락보다 더 굵은 침으로 발목을 찔렀다. 죄를 져서 비명도 못 지르고 아픔을 참아야 했다. 며칠 동안 일어서지 못했어도 주위 사람들이 동정해주어 한편으론 다행으로 여겼다.

지금도 아파트 화단에 있는 대추나무에 대추가 붉게 익어가면 밑에서 푸른 하늘을 본다. 하지만 그때와 같이 대추가 사과만하게 보이지는 않는다.

압록강에 다다른 국군

38선을 돌파한 유엔군은 북진을 계속하여 북한군의 큰 저항 없이 평양에 입성하였다. 국군과 미군의 선두다툼에서 백선엽 장군이 이끄는 1사단이 먼저 평양에 들어갔다. 평양은 대동강을 건너야 하는데 다리가 끊어져 미군들은 못 건너고, 백선엽 장군은 평양이 고향으로 지리를 잘 알아서 장병들을 얕은 곳으로 걸어서 건너게 해서였다.

동부전선에서는 국군만 있었기 때문에 북진의 속도는 더욱 빨랐다. 김종오 장군이 이끄는 6사단 장병들은 동해안 쪽에서 평안도로 진격하다 북한군 장교들을 잡아 왔는데 그중에 한 사람은 민간인이라 했다. 수염이 덥수룩한 40대로 보였다.

"민간인이 왜 북한군 장교 복장을 하고 있지?"

사단장이 물었다.

"나는 서울에서 잡혀 온 소설가입니다."

"이름이 뭐요?"

"박계주입니다."

"대표작이 뭐요."

"『구원의 정화』입니다."

"『순애보』는 어느 신문에 연재했지요?"

"조선일보입니다."

그러자 사단장은 포로 장교의 손을 덥석 잡고 "선생님 고생 많이 하셨습니다. 『순애보』는 지고지순한 소설이었지요."라고 말했다.

"사단장님이 제 소설의 애독자일 줄은 꿈에도 몰랐습니다."하고 박계주는 눈물을 줄줄 흘렸다. 사단장은 일본에서 대학 다닐 때 『순애보』를 읽고 감동을 받았었나 보다. 사단장은 신원보증서를 써주고 박계주 선생을 평양 사령부에 모셔다드리라고 부관에게 말했다. 나도 어렵게 그 책을 구하여 읽었다. 여행길에 위험에 처한 여자 친구를 여러 번 구해 준 남자 친구를 여자는 좋아하여 둘은 무언의 결혼 약속을 했다. 하지만 남자가 강도에 의해서 눈이 멀었다. 불구자가 된 남자는 여자의 행복을 위해서 몸을 감추었다. 여자가 그 사실을 알고 어렵게 찾아내어 부부의 연을 맺어 남자의 취미인 문학 작품을 구술로 여자가 쓰는 내용이다. 불구가 된 남편의 손발이 되어 주었을 뿐 아니라 작품까지 대필로 썼으니 사랑이 없으면 못할 일이었다. 김종오 학생도 그 대목에서 감동을 받았었나 보다. 작품을 잘 쓰면 죽음이 닥쳤을 때도 살아날 수가 있다니 작품의 힘이 얼마나 큰지 알 수 있다.

10월 27일 6사단은 압록강에 도착했다. 김종오 사단장은 지프차를 타고 험한 산길을 가다 차가 전복되어 머리가 깨졌다. 천신만고 끝에 압록강에 도착해 수통 두 개에 물을 담았다. 하나는 이승만 대통령에게, 다른 하나는 육군본부에 전달하라고 하고는 병원에 입원했다. 하지만 압록강 물은 중공군과의 싸움에서 잃어버리고 대신 임진강 물을 담아 압록강 물이라고 대통령에게 바쳤다는 기록이 있다. 사단장은 중상이 아니었던지 치료를 받고 9사단을 맡았다. 9사단 사단장이 된 김종오 장군은 한국전 전체에서도 가장 치열했던 철원 – 금화 – 평강을 잇는 '철의 삼각지'에서 벌어진 백마고지 전투를 승리로 이끈, 미군들조차 군신(軍神)이라고 일컫는 유명한 장군이 됐다.

김종오 사단장은 한 번도 패하지 않은 작전의 달인이었다. 그는 적들이 할 일을 훤히 알고 대처했다. 6·25사변 첫날에도 중부 전선인 춘천 쪽을 맡았는데 방어를 잘하여 내리 밀리지 않았다. 철의 삼각지는 넓은 철원평야를 아우르는 곡창지대여서 양군이 생사를 걸었다. 김일성이 백마고지를 빼앗기고는 3일간 밥도 안 먹고, 잠도 안 자고 울었다는 설이 전해 온다.

기세 좋게 진격하던 유엔군을 멈추게 한 것은 중공군이었다. 중공군과 유엔군의 첫 격돌은 압록강 철교를 폭격할 때였다. 압록강 철교는 반은 중공 쪽이기 때문에 그쪽을 건드리면 안 되어 고도의 기술을 요하는 작업이었다. B-29 폭격기가 다리 위에 높이 떠서 폭탄을 투하하려 하자 중공 쪽에서 미그전투기가 날아왔다. 폭격기를 경호하던 미군 전투기들과 공중전이 벌어져 중공기들은 물리쳤으나 철교 폭파는 실패하였다. 그 후에도 중공 정부는 유엔군의 38선 돌파를 용인하지 않겠다는 성명을 수차례 발표했다. 유엔군이 북진하는 동안 중공군은 몰래 결빙이 된 압록강을 건너 전력이 약한 한국군 쪽으로 달려들었다. 국군에게는 그들의 포로가 많이 잡혔으나 미군은 국군의 제보를 믿지 않았다. 그러다가 평안도 운산에서 밤에 자다가 꽹과리를 치고 함성을 지르면서 벌떼같이 달려드는 중공군의 대규모 공격을 받고 혼비백산하여 뿔뿔이 흩어져 남하하기 시작했다. 국군의 제보도 믿어야 하는데 미군은 너무 자만한 것이 탈이었다. 중공 정부는 한국전에 참가한 군인이 정규군이 아니라 의용군이라고 했다. 의용군이라고 하면 죄가 덜 되는 모양이었다. 북한군도 남한의 젊은이들을 강제로 끌고 가서 군인을 삼고 의용군이라고 한 것을 보면……, '눈 가리고 아웅'하는 식이다.

맥아더는 중공군의 루트인 만주를 폭격하자고 했으나 트루만 대통령은 그러다 3차 대전이 일어날지도 모른다면서 반대했다. 결국 그 문제로 티격태격하다가 맥아더는 해임되었다.

고향을 등지고

작은누님댁에 있을 때 '미군은 추워서 웅크리는데 중공군은 더워서 상의를 벗고 달려든다니 이를 어떻게 해'하는 주민들의 말 속에서 중공군의 참전 소식을 들었다. 그 후 한 달여 만에 국군들의 후퇴하는 것이 보였다. 어느 날 누님댁에서 자던 국군들이 밤중에 일어나 갔다. 중공군이 가까이 왔나 보다. 얼마나 급했으면 자다가 갔겠나.

이튿날 마을 사람들도 피란 가려고 동네 분위기가 들떴다. 그때 마을에 해소병에 걸려 콜록거리면서 바깥출입을 못 하는 노인이 있었다. 피란 가지 않으면 안 될 상황에 이른 날 밤 그 환자가 행방불명되었다. 마을 사람들이 찾아 나섰지만 끝내 못 찾고 임진강 가 불당에 그의 고무신 두 짝만 가지런히 놓여 있더라고 했다. 불당은 임진강 석벽에 물이 도는 깊은 곳으로 거기에 휘말리면 천하장사도 헤어나오지 못한다는 소문이 있어 여름에도 수영을 금했던 험지였다.

사람들은 그 노인이 가족들 피란 가도록 길을 터 주고자 자살한 것으로 결론지었다. 병든 부모를 모시고 가기는 어렵다고 보아서 자기 한 몸 없어져야 가족들이 마음 놓고 나간다고 생각하고 극단 선택한 것이다. 불편한 몸을 이끌고 밤중에 죽을 곳으로 갈 때 그의 마음은 어땠을까. 강물은 얼어 돌로 얼음을 깨고 차가운 구멍으로 들어갈 때의 심정은……. 난리가 나면 노인들은 가족에게 짐이다.

작은누님네 마을 할아버지가 강물에 빠져 자살한 다음 날 누님은 우리 남매에게 집으로 가라고 하였다. 그때 어머니는 집에 계셨다. 우리 집은 거기서 20km 밖에 있었다.

이튿날 나는 아홉 살 먹은 여동생의 손목을 잡고 아침 일찍 출발했다. 저녁에 집에 와 보니 어머니는 안 계시고 피란민으로 우리 집에 꽉 찼다. 북한에서 피란 오던 사람들이 우리 집에 들어와 밥을 해 먹는 것이다. 내 책상과 장롱을 부숴서 땔감으로 사용했다. 어리둥절해서 있는데 6·25 때 피란 갔다 왔더니 집이 폭격 맞아 우리 집에서 임시로 살던 아주머니가 '너희 어머니는 붐베 큰누님네 집으로 가시면서 너희들이 오면 그리로 오라고 했다.'고 알려 주었다. 어설프게 좁쌀을 씻어 저녁을 해 먹었다. 밥이 설었다. 그것이 난생처음 해본 밥이었다. 10리나 되는 큰누님댁에 저녁 늦게 도착하니 어머니와 누님이 반가이 맞아주었다.

이튿날 우리가 피란 나올 때 누님은 집 뒤 언덕까지 올라와 배웅해 주었다.

"어머니, 부디 아버지 만나서 행복하게 사세요."

"그래, 너도 피란 나오게 되면 아버지 계신 데로 오너라."

"예."

"너, 아버지 계신데 주소 아냐?"

"충청북도 옥천군 군서면 마구실."

"그래, 그럼 됐다."

그만했으면 가도 될 것 같은데 모녀는 뭐가 그렇게 할 말이 많은지 계속 붙잡고 말을 하였다. 거기다가 울기까지 하였다. 한시가 급한데 언제 울 시간이 있나. 나는 멀찌감치 떨어져서 기다렸으나 한이 없었다. 참는 것도 한계가 있다.

"이제 그만 가요. 아주 이별인가 뭐, 또 만나게 되겠지."하고 퉁명스럽게 한마디 했다. 그러자 모녀는 떨어졌다. 우리는 임진강으로 내려섰고 누님은 눈보라 치는 언덕에서 우리가 안 보일 때까지 손을 흔들고 있었다 그것이 누님의 마지막 모습이 될 줄이야 꿈엔들 알았으랴! 거기서 좀 더 어머니와 붙잡고 얘기하게 둘 것을 천성이 무뚝뚝하여 스스로의 가슴에 못을 박았다.

임진강 물은 얼었고, 그 위에 눈이 살짝 덮였지만 걸어서 건넜다. 어느 피란민이 철교 교각(橋脚) 근방으로 가다 얼음이 깨지면서 짐을 잔뜩 싣고 가던 황소가 빠졌다. 소는 발이 물에 잠기고 몸은 얼음에 걸쳐 있어 그 큰 눈을 더 크게 뜨고 콧김을 씩씩 내뿜으면서 발버둥쳤다. 주인이 다가서자 얼음이 '으지직'거리면서 깨지려고 해 접근을 못 하고 발만 동동 굴렀다. 교각 근방에는 얼지 않는다는 법칙을 모르는 사람이었다. 지나가던 피란민들은 혀를 끌끌 차면서 '어지간히 싣지.'하고 주인을 나무랐다. 짐을 너무 많이 실었기 때문이라는 것이다.

피란민은 될 수 있는 한 많은 것을 가지고 나오려다 목숨을 잃기도 하고 죽을 고생도 한다. 전쟁 통에는 욕심을 버려야 산다. 목숨과 재물, 두 가지를 챙기려다간 다 잃게 되는 것을 많이 보아왔다. 그도 그걸 어긴 것이 소를 잃게 된 원인이다.

강을 건너자 피란민들이 논둑에 앉아서 쉬고 있었다.

"저들이 또 넘어오면 큰일인데."하고 한 장년의 남자가 말하자, "어제 강 건너에 갔었는데 어떤 사람이 미군이 강 이남에 있더냐고 물어서 많다고 했지요."하고 말했다.

피란민의 염려일까? 아니면 북한 첩자끼리의 확인 방법이었을까. 피란민 중에 북한군 첩자가 무수히 섞여 나왔다. 그들은 민간인을 준군사조직으로 활용하여 적군의 동향을 훤히 알 뿐만 아니라 미군의 후방에서 게릴라전을 펼치기도 했다.

심지어 국군에도 첩자가 있었다. 전투지역에서 지휘하던 장교에게 무전병이 따라다녔는데 그가 후방에 있는 지원군에게 무전을 치면 근방에 포탄이 떨어졌다. 처음에는 무심이 여겼으나 몇 번 그런 일을 당하자 의심이 가서 조사해보니 북한군에게 국군의 위치를 알려 주는 무전이었다. 그래서 즉결처분했다는 글을 읽었다. 첩보전에서는 북한군이 절대 유리하였다. 그걸 안 유엔군 측에서는 피란민을 통제하는 방법밖에 없었으리라.

문산으로 나오는 철로 가에 끝없는 피란민의 행렬이 이어졌다. 그들은 길에 돈을 마구 뿌렸다. 내 생전에 그렇게 많은 돈을 보기는 처음이다. 헌데 돈을 주우려는 사람은 없었다. 그 돈은 대한민국 화폐가 아닌 김일성 사진이 들어 있는 붉은색의 북한 돈이었다. 북에서 오던 피란민들이 남한 땅을 밟은 순간 버린 것들이다. 그것도 한두 사람이 아니니 길에는 헤아릴 수 없이 많은 돈이 흩날리는 진풍경이 벌어진 것이다.

돈을 버린 사람들의 심정은 어땠을까. 돈보다 더 중요한 것은 무엇일까. '자유!' 그렇다. 그들은 자유를 택한 것이다. 자유를 찾아 정든 고향을 등지고, 흥남부두에서 배를 타려다 바다에 떨어져 죽으면서도,

아는 사람 없는 낯설고 두려운 타향으로 가려는 것이다.

직장 후배네가 평안도에서 잘 살았다. 해방 후 공산 정권이 들어서 저들은 후배네 땅을 빼앗고 100리 밖에 나가서 살라고 했다. 후배 아버지는 그들이 싫어서 6·25사변 전에 대한민국으로 오려고 준비했다. '부자가 망해도 3년 먹을 거는 있다.'는 말과 같이 현금은 있었던가 보다. 처녀 포대기 속에 솜과 함께 돈을 넣고 실로 누벼서 아기를 업고와 소련군의 수 없는 검문에도 발각되지 않았다.

38선에서 안내자를 사서 남한 땅을 밟는 순간 그에게 처녀 포대기를 주었다. 다시 말하면 자유를 찾게 해준 사람에게 전 재산을 서슴없이 내준 것이다. 자유를 구속당해 보지 않은 사람이 그 소중함을 어떻게 알랴.

비상시국에 돈이 될 수 있는 것은 금붙이다. 돈은 당장 쓰기는 편리하지만, 그 화폐가 통용되지 않는 곳에서는 휴지가 된다. 북한 어느 지방 사람은 해방 후 대대로 보관해온 금괴를 가지고 나와 청주에서 팔아 대학교를 세웠다는 글을 읽은 적이 있다. 어느 문학세미나에서 청주 회원이 있어 그런 이야기가 청주에 있는데 사실이냐고 물으니 사실이라면서 자기가 그 대학 부설 고등학교에서 교편을 잡았다고 했다.

길가에 흩날리는 붉은 돈을 보면서 얼마쯤 갔더니 미군들이 피란민의 짐에 잠자리채 같은 둥그런 쇠붙이를 대 보았다. 거기에 자석 기운이 있어서 쇠붙이가 있으면 붙었던가 보다. 우리 짐에도 대 보더니 통과시켜 주었다. 조금 가니 국군들이 같은 방법으로 또 조사를 하였다. 그때는 어머니가 이고 가시던 보따리를 풀어 보란다. 어머니는 '쇠붙이가 없는데'하고 머리를 갸웃거리면서 보따리를 풀어 보니 가위가 있었다. 가위를 무기로 본 것이다.

미군이 똑같은 물건으로 탐지하지 못한 쇠붙이를 국군은 찾아낸 것이다. 국군들은 미군은 힘들여 싸우려고 하지 않는다는 말을 했다. 국군은 한 치의 땅도 빼앗기지 않기 위하여 악착같이 싸우는데, 미군은 세가 불리하면 차를 타고 몇백 리를 후퇴한다고 안타까워하였다.

국군 정훈국 분실장으로 평양에 머물러 있던 선우휘 대위는 유엔군이 대동강을 건너 후퇴한 후 떠나기 전 자신이 자란 평양 시내를 다시 한번 돌아보려고 나섰다.

시내에 남아 있는 사람은 없었다. 대동강으로 발길을 옮기자 사람들이 철교를 건너는데 미군 비행기가 오더니 다리를 폭격하여 끊어 놓았다. 선우휘 대위는 '저런 죽일 놈의 비행기들 같으니.'하면서 두 주먹을 불끈 쥐고 눈을 부릅떴지만 어쩔 수 없었다. 파괴된 부분이 많지는 않았던지 피란민이 위태롭게 붙잡고 건너다 떨어져 죽는 사람도 많았다. 그래도 사람들은 끊어진 다리로 몰려들었다. 선우 대위는 그들을 설득하기 시작했다.

"여러분! 여러분 앞에는 죽음이 있을 뿐입니다. 내 말을 들으면 살고 안 들으면 죽습니다."하고.

피란민들은 현역 국군 장교의 말은 듣고자 했다.

"여러분, 끊어진 다리를 이읍시다. 힘을 합하면 됩니다."

그들은 멀거니 바라보았다.

"각자 다리를 연결할 재료를 아무거나 구해 오세요."

그러자 사람들은 몰려 가 널빤지, 통나무, 쇠붙이 등 손에 잡히는 대로 가져왔다. 그들 중엔 목수도 있고, 철공도 있고, 별별 기술자들이 다 있어서 거뜬하게 다리를 보수하여 안전하게 건넜다. '위급할 때 한 사람의 옳은 인도자가 얼마나 중요한가?'를 보여주는 산 증거였다.

선우휘 대위는 6·25사변을 주제로 한 명작을 많이 발표한 소설가가 되었고, 조선일보사 주필까지 지낸 필객이 되었다. 그의 작품 중 전쟁을 주제로 한 것이 많은 이유는 6·25를 몸소 군인으로 체험했기에 가능했을 것이다.

며칠 전에 돌아가신 수필계의 원로 김병권 선생이 군 대위 때 선우휘대령을 직속상관으로 모셨다고 한다. 나는 90년대에 김병권 선생에게 지도받았다. 김병권 선생은 전쟁 때 소대장으로 참전하셨다. 그때 체험을 쓴 것 중 '5월의 나비'가 있다. 전투 중에 국군의 머리 위로 나비가 날아와 국군 한 사람이 일어서서 붙잡으려는 순간 총알이 '빵' 하고 날아와 맞아서 사망했다면서 '얼마나 평화를 그리워했으면 그랬겠느냐?'고 오히려 그의 감성을 칭찬했다. 두 분 다 장군으로는 진급을 못 하고 대령 때 군복을 벗었다. 김병권 선생은 한국일보 문화부장으로 있던 조경희 선생의 추천으로 70년대 수필가로 등단하고, 선우휘 선생은 단편 「귀신」으로 등단하여 많은 작품을 썼다. 제대 후 조선일보에서 주필로 근무했다.

임진각에 갈 때마다 강 건너에서 누님이 손을 흔들고 서 있던 능선이 보인다. 한참 바라보면 눈보라 치는 언덕에서 손을 흔들던 누님의 모습이 있다. 그때 모녀가 붙잡고 더 울게 둘 것을, 다시 못 만나게 될 줄을 상상이나 했으랴.

들리는 말로는 이듬해 추수할 때 또 피란 가라고 하여 매형은 농사 지은 것을 강 이남으로 나르고 누님은 농작물을 모았다. 그렇게 몇 번 하고 마지막으로 누님을 데리고 나오려고 들어가려고 하니 미군이 막았다. 매형은 거기서 몸부림치고 울었다고 한다. 부인과 어린 남매를 데려오지 못하는 매형의 심정은 어땠을까.

누님은 집 뒤 언덕에 올라 임진강을 내려다보면서 데리러 오지 않는 매형을 얼마나 기다렸을까. 머지않아 들이닥칠 중공군을 생각하고 외딴집에서 얼마나 무서워했을까.

며칠 후 미처 못 나간 주민들이 임진강을 헤엄쳐서 건널 때 미군 비행기가 새카맣게 떠 와서 폭탄을 우박 같이 쏟아 부어 그들을 다 죽였다는 임진각과 판문점을 운행하던 버스 기사의 말이다. 미군은 피란민 중에 섞여 나오는 게릴라 때문에 과민 반응하여 무수한 양민을 학살하기도 했다. 누님은 어린 자녀가 있어 그때 건너려고 하지 않았기를.

휴전 무렵 작은누님이 충청도에서 우리와 같이 살았는데 곰약 장사를 했다. 칡을 고아 만든 한약의 일종이다. 그걸 가지고 마을 여자들과 함께 문산 큰누님네 집에 갔었다고 한다. 누님의 시어머니는 울면서 며느리와 어린 손자를 그리워하여 옆에서 새로 얻은 며느리가 듣기 싫어하였다.

1983년 KBS에서 〈이산가족 찾기〉 운동할 때 이산가족들이 만나 부둥켜안고 우는 것을 보고 나도 모르게 눈물을 줄줄 흘렸다. 날이 밝자 당장에 KBS로 달려갔다. 앞에 사람들이 많이 모였다. 서로 얼굴을 보면서 자기가 찾는 사람이 아닌가 확인했다. 그들은 도화지에 찾는 사람의 이름과 주소를 써서 방송국 벽에 붙였다. 나도 한 장 얻어 누님의 신상을 적어 방송국 벽에 붙였다. 이튿날 퇴근길에 들렀더니 방송국 사면 벽에 이산가족 찾는 도화지가 꽉 찼다. 나도 방송에 신청했지만 벌써 수십만 명이 신청하여 내 차례는 오지 않았다. 전국에서 30년생 누님의 이름과 같은 '조양순'을 찾아보니 80명이 나왔다. 그들에게 일일이 엽서를 띄웠으나 위로 편지만 몇 통 받았을 뿐 누님에게서는 연락이 없었다.

남북 이산가족 상봉 때 평양 가서 혈육 만나는 것을 보고 나도 누님을 찾으려고 신청했으나 연락이 오지 않았다. 그때 갑자기 매형을 찾고 싶었다. 매형의 이름을 알기에 파주 전화국에 전화를 걸어 전화번호를 알아내고 전화를 했다.

"여보세요. 거기가 장단에서 피란 나온 박○○씨 댁이 맞나요."하고 물었더니 "엄마, 이상한 전화야, 받아 봐."하는 어린 여아의 목소리가 전화선을 타고 왔다.

"여보세요."

젊은 여자의 목소리가 들려왔다. 그녀는 내 얘기를 듣고 당황하면서"아니에요, 전화 잘못 걸었어요."하고는 덜커덕 소리가 나게 수화기를 내려놓고 놀란 가슴을 쓸어내리는 것 같았다. 매형이 새로 얻은 부인의 딸인가 보다. 자랄 때 누님의 얘기를 많이 들어 제 엄마가 싫어하여 그 때문에 불화가 많았던가 보다. 누님의 시어머니는 큰며느리를 생각하여 새로 얻은 며느리에게 얼마나 구박받았을까.

그 누님은 소학교 다닐 때 공부를 잘하였다. 선생이 수수께끼를 내주었다. 닭과 고양이와 쌀을 가지고 한가지씩 가지고 온전하게 건너려면 어떻게 해야 하느냐는 문제였다. 닭은 고양이가 잡아먹고, 쌀은 닭이 먹으니 그 둘을 함께 놓고 한 가지를 가지고 건너면 안 된다. 그 어려운 문제를 누님이 풀었단다. 학교를 졸업하고 집에서 놀다 일본군이 처녀들 잡아간다고 하여 16세에 제대로 예식도 치르지 못하고 시집갔다. 지금은 누님네 집이 10리밖에 안 되지만 그때 우리는 고향에서 있었기 때문에 멀리 떨어져 다시는 보지 못할 줄 알았다. 그때 누님이 집 떠나는 장면을 시로 만들어 동작문인협회 시화전에 출품했던 것이 있어 옮겨 본다.

큰누님 시집가던 날

통곡하는 어머니를 두고
손수건 눈에 대면서
열여섯 큰누님은 그렇게 우리 곁을 떠났다

일본군 처녀들 잡으러 온다기에
칠보단장하고, 사모관대한 신랑과
혼례상 마주하여 절 한 번 못해보고
서둘러 가족과 정든 집을 떠났다

뒤돌아보고 또 돌아보면서
고개를 넘던 큰누님의 모습이
마지막이 될 줄이야
일곱 살 소년의 가슴에 깊이깊이 박혔다

흥남부두 철수

맥아더 원수는 북진을 감행하면서 인천상륙작전의 성공이 서울 탈환의 지름길이 되었던 것을 기억하고 적 후방 깊숙이 있는 함경도 방면으로 상륙하기로 했다. 하지만 함흥 앞 바다에는 어뢰(魚雷)를 많이 부설하여 그걸 제거하느라 시일이 많이 걸렸다. 그때도 미 해병 1사단이 주축이 되었다. 상륙하여 장진호 근방 유담리까지 진격했을 때 중공군에게 포위되었다.

상륙군은 동해안으로 철수하였다. 중간에서 끊임없는 중공군의 공격을 받았지만 집중적인 포격으로 잠재우고 행진하였다. 모자라는 물자는 비행기의 보급을 받았다. 산악지대에서는 중공군이 끈덕지게 공격하였으나 만난(萬難)을 극복하고 계곡에 다리를 놓았다. 털모자에 고드름을 주렁주렁 매달고 작업하는 군사를 보고 종군 기자가 '지금 심정이 어떠냐?'고 물었더니 병사는 '투모로우'라고 했다. 내일의 찬란한 빛을 보고 오늘의 고통을 참는다는 것이다. 5일 만에 흥남부두에 도착하였다. 내가 아는 선배도 카투사로 거기에 참전했다. 영하 20도가 넘는 추위 속에서 후퇴했다고 한다.

미 해병대원 2만2천여 명과 카투사 등 한국군은 상륙함(LST. 6,000톤 급) 여러 척에 나누어 타고 남하했는데 뒤따라오던 피난민들은 30만여 명이었다. 그중 9만여 명이 그 선단에 동승했다. 군함에 피란민을 태우게 된 데에는 현지 한국군 책임자 김백일 군단장의 강력한 요청이 있었기에 가능했다.

미군은 피란민을 태우지 않고 군수물자를 싣고 가려고 했다. 그때 한국군 책임자가 '피란민을 안 태우면 우리는 육지로 걸어서 후퇴하겠다.'고 했다. 그러자 미군 사단장은 깜짝 놀라서 '군수물자를 싣고 나머지 공간에 피란민을 태우자.'고 했다. 그렇게 태우다 보니까 미군도 자비심이 발동하였던지 대량의 군수물자를 폭파하고 사람을 태웠다.

중학교 1학년인 여학생은 학교 수업이 끝나고 집으로 오다 사람들에 떠밀려 본의 아니게 배를 탔다. 화장실인 줄 알고 쇠문을 여니 산만한 사람이 흰옷을 입고 있어서 '엄마야.'하고 소리치고 도망가니 그는 눈을 찡끗했다. 조그만 아가씨가 비명을 지르고 도망가는 게 귀여웠던가 보다. 피난민 촌에 와서 살길이 막막하여 밤새도록 울었다는 내용의 수기를 읽었다. 가족은 물론, 일가 · 친척 없는 타향으로 14살짜리 여자애가 혼자 왔으니 얼마나 불안했을까.

그 선단에서 아기 다섯 명이 태어났다. 미군들이 이름을 지었는데, 한국말을 김치밖에 몰라 '김치 1, 김치 2, 김치 3, 김치 4, 김치 5'로 지었다.

직장 후배네 가족도 그때 왔는데 출발할 때는 눈이 쌓여 세상이 꽁꽁 얼었지만, 나흘 만에 내리니 밭에 시퍼런 배추가 그대로 있었다. 그곳이 거제도였다. 현지 친구를 사귀었는데 자기보다 나이가 적은 사람이 형이라고 했다.

후배는 나이를 줄여서 호적에 올려서라고 했지만 곧이듣지 않았다. 선배가 와서 그런 얘기를 하고 판결해 달라고 했더니 띠를 물었다. 나이는 다를 수 있지만 띠는 다를 수 없기 때문이다. 후배는 띠[六甲]를 몰랐다. 그래서 허리띠를 가리키는 줄 알고 '가죽 띠요'하고 허리띠를 보였더니 '이 새끼.'하면서 허리띠를 빼앗아 때려 늘씬하게 얻어맞았다. 북한에선 띠를 안 썼기 때문에 문화의 차이에서 발생한 촌극이었다.

그때 배를 타고 온 사람 중 먼 훗날 수필가가 되어 그때를 회상하면서 쓴 글이 있어 전문을 옮겨 본다.

새벽부터 밤까지 고향을 떠나는 사람들의 피난길이 시작되고 있었다. 시베리아로부터 불어오는 칼바람은 살을 에는 듯 우리들의 몸을 파고들었고, 허기져 휘청거리는 몸은 세찬 해풍에 겨울나무처럼 떨어야 했다. 시작도 끝도 보이지 않는 사람의 무리는 바로 인산인해라 함이 적절하리라. 엄마는 아이 손을, 형은 동생 손을 꼭 잡고 있었다. 손을 놓고 몇 발자국만 옮기면 가족과 헤어지기 때문이다. 병상의 가족을 이불로 덮은 그대로 리어카에 싣고 온 사람, 허름한 침구를 머리에 이고 등에는 아이 업은 아주머니, 등짐을 진 사람, 짐 위에 아이를 올려놓은 아빠, 그러나 그런 것들은 커다란 무리가 되어 밀려오고 밀려가고 있었다. 간간이 들려오는 대포 소리는 사람들의 가슴을 죄고, 검은 연기와 함께 치솟는 불길은 모든 것을 덮쳐 버릴 것만 같았다.

낯선 외국 배에 오르기 위해 사람들은 필사적이었고 그것은 지옥을 체험했던 사람들만이 할 수 있는 탈출에 대한 열망이었다. 줄서기의 다툼은 전쟁처럼 치열했고, 구름처럼 모여든 사람들 속에서 부모의 손을 놓친 꼬마들의 울음소리와 놓쳐버린 아이 이름을 불러대는 어른들의 목 메인 아우성이 허공에 맴돌고 있었다. 밤하늘의 별들은 그 빛이 영롱한데 내일의 운명을 모르는 난민들, 저마다의 가슴은 캄캄한 그믐밤처럼 어둡기만 했다. 그런 속에서 사람들은 정든 고향을 떠나야 했고, 배는 서서히 움직이기 시작했다. 울음처럼 토해내던 긴 뱃고동소리는 차가운 북녘의 밤하늘을 가르며 멀리 멀리 퍼져 나갔고, 가슴으로 파고드는 그 소리에 눈물짓지 아니한 피난민도 있었을까.

노랫말에도 있었던 '눈보라가 휘날리는 바람 찬 흥남부두'의 밤은 그랬다. 밤과 낮을 가릴 수도 없는 배의 창고 바닥에 우리 1만4000명은 짐처럼 쌓였다. 물속에 잠긴 화물선의 출렁이는 파도의 요동으로 심한 멀미에 시달리게 했으며 겨울 바닷속의 냉기는 몸속으로 전해오고 있었다. 그러나 불평하는 사람은 없었다. 그 속에 내가 있는 것만으로도 감사했으며 무엇과도 바꿀 수 없는 절실함이 있었다. 아스라이 보이는 창문처럼 천장에 구멍이 뚫려 있었고 그곳으로부터 한 줄기의 빛이 들어오고 있을 뿐, 신선한 공기는 마실 수 없었다. 싱그러운 공기와 밝은 햇빛이 그리웠다. 하지만 높은 천장에 달린 곡예사의 줄타기와도 같은 공중 사다리를 타고 갑판으로 오르는 일은 멀미로 지친 사람들에겐 엄두도 낼 수 없었다. 먹고 마시는 것, 말하는 것마저 망각한 시간이 사흘로 이어졌다. 벌써부터 그리워지는 고향산천, 한두 달 후면 돌아오게 될 것이라며 다짐하고 헤어진 가족들, 보고 싶은 사람들, 두고 온 것들에 대한 그리움과 내일의 불안이 가슴속에 물처럼 채워지고 있었다. 우리가 고향 하늘 아래 다시 모여 살 수 있는 그날은 언제쯤일까. 그러나 분명한 것은 고향은 멀어져 가고 어디로 가는지도 모른 채 우리는 흘러가고 있다는 것이었다. 헤어진 가족을 찾아 사람과 짐 사이를 누비는 사람들, 혼자 배에 오른 아가씨가 눈이 붓도록 울고 있던 그 시간, 배는 드디어 멈췄다. 저녁노을이 겨울 바다를 붉게 물들이고 반짝이는 윤슬은 슬프도록 아름다웠다. 아득히 보이는 작은 섬 산등성이에는 드문드문 집들이 나타났다. 아아, 그것은 평화였고 긴 터널 끝의 빛이었다. 그럼에도 영원히 고향에 갈 수 없는 고도에 남겨질지도 모른다는 불안함에 사람들은 침묵하고 있었다.

작은 배로 옮겨지는 작업은 공포였다. 밧줄로 만들어진 줄사다리는 사람을 태운 채 바람에 흔들렸고 우리는 보따리를 등에 메고 발밑의 시퍼런 파도를 보면서 손에는 줄사다리를 거머쥐고 한발, 한발 내려가야 했다. 저세상 갈 때 건너야 한다는 다리도 이렇듯 무서운 것일까. 작은 배에 옮겨진 사람들은 다시 긴 줄로 이어졌다. 나의 일행은 다섯 살, 세 살, 백일 된 조카와 언니 식구들이었다. 배고파 보채는 어린 조카들로 힘들었을 언니를 생각하면 지금도 가슴이 아려 오는 것을 어쩔 수 없다. 드디어 내가 내릴 차례가 되었을 때 갑자기 사내아이 손을 잡은 아주머니가 밀치고 들어섰다. 그 여세에 나는 한 발 뒤로 물러섰고, 아주머니가 땅을 밟는 순간 '사람 빠졌어요.'하는 외침과 함께 배가 움직여서 발판이 뒤로 물러난 것을 알 수 있었다. 보따리를 머리에 인 채 아주머니는 아이와 함께 바다에 빠진 것이다. 사람들의 바쁜 외침을 뒤로 하고 우리는 앞 사람들의 뒤를 따르기에 바빴다. 검은 장막으로부터의 탈출에서 처음 밟아 보는 감격의 땅이었다. 1950년 12월 25일 거제도의 크리스마스 밤, 교회의 종소리가 천상의 멜로디처럼 들려왔다. 냉기 어린 땅에 눈꽃처럼 뿌려지던 사람들, 맨발과 맨손으로 낯선 땅을 헤매야 했다. 단발머리 시절에 겪었던 그날의 일들은 내 일생을 통하여 감사한 마음으로 살게 했으며 또한 그것은 나의 보석과도 같은 귀중한 체험이기도 하다.

그때 나온 노래가 현인이 부른 '굳세어라 금순아'다.

눈보라가 휘날리는 바람 찬 흥남부두에
목을 놓아 불러 봤다 찾아를 봤다
금순아 어디를 가고 길을 잃고 헤메었더냐
피눈물을 흘리면서 일사이후 나 홀로 왔다'

일가친척 없는 몸이 지금은 무엇을 하나
이 내 몸은 국제시장 장사치기다
금순아 어디로 가고 길을 잃고 헤매었던가
피눈물을 흘리면서 일사 이후 나 홀로 왔다.

그들은 무얼 먹고 살았을까? 운크라에서 주는 배급 쌀을 먹고 살았다. 쌀, 미국 보리쌀, 미국 수수, 미국 우유 등. 그래서 1,000만의 피란민 중 굶어 죽는 사람은 없었다. 고아원을 지어 부모 잃은 어린이를 먹여 살리고, 우리도 피란 가서 처음에 몇 번 면사무소에서 주는 배급 쌀이 많은 도움이 되었다. 배급 쌀은 우리 쌀 같이 타원형 쌀은 대만미라고 했고, 길쭉한 쌀은 안남미라고 했다. 동남아에서 온 쌀이다. 미국에서만 온 것이 아니다. 정확하게 말하면 유엔 기구 중에 하나인 운크라에서 준 것이다.

외가댁으로

문산 시내에 들어서자 집들은 텅텅 비어 있었다. 우리는 그중 좋은 집에 자려고 들어갔다. 그 집에 같이 들었던 일행은 우리 집에 임시로 살던 가족이었다. 길에서 우연히 다시 만난 것이다. 밥을 해 먹으려고 하니 땔감이 없었다. 그 아저씨와 같이 들에 나가서 논에 쌓아 놓은 볏짚을 들고 왔다.

다음날 서울로 가다가 우리는 예정에 없던 양주 외갓집으로 발길을 돌렸다. 훗날 어머니께 "왜, 그때 바로 아버지에게로 가지 않으셨어요."하고 여쭈었더니 "여자의 몸으로 돈 한 푼 없이 아이들 데리고 먼 길을 가기가 두려워서 노자를 얻으러 갔었다."고 하셨다. 그때 충청도면 엄청 먼 곳으로 알았다.

중간에서 날이 저물어 어느 집에 들어가 하룻저녁 자고 가자고 했더니 윗방을 주었다. 젊은 여자 혼자 있었다. 밥을 해 먹으려고 좁쌀을 꺼내니 "좁쌀로만 하면 깔깔해서 맛이 없어요. 쌀 한 줌 드릴 터이니 넣고 해 잡수세요. 한결 부드러울 테니."하였다. 난리 통에도 인심 좋은 사람도 많았다.

그날 밤 이웃집에서 떠들썩한 소리가 났다. 국군들이 들었는데 싸움이 벌어졌다고 한다. 소대장이 뜯어말리다 우리가 들어 있는 집에 와서 주인 여자에게 말을 걸었다. 무슨 내용인지는 알 수 없었다. 주인 여자는 천주교 신자였던지 성모마리아상이 경대(화장대)에 있는 것을 보고 소대장도 천주교 신자라면서 반가워하였다. 그들은 오누이같이 정답게 얘기했다.

▲ 외할아버지의 환갑 때 사진

다음날 양주 광적면 외갓집에 갔다. 외숙이 두 분 있었는데 큰 외숙은 잘 살았다. 그 고장에서 대대로 살아온 백인걸(白仁傑, 1497~1579) 선생의 후예다. 백인걸 선생은 조광조(趙光祖)의 문하생이며, 율곡 이이(李珥)는 백인걸의 문하생이었다. 우리 16대 선조(堪)가 경상도 함안에서 총각 때 혼자 올라와 백인걸 선생 문하에서 글을 배웠는데 선생님 딸이 우리 선조를 좋아하여 시집오셨다. 파주 월롱면에 자리를 잡아 종부사(왕실 족보)부주를 역임하시고 시호(諡號)를 옥천공이라고 부른다. 경기지방 일가 시조가 되셨다. 그 후 우리 함안조씨와 수원백씨는 통혼하는 사이였다. 큰외삼촌이 그 고장 면장으로 오래 있어서 집도 크고 20여 호 마을에 유일한 기와집이고 추녀 안에는 참나무 장작을 가득 쌓아 놓았다.

어머니는 1910년에 여기서 태어나 13세 때 모친을 여의고, 19세에 30여 리 떨어진 우리 집으로 시집오셨다. 우리 할아버지가 근동에서 이름난 한학자셨다. 하지만 농촌에 살면서 땅 한 평 없이 가난하게 사는데 제자들이 많이 와 여러 날 묵으면서 공부하여 없는 살림에 어머니께서 고생이 많으셨다는 누님의 증언이다. 신랑은 목수 일을 배워 서울 돈 벌러 가고, 완고한 시부모와 극성스러운 시동생 사이에서 마음고생이 많으셨다. 전화도 없고 인편으로 연락도 할 수 없는 형편이었으니 얼마나 부모형제가 보고 싶고 고향산천이 그리웠으랴! 이러한 때 '이리 오너라.' 하고 주인을 부르는 소리가 문밖에서 들렸다. 친정아버지의 목소리였다. 시부모가 계셔서 뛰어나가지도 못하고 그 반가움을 가슴 두근거림으로 맞으셨다.

어머니는 3년 만에 첫째 딸을 업고 친정엘 가셨다니 지금 신부들은 상상도 못할 일이었다. 나는 다섯 살 때 외할아버지 환갑에 갔었다는데 생각은 안 나고 장지문을 보니 낯설지가 않았다. 다섯 살 때 겪은 일도 어렴풋이 기억이 나는 모양이다.

외가댁에는 외할아버지도 계셨다. 막내이모와 작은누님과 매형도 와 있었다. 누님은 우리 남매를 보내고 다음 날 임진강 건너 8촌 오라버니 집에 갔더니 '가까이에 너의 외숙이 잘 사니 거기로 가라.'고 하여 왔단다. 외숙은 생질조카 딸 얼굴을 모르지만, 얘기를 하니 받아 주더란다.

어머니는 2남 3녀 5남매의 가운데다. 포천 이모라는 말을 많이 들었는데 고모부가 한의사였지만 전쟁 초기에 돌아가셨다고 한다. 한의사의 부인이면 돈방석 위에 올라앉으셨을 것인데 남편이 죽어서 막내

▲ 작은외삼촌

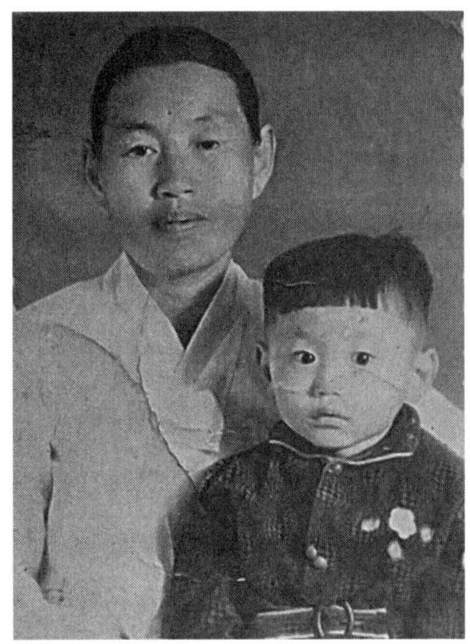

▲ 작은외숙모와 외사촌

이모는 딸 둘에 아들 하나 키우느라 고생이 많으셨다.

며칠 후 큰외삼촌은 작은외삼촌에게 "나는 면장으로 있었고 아버님이 연로하시기 때문에 사태가 급하면 갈 수 없으니 용인 친척댁으로 먼저 가겠다. 너희들도 급하면 그리로 오너라."고 하였다.

"예, 그렇게 할게요."

우리 어머니와 누님도 작은 외숙과 같이 행동하기로 하였다.

큰외숙네 식구는 다 피란 나가고 매형은 짐을 고개 너머까지 배웅해주고 온다고 가더니 영영 돌아오지 않았다.

피란 갈 주민들은 다 나가고 부녀자와 노약자만 남아 마을은 폭풍 직전의 고요함이었다. 두려움에 사로잡혔던 어느 날 국군 두 명이 꿩

▲ 외사촌동생 백승걸

을 들고 왔다.

볶음요리를 만들어 달라고 해서 어머니가 볶아 주었더니 맛있게 먹으면서 '날아가는 놈을 카빈총으로 쏴서 잡은 것인데 단번에 맞추었다.'고 같이 온 전우에게 자랑하면서 어깨를 으쓱거렸다.

그때 국군에게는 휴대용 소총이 M-1과 카빈 두 가지가 있었다. 99식이라고 불리는 일본 소총도 있었으나 많지는 않았다. 카빈은 서서 쏠 수 있는 가벼운 총이고, M-1은 앉아서 쏘거나 엎디어서 쏘는 9.5 파운드의 무거운 총이다.

나도 60년대 초에 논산 훈련소에서 M-1과 카빈을 쏴 봤다. 먼저 총을 쏘는 자세를 가르쳤다. 서서 쏴, 앉아서 쏴, 엎드려 쏴, 세 가지다. 그다음은 총을 분해하여 맞추어 보라고 했다. 그것도 3단 분해, 6단(?) 분해, 두 가지가 있다. 세 번 하고는 수건으로 눈을 싸매고 맞추어 보라고 했다. 그때의 답답함은 필설로는 표현할 수 없다. 실전에선 그런 환경이 많기 때문에 미리 숙지시키는 것이다. 백마고지 전투에 참전한 선배가 있는데 하루에도 몇 번씩 고지를 빼앗고 뺏겨 총을 지팡이 삼아 짚고 오르내려 참호에 들어가선 흙으로 막힌 총구를 꽂을대로 쑤시고 총을 쐈다고 했다. 그런 경우 총알이 안 나가면 캄캄해도 분해해서 고쳐야 한다.

나는 사격 시험에선 M-1은 1등 사수, 카빈은 2등 사수 자격증을 땄다. 사격시험 보기 전에 0점 수정 사격 시험을 본다. 10m 거리에서 1인치 크기의 원 안에 3발을 쏴서 다 들어가야 한다. 거기서 불합격되어 혹독한 기합을 받았다. 내무반까지 3㎞를 총을 들고 뛰어왔으며 연병장에서 엎드려뻗쳐를 밤새도록 했다. 그 덕택에 본 시험에서는 좋은 성적을 거두었다. 꿩을 잡아 온 국군도 날아가는 꿩을 잡았다니 잘 쏘는 사격 솜씨다.

우리는 보따리를 싸 놓고 여차하면 나갈 준비를 하고 있었다. 그 과정이 순탄할 줄 알았는데…….

어느 날 밤 콩 볶듯 하는 요란한 총소리에 잠이 깼다. 이불 속에서 벌벌 떨고 있는데 대문이 크게 흔들려 어머니가 나가셨다. 고개 너머에 사는 작은 외숙이었다. 외숙은 급히 들어오시더니 '지금 상수리에서 전투가 벌어졌으니 빨리 피란 가야 한다.'고 했다. 상수리는 고개 너머에 있는 마을이다.

우리는 불도 못 켠 캄캄한 속에서 덮고 자던 따뜻한 이불을 개서 보자기에 싸고, 뒤주에서 쌀을 자루에 퍼 담았다. 부엌에서 냄비와 밥그릇, 숟가락을 미리 싸 놓았던 보따리에 넣고 피란길에 올랐다.

큰길로 가면 위험하다고 하여 눈이 발목까지 빠지는 산길로 접어들었다.

눈이 쌓여서 어둡지는 않았다. 우리 주위에 큰 개들이 어슬렁거렸다. 개인지 늑대인지 알 수 없었다. 혼자라면 무서울 터이지만 여럿이 가니 무섭지 않았다. 날이 밝을 무렵에 어느 큰 마을로 내려서니 도로 가에서 국군들이 불을 놓고 쬐고 있었다. 국군을 보니 그렇게 반가울 수가 없었다.

우리는 또 도로를 건너 소롯길로 접어들었다. 어느 마을에서 쉬면서 주민들 얘기를 들으니 대추말이 불바다가 되었다고 했다. 대추말은 외숙네 마을이다. 우리가 몇 시간 전까지 살던 마을이다. 그 마을이 대추말이 된 것은 마을 앞에 큰 대추나무가 있었는데 대추가 길쭉하니 맛이 있었다. 1927년 을축(乙丑)대홍수 때 대추나무가 부러져 베어 버렸다는 어머니 말씀이다.

을축대홍수는 10일간 753mm의 비가 와서 한강이 범람하여 남대문 앞까지 물이 들어와 600여 명의 인명 피해를 낸 기상대 기록상 가장 큰 홍수였다. 그때 중랑천 입구에 있던 저도(楮島)의 상당 부분이 떠내려갔다. 저도는 슬픈 섬이다. 30만 평이나 되는 큰 섬인데 한강교를 건설할 때 저도에 있는 흙을 퍼다가 중간에 섬을 만들었는데 그게 중지도다. 그때 일본의 기술로는 1km에 가까운 다리를 연결할 수 없었던가 보다. 저도의 남은 부분이 을축대홍수 때 상당 부분이 떠내려갔고, 1970년대 강남 개발 때 저도의 흙을 퍼다 메꾸어 섬 자체가 없어졌다. 저도는 아름다운 섬이었다. 가운데 호수가 있고 호수를 둘러싼 언덕이 있고 거기에 집들이 있었다. 시인 묵객들이 와서 시회도 열고 낚시꾼들이 와서 고기도 잡았다. 강 건너 압구정동에 세조 때 책사 한명회(韓明澮)가 강가에 정자를 짓고 저도를 바라보면서 심신을 달랬다. 사람을 그렇게 많이 죽였으니(세조가 죽인 사람은 한명회 머리에서 나왔다.) 그도 사람인데 마음이 편했겠는가. 강 건너 저도를 보면 기러기와 갈매기들이 날아다니는 것이 멋있어서 그 정자를 압구정(鴨鷗亭)이라고 지었다.

다시 도로로 나오니 길이 얼음장판을 깐 듯 미끄러워 보따리를 머리에 인 여인들은 '쿵쿵' 잘도 넘어졌다. 그날 저녁 주내 삼거리 근방 어느 마을에 들어가 빈집에서 잤다. 물이 없어 눈을 녹여 물을 얻었는데 재티가 많아 가라앉히고 깨끗한 물로 밥을 해 먹었다. 눈이 보기에는 깨끗해 보여도 녹으면 오물이 많았다.

이튿날 아침 의정부로 나오는데 앞서가던 사람들이 돌아와서 왜 오느냐고 물었더니 '미군이 못 가게 한다.'고 했다. 우리 일행(우리 3식구, 누님네 2식구, 외숙네 5식구)은 발길을 돌려 옆(교외선)으로 갔다. 하지만 앞이 막혔는데 옆이라고 안전할 리 없었다. 얼마쯤 가니 앞에 가던 사람들이 또 돌아왔다. 왜 오느냐고 물었더니 산 위에서 총을 쏘아서 갈 수가 없다고 했다. 서울 가는 양쪽 길이 다 막힌 것이다. 우리는 다시 의정부로 오다가 날이 저물어 길가 주인 없는 집에 들어가 잠을 잤다. 거기가 장흥면이라고 했다.

이튿날 아침 일찍 밖에 나오니 미군기 두 대가 지붕을 스치듯이 날아갔다. 그때 옆집에서 시커먼 사람 둘이 튀어나오더니 비행기를 향해 손을 흔들었는데 그들은 미군이었다.

아침을 먹고 의정부로 나오는데 좌측 산에서 총소리가 연거푸 났다. 앞에 한 떼의 사람들이 산에서 뛰어 내려왔는데 그들은 국군 다섯과 미군 두 명이었다. 총은 가지고 있지 않았다. 우리 앞에 온 그들은 건너편 산이 험한 걸 보고 전원이 돌아서서 손을 들었다. 미군 두 사람은 아침에 내가 본 군인들이었다. 뒤에는 총을 든 솜옷을 누벼 입은 군인이 내려왔다. 그가 말로만 듣던 중공군이었다. 옷이 누런색이고 실로 누벼서 만든 누비옷이다. 머리에는 뺨까지 가리는 털벙거지를 쓰고 있었다. 중공군은 포로를 앞세우고 내려온 산을 되짚어 올라 갔다. 우리에게는 신경 쓰지 않았다. 하지만 앞에서 벌어진 엄청난 장면을 우리는 동태가 되어 보고 있었다. 드디어 중공군이 우리에게까지 온 것이다. 그들은 포로를 북한으로 데려가다 대열을 따라가지 못하면 총으로 쏴 죽이고 갔다. 국군이 평안도 쪽으로 진격할 때 굴에 시체가 많이 있다는 제보를 받고 가 보니 시체가 쌓였는데 미군들이었다. 미군 포로를 데리고 후퇴하다 데려갈 수 없자 죽이고 간 것이다. 시체에서 신음소리가 나서 확인해 20여 명의 목숨을 건졌다. 국군들도 마찬가지다. 후퇴하다 중공군 포로를 죽이려 하자 중공군은 죽이지 말라고 손을 젓더란다. 오래전에 어느 글에서 읽은 내용이다.

거기가 서울 구파발에서 의정부 가는 교외선 일영 · 송추 계곡이다. 도봉산과 계명산 사이에 있어 산 높고 물 맑은 계곡이다. 전원일기를 촬영한 지역이고, 개울가에 음식점이 많은 유원지다. 백석면 넘어가는 길가에 임채무 연예인이 운영하는 큰 요정도 있다. 그때는 깊은 산중에 집이 드문드문 있는 무서운 고장이었으니 호랑이가 내려왔을 것이다. 기록에 보면 조선왕조 때 호랑이가 경복궁 담을 넘어온 때가 몇 번 있었다는 기록이다. 그 근방은 북한산, 도봉산, 계명산,

불곡산, 수락산, 불암산 등 광주산맥의 끝자락이어서 큰 산으로 둘러 싸였기 때문에 호랑이 등 큰 짐승이 많았다. 장흥면 사람들은 날이 저물면 밖에 나가지 못하는 고장이었으리라 생각된다. 쫓기던 국군과 미군들도 건너편 산이 험하지 않았으면 돌아서서 손들지 않았으리라.

나는 양주 부모님 산소에 갈 때 장흥계곡으로 해서 백석면으로 넘어 간다. 그 너머에 호수도 있고 호수 옆으로 한참 내려가면 마장호수라는 유원지가 나온다. 지금이니까 그렇지, 옛날에는 십 리에 집 한 채 있는, 도깨비가 나오는 무서운 고장이었다.

중공군이 포로를 데리고 간 후 외삼촌은 지고 가던 지게를 벗어 놓고 "너희들과 같이 가다가는 남쪽으로 갈 수 없으니 집으로 가거라. 나 혼자 갈 터이니."하고는 중공군이 올라간 반대편 산으로 뛰었다. 아버지의 돌연한 행동에 외사촌들은 울부짖고, 외숙모는 멍하니 바라보고 있었다. 누님인 우리 어머니가 "여기까지 와서 혼자 행동하는 것이 말이 되느냐, 살아도 같이 살고 죽어도 같이 죽어야지."하고 나무라셨다.

그러자 외숙도 "그래~ 죽어도 같이 죽고, 살아도 같이 살자."하고 혼잣말로 뇌이고는 와서 다시 지게를 지셨다. 얼마나 남쪽으로 가고 싶었으면 그런 상식에 맞지 않는 행동을 하셨을까. 외숙은 그때 30대 중반이었다. 우리 어머니는 둘째누님으로 5살 많다. 외숙이 8살 때 엄마가 돌아가시어 누님들 손에서 자라다시피 하였고 가운데 누나인 우리 어머니를 가장 따랐다고 한다. 그래서 위급할 때 둘째 누님의 말을 들은 것이다.

외숙이 뛰어 올라가려고 했던 산은 도봉산 너머 오봉 코스로 손가락을 편 것 같은 큰 바위 다섯 개가 산줄기를 따라 있는 험한 코스로 정상인 자운봉으로 치닫는 능선이다. 그 너머엔 미군 최일선 부대가 진을 치고 있었다. 그런 사실을 모르고 미군 부대에 들어갔다면 미군은 적 게릴라로 알고 사살했을 가능성이 크다. 미군은 북한 게릴라 하면 이를 갈고 있었으니까. 하늘이 도와서 외삼촌은 발길을 돌리신 것이다.

우리는 다시 의정부로 나왔다. 하지만 어제도 못 갔던 길이 오늘이라고 열릴 리가 만무하였다. 위급할 때 처신을 잘한 사람은 살고 잘못한 사람은 죽었다. 북한군이 들어왔을 때 북한 측 감투를 쓰고 주민을 괴롭힌 사람도 3개월 후에 국군이 다시 들어올 줄을 알았다면 그렇게 하지 않았을 것이다. 국군이 들어오자 그들은 정든 고향을 떠나서 북한으로 가기를 얼마나 꺼렸을까?

그럴 때 살아날 수 있는 길은 평소에 덕을 쌓는 것이다. 머슴을 두고 농사를 짓던 지주도 그 밑에서 일하던 머슴이 빨간 완장을 차고 서릿발 날리고 다닐 때 평소 머슴에게 잘한 사람은 목숨을 건졌지만 잘못한 사람은 살해되었다. 어떤 집에서 머슴의 아들과 주인의 아들이 나이가 같아 싸우면서 자랐다. 그때 주인집 할머니가 머슴의 아들에게도 잘해주었다. 머슴의 아들도 먹을 것을 주인 아들과 똑같이 주는 할머니를 좋아했다. 세상이 변하여 머슴 아들은 붉은 완장을 차고 주민들을 괴롭혔다. 그들이 후퇴하자 따라가면서 주인의 아들을 끌고 갔다. 주인 아들은 마구 욕을 했다. 머슴은 책임자에게 '이놈을 죽이고 오겠다.'고 허락을 얻어 끌고 산속으로 들어가면서 할머니를 생각했다. '하나밖에 없는 손자를 죽이면 할머니가 얼마나 상심하실까.'하는 생각에 미치자 가슴이 아팠다. 그는 주인의 아들에게 '할머니 때문에 손자가 살아왔다고 전해주시오.'하고 풀어 주고는 하늘에다 대고 총 몇 방 쏘고는 대열에 합류했다.

앞이 안 보일 때 처신이 가장 어렵다. 그때 내가 외삼촌이었다면 거기서 집으로 발길을 돌렸을 것이다. 하지만 대한민국 품에 안기려고 무리수를 두다 전장(戰場)에 휩쓸려 몇 번의 죽음과 마주 서야 했다.

어머니를 잃을 뻔 했다

의정부가 내려다보이는 언덕에 올라서자 비행기들이 하나둘 모여들기 시작했다. 폭격기, 전투기, 제트기 등 점점 그 수가 늘어나더니 갈가마귀 떼같이 새카맣게 떠서 하늘을 뒤덮고 선회했다.

미군은 후퇴할 때 적이 은폐할 수 있는 구조물은 다 부순다고 했다. 그래서 자신들이 후퇴하기 전에 의정부 시내 전체를 때려 부수려는 것이다. 의정부 시내에 들어서자 선회하던 비행기들이 대열을 풀고 하늘 높이 치솟았다. 폭격하려는 예비 동작이다.

우리 앞에 저만치 한 가족이 시내로 들어가는 것을 보고 우리는 들로 나갔다. 그동안의 경험으로는 비행기 폭격을 피하려고 집에 숨는 것은 섶을 지고 불로 뛰어드는 것과 같이 위험하다는 것을 알았기에.

드디어 비행기들이 폭격하기 시작했다. 하늘에서 쑤셔 박혀 폭탄을 투하하고 올라갔다. 폭음과 함께 검은 연기가 여기저기서 치솟았다. 그것도 한두 대가 아니고 수 십 대가 폭격을 해대니 천지가 뒤집힐 듯이 요동쳤다. 그때 의정부에는 6,000여 호가 있었다고 한다. 그런 큰 도시 전체가 검은 연기에 휩싸였다. 우리는 시내를 멀찌감치 벗어난 들에 서서 비행기를 향하여 흰 수건을 흔들었다. 흰 수건을 흔들면 민간인이라는 표시여서 폭격하지 않는다고 알려졌기 때문이다. 한참 수건을 흔드는데 옆에서 '퍽'하는 소리가 나더니 앞이 캄캄하고 폭풍이 일었다. 이불 보따리를 지고 가던 나의 몸은 두둥실 허공으로 떠서 얼마쯤 날아가다 논두렁에 쑤셔박혔다. 몽롱한 정신 속에서 온몸에 흙비가 우수수 쏟아지는 것을 느꼈다. 폭탄이 가까이에서 터진 것이다. 다행히 아픈 곳은 없었다. '어머니는 무사하실까? 누님은? 여동생은……?' 순간이지만 많은 생각이 머리를 스쳤다.

얼마쯤 지나니 화약 연기가 흩어졌다. 논두렁 여기저기에 쓰러져 있던 일행들이 몸을 일으켰다. 모두가 흙투성이가 되어 있었다. 옆에 웅덩이같이 흙이 패였는데 폭탄이 떨어진 자리다. 하나님의 도우심인지 다친 사람은 없었지만, 어머니 어깨 뒤쪽이 새까맣게 탔다. 파편이 옷을 스친 것이다. 폭탄이 터지면 화약을 둘러싸고 있던 쇳조각 큰 것, 작은 것이 사방으로 날아가는데 끝이 칼날같이 날카롭다. 어머니 옷을 스친 파편이 조금만 안쪽으로 들어왔으면 나는 그 허허벌판에서 어머니를 잃었을 것이다. 그러면 나와 어린 여동생은 어찌 되었을까. 아버지 주소도 몰라 찾아갈 수도 없다. 갈 곳은 고아원밖에 없다. 그렇게 부모를 잃었거나 헤어진 전쟁고아가 전국에서 10만여 명이라는 글을 읽었다.

휴전 후 우리는 대전역 뒤에서 살았는데 동네에 200여 명이 수용된 고아원이 있었고 우리 마을엔 북한에서 피란 오다 부모를 잃은 청소년들이 대전역 구내에 들어가 장사를 해서 먹고 살았다. 나는 부모님이 계시어 학교 다녔으니 행운아였다. 그들을 보면서 의정부에서 비행기 폭격 맞을 때를 생각만 해도 아찔했다.

고아원 얘기를 하면 빼놓을 수 없는 일화가 있다. 고아원이 생기기 전 절(산사)에서 전쟁고아 2,000명을 돌보던 미군 조종사 딘 헤스 중령 이야기다. 딘 중령은 2차 대전 때 유럽에서 참전했는데 조종술이 서툴러서 고아원을 폭격하여 30여 명을 죽였다. 그때 고아들을 숨지게 한 것이 가슴 아파 한국전에서도 고아들이 많이 발생하자 스스로 보모를 고용하여 고아들을 돌보게 했다. 중공군의 공격을 받아 후퇴할 때 고아들을 제주도로 옮겨 모슬포에 고아원을 짓고 그들을 보살폈다.

휴전 후 그 사실이 널리 알려지자 미 국무성에서 그 내용을 전송가(戰頌歌)라는 영화로 만들었다. 한국적인 정서를 물씬 풍기게 하기 위하여 처음에 '아리랑', 끝에 '무궁화' 노래를 삽입했다. 거기서 나온 수익금은 한국 고아들을 위해서 쓰겠다고 했다. 이승만 대통령은 딘 헤스 중령의 애기(愛機)인 F-51(무스탕기)에 '信念의 鳥人(신념의 조인)'이라는 휘호를 써 주었는데 그는 그 휘호를 애기(愛機)에 붙였다. 그는 전쟁 초기 북폭(北爆)을 250번이나 하여 전공을 많이 세웠기 때문이다. 그 비행기가 용산전쟁기념관에 있어서 처음에는 무심히 보았으나 그 사실을 알고는 유심히 보았다.

의정부를 폭격하던 비행기가 왜 우리에게 폭탄을 던진 것일까? 죽이려고 던진 것일까? 아니면 임무를 완수하고 갈 때 장난으로 한 번 툭 치고 간 것일까. 나는 비행기가 우릴 죽일 마음은 없었다고 본다. 자기들을 향하여 수건을 흔드는 사람은 백기(白旗)를 든 사람들이다. 백기를 든 사람은 항복한 사람이다. 항복한 사람을 죽이는 것은 국제 전쟁 법에 금지되어 있다. 그런 우리들을 비행기에선 귀엽게 보았으리라. 하지만 그냥 가기도 무엇하여 돌아가기 전 장난으로 옆에 툭 던지고 간 것 같다. 죽일 마음이 있었으면 연속적으로 공격했을 것이다. 죽이려고 마음먹고 공격한 결과가 얼마나 끔찍한지 이튿날 현장을 보고서 알았다. 하지만 '장난으로 던진 돌에 개구리가 맞아 죽는다.'고 우리는 얼마나 놀랐는가.

비행기들이 돌아가자, 우리의 발길을 가로막는 장애물이 없어서 서울을 향해 부지런히 걸었다. 우리 일행밖에 없었다. 기찻길 옆을 걷는데 좌측에서 총소리가 계속 났다. 한참 가니 우리 앞에 검은 옷을 입은 사람이 쓰러져 있었다. 사람 죽은 것을 보는 것은 보통이어서 신경 안 쓰고 가려고 했더니 시체가 벌떡 일어나서 말을 걸었다.

"저렇게 총소리가 많이 나는데 버젓이 가시오."

"왜 무슨 총소리요?"

"아직 몰랐소?"

"뭘 말하는지 모르겠네요."

"저 총소리가 당신들을 향해 쏘는 것이오."

귀를 기울이니 총소리 뒤에 '뺘르릉' 소리가 났다. 뺘르릉 소리는 총알이 가까이 지나갈 때 나는 소리였다. 우리는 정신이 없어서 그 소리를 느끼지 못했다. 지금 생각하니 그 총소리는 수락산 쪽에서 났고 거기에 진을 치고 있던 중공군이 우리를 내려다보고 쏜 것이다. 그걸 모르고 태연히 길을 걸었으니, 아찔한 생각이 든다.

그 사람은 서울 사는 대학생으로 시골에 양식을 구하러 왔던 길이었다고 했다. 우리가 그래도 가겠다고 하자, 그도 다른 방법이 없었던지 우리와 같이 행동했다.

부지런히 걷던 우리 앞을 거대한 철조망이 가로막았다. 철조망은 기둥을 박고 거기에 가시가 있는 철망을 연결하는 것이 우리가 생각하는 철조망인데 우리 앞에 있는 철조망은 이등변 삼각형이다. 높이 3m, 아래쪽 너비가 1m는 될 것 같았다. 그런 철조망이 도봉산과 수락산 사이를 가로막았다.

중공군은 산악전(山岳戰)에 강하다고 알려졌다. 아무리 돌이 많은 땅이라도 야전삽으로 5분이면 자신의 몸을 숨길 구덩이를 판다고 했다. 그렇지만 가시투성이인 높은 철조망을 어떻게 넘었을까. 그들은 철조망을 넘기 위한 멍석부대를 창설했다. 멍석을 가지고 다니다 철조망이 있으면 걸쳐 놓고 기어오른다. 그 너머에선 유엔군이 넘어오는 중공군을 향해 총을 쏜다. 그걸 아는 중공군 지휘자는 병사들에게 독한 술을 먹이고 몽롱한 정신 속에서 새카맣게 멍석에 기어올라 넘게 한다고 알려졌다. 그런 전술을 인해전술이라고 한다. 중공군들은 병사의 숫자가 많아 인명을 아끼지 않았다. 후방에 있는 중공군은 총 가진 걸 못 봤다. 저들은 적 가까이 가서 수류탄을 던지는 것이 특기다. 박격포는 조랑말에 싣고 산속까지 운반한다. 미군들이 말을 이용한 중공군의 군수품 수송을 보고 17세기로 돌아간 듯한 느낌을 받았다는 글을 읽었다.

미군들의 수송 능력은 가히 상상을 뛰어넘는다. 10발이 트럭(바퀴가 10개)이 운송의 주종이었는데 철조망을 그렇게 큰 것을 많이 가져와 두 산 사이를 가로막으리라고는 생각도 못 했다. 인천상륙작전에서도 북한군은 배 몇 척이 올 것으로 계획하고 방어진지를 구축했는데 260여 척이 바다를 꽉 메우고 와서 함포사격을 해대니 당할 재간이 없었다. 트럭으로 운반할 수 없는 곳에는 비행기에서 낙하산으로 군수물자를 보급했다. 북한군은 트럭이 있어도 비행기 폭격이 무서워 다니지 못하고 밤에 말이나 소로 운반했다. 우리는 미군을 물컹이라고 한다. 사람을 아끼기 때문이다. 하지만 미군같이 실전 경험이 많은 군인도 없다는 군사 전문가들의 평이다. 한국전 후에 월남전, 아프간전, 이라크전……, 미국이 그래서 무서운 것이다.

우리가 철조망을 넘으려고 다가서자 철조망 너머에서 고함 소리가 들렸다. 고개를 들어 보니 미군이 오지 말라고 손사래를 쳤다. 일행이 된 대학생이 뭐라고 쏼라댔다. 그는 영어를 할 줄 알았던 모양이다. 미군은 손짓으로 옆쪽을 가리켰다. 그쪽으로 가라는 표시였는데 그곳은 철조망의 높이가 조금 낮았다.

가시에 걸려 옷은 찢어지고, 살이 터져 피가 나면서 어렵게 넘었다. 미군이 손짓으로 불러 그쪽으로 갔더니 철교 밑 교각 사이 세 공간에 피란민이 꽉 찼다. 피란민들을 보니 우선 반가웠다. 죽음의 땅에서 구원받은 느낌이었다.

왜 서울로 안 가느냐고 물었더니, 해가 넘어가면 보내준다고 했다고 한다. 해가 넘어가기를 바랐으나 서산마루에 걸려 꼼짝을 안 했다. 모두가 짐을 가볍게 했다. 서울로 가라는 명령만 떨어지면 한걸음에 달려가려고. 외숙모도 시집올 때 해가지고 온 이불을 버렸다.

해가 서산마루를 넘어가자 미군이 통역관을 데리고 우리 앞에 와서 '당신들은 당국에서 피란 가라고 할 때 왜 나오지 않았느냐.'고 물었다. 우리는 그런 말을 못 들었다고 했다. 그 피란민들이 왜 늦게 나왔는지는 알 수 없었다. 우리와 같은 처지였는지, 아니면 미군이 추측한 대로 테러리스트들이 섞여 있는지는. 억지였지만 그렇게 대답할 수밖에 없었다.

미군은 우리를 도로로 나오라고 하였다. 도로에 세우고는 '의정부 쪽으로 다시 갔다가 내일 아침에 오면 서울로 보내주겠다.'고 했다. 우리가 의정부 쪽으로 가자 반대편 다리 밑에서 시꺼먼 사람이 올라와 오지 말라는 듯 손을 저었다. 중공군인 모양이다. 우리는 발길을 돌려 미군 쪽으로 갔다. 미군도 오지 말라고 고래고래 소리를 질렀다. 그래도 가자 총을 겨누었다. 총소리가 연거푸 나더니 '아이쿠'하고 옆에 가던 아주머니가 주저앉았는데 눈 위에 피가 낭자하였다. 다리를 맞았다고 했다. 우리는 혼비백산하여 눈 덮인 들로 내려섰다. 어둠은 사위를 덮었고 오갈 데 없이 꽉 막혔다. 우리는 눈 위에 이불을 깔고 한 채는 뒤집어썼다. 날씨는 추웠지만, 공포심 앞에서는 맥을 못 추었다. 아침 먹고 하루 종일 물 한 모금 마시지 못했지만 배도 염치가 있는지 꼬르륵 소리를 내지 않았다.

지금 생각하니 미군은 도봉산에, 중공군은 수락산에 진 치고 싸울 준비를 하고 있었다. 우리는 양 군이 싸우는 한가운데 들은 것이다. 어떻게 이 위기에서 벗어날 수 있을까.

밤이 깊어지자 천지를 뒤흔드는 폭음이 터지고 물동이만한 불덩어리가 도봉산에서 수락산으로 날아갔다. 도봉산과 수락산은 2Km 정도 떨어진 마주 보고 선 700m급의 산들이다. 그러자 수락산에서도 그만한 불덩어리가 날아왔다. 그러더니 우리 머리 위로 쉴 새 없이 큰 불덩어리들이 왔다 갔다 했다. 한참 보고 있으니 무서움은 사라지고 불꽃놀이 구경을 하는 듯 재미있었다. 불덩어리 하나가 중간에 떨어졌다. 옹기종기 모여 앉은 여러 피란민들의 무더기가 불빛 속에서 보였다. 불덩어리가 가까운데 떨어지자 사람들의 아우성이 들렸다. 언제 내가 앉은 이곳에 포탄이 떨어질는지 모른다고 생각하니 또 무서워졌다.

어른들은 누가 시키지도 않았는데 하나님을 찾았다. 우리 중에 예수교를 믿는 사람은 없었으나 다급하면 하나님을 찾는 게 인간의 본능이다. 외삼촌은 젊은이였는데 창피하지도 않은지 큰 소리로 '하나님 살려 주십시오.'를 연발했다.

어느 순간 거짓말같이 포성이 딱 멈추었다. 긴장이 풀리자 나를 깊은 잠 속으로 끌어들였다. 무서움도 졸음 앞에서는 어쩔 수 없었던가 보다. 꿈속에서 나는 한 마리 새가 되어 창공을 높이 날아올랐다. 그리고는 서울을 향하여 힘차게 날개를 퍼덕였다.

하늘에 울려 퍼지는 피리 소리에 잠이 깼다. 그 소리는 중공군이 진격할 때 부는 나팔 소리라고 소문이 나 있었다. 먼동이 텄다. 우리는 서둘러 짐을 쌌다. 중공군은 남자들을 다 죽인다는 소문이 있어서 외삼촌은 머리에 수건을 동이고 치마를 입었다. 어제 미군이 오라던 다리 밑으로 가자 한발 앞서갔던 누님이 와서 하는 말이 '다리 밑에 미군은 없고, 시체만 몇 구 있더라.'고 했다.

피란민들은 서울을 향하여 날개를 단 듯이 빨리 달렸다. 헌데 앞에 가던 사람들이 되돌아왔다.

"왜 돌아와요?"하고 물으니 "서울은 이미 중공군이 점령하고, 미군은 한강 이남으로 후퇴했다고 합니다."라고 했다.

가냘프게 매달렸던 희망의 끈이 끊어지자 우리는 그 자리에 털썩 주저앉았다. 바라던 것이 수포로 돌아갔을 때 느끼는 허탈감, 그곳이 창동이었다. 서울 턱밑까지 왔는데 길이 막힌 것이다.

한참 앉아 있던 우리는 일어나려고 하니 기운이 하나도 없었다. 그러고 보니 어제 아침 먹고 아무것도 안 먹은 것이다. 간식도 없고 물도 준비 안 해서였다. 어느 집 추녀 밑에서 보따리를 풀러 눈을 녹여 밥을 해 먹었다.

무거운 발걸음을 집으로 되돌릴 수밖에 없었다. 의정부 시내에 들어서자 어제 미군기의 대대적인 폭격으로 성한 집이 없을 정도로 불타고 있어 지나가는 길까지 뜨거웠다. 총도 길가에 버려져 있었다. 외양간에 있던 소가 두 동강이 났다. 붙잡아 매 놓아 도망도 못 가고 당한 것이다.

길 가운데 흰 물체들이 있다. 그게 무엇인지는 보지 않아도 잘 안다. 눈을 가리고 가다 손을 조금, 아주 쬐금 열고 바라본 광경, 보지 않으려던 것을 다 보았다. 그것은 일가족 폭사 현장이었다. 아버지는 지게를 지고 가다 폭 고꾸라진 채로 굳어 있고, 그 앞에 15세쯤 된 소년의 몸통은 두 동강이 났고, 열두 살 정도 된 남자아이는 목이 달아나 주위에는 주먹만 한 살점과 피가 눈 위에 엉겨 붙었다. 세 살쯤 된 아이는 아버지 옆에 기대 앉아있다.

'저 애가 살아 있지 않아.'하는 외숙모의 말을 듣고 그 애는 우리 쪽으로 고개를 돌렸다. '어쩌나, 내 코가 석 잔데.' 인정 많은 외숙모가 하신 말이다. 어제 낮 비행기들이 폭격하려고 할 때 우리 앞에서 시내로 들어가던 일가족의 처참한 최후였다. 우리도 저 사람들의 뒤를 따라갔더라면 지금쯤 이 근방에 저렇게 누워있을 거라는 생각을 하니 온몸이 오그라들었다.

의정부에서 중공군과 맞닥뜨렸다. 우리는 잔뜩 긴장하면서 보았는데 그는 우리를 본체만체하였다. 북한군도, 중공군도 일반인에게는 관심이 없었다. 비행기가 날아오자 그는 눈 쌓인 땅에 쪼그리고 앉아 흰 보자기를 꺼내 뒤집어썼다. 비행기가 보지 못하게 하는 완전한 보호막이다. 중공군은 눈 쌓인 허허벌판에서 흰 보자기 하나로 간단하게 비행기의 표적에서 벗어났다.

그 후 중공군과 함께 살면서 흰 보자기가 병사 개인에게 지급된 군수품이라는 걸 알았다. 중공군은 흰 보자기로만 몸을 가리는 게 아니라 옷으로도 가렸다. 옷을 뒤집어 입으면 흰색이다. 눈 쌓인 산속에선 옷을 뒤집어 입고 낮에도 움직였다.

그날 저녁 주내삼거리 근방 빈집에 들어가 눈을 녹여 밥을 해 먹었다. 하루 종일 굶었어도 밥이 먹히지 않았다. 밥알은 낮에 본 시체의 흩어진 살점 같고, 물은 눈 위에 엉겨 붙은 피 같아서 한 숟갈도 먹지 못하였다. 일가족 폭사의 끔찍한 장면은 얼마 동안 나를 붙잡고 있었다.

다음날 아침 밖에서 나는 떠들썩한 소리에 잠이 깼다. 외숙모가 아침을 하러 나갔다 벌어진 상황이다. 문을 열어보니 중공군이 마루에서 있었다. 말이 안 통하여 외숙은 한문을 적어 필담을 나누었다. 중공군이 요구한 것은 우리가 덮고 자던 이불이었다. 중공군은 이불을 개지도 않은 채 질질 끌고 갔다. 얼마나 추웠으면 그랬을까. 중공군은 압록강을 밤에 얼음 위로 건너 눈 쌓인 산속에 숨어 있었다니 얼마나 추웠을까.

평안도 운산에서 밤에 자는 미군 막사를 점령한 중공군들은 막사로 들어가 먼저 피복을 빼앗기에 바빴다. 한 미군이 화가 나서 칼이 꽂힌 총을 집어 던졌더니 한 병사가 맞고 쓰러지는 걸 보고 중공군들은 놀라서 도망갔다니 그런 아이러니가 어디 있나. 흥남부두 철수 때 보초를 서던 중공군이 움직이지 않아 미군이 건드리니 얼어붙어 동장군이 되어 있었다. 날씨는 춥고 산속에서 미군기를 피하여 눈 속을 장시간 걸어야 했으니 산악 훈련을 많이 받은 그들인들 별 수 있나.

이렇게 해서 남쪽으로 내려가려던 우리 가족의 계획은 무산되었다. 그 후퇴는 서울을 1951년 1월 4일 중공군에게 내주었다고 해서 '1 · 4후퇴'라고 한다.

중공군 속에서의 생활

외숙댁에 오니 동네는 그대로 있었다. 대추말이 불탔다는 것은 헛소문이었다. 이렇게 난리 때는 정확한 정보가 없었다.

그러나 집 안은 엉망진창이었다. 우리에 있던 돼지는 없어졌고, 방은 구들이 뜯겼다. 집 뒤 추녀 밑까지 쌓아 놓았던 참나무 장작도 없어졌다. 집 안팎을 치우고, 쓸고 닦고, 구들은 원래대로 놓았다. 구들은 왜 뜯었는지 그 원인은 밝혀지지 않았다.

부엌에는 밥물이 물통에 가득했다. 중공군은 밥이 끓으면 물을 쪄내고 다시 붓고 했다. '그렇게 안 하면 기름기가 많아서 설사가 난다.' 고 했다. 우리가 좋은 쌀로 여기는 '기름기가 자르르 흐르는 쌀밥'이 그들에겐 좋지 않은 것이다.

1998년 태국에 관광 갔을 때 한국인 식당을 주로 이용했는데 거기서는 찹쌀밥을 해 주었다. 그 나라에선 찹쌀이 멥쌀보다 값이 싸다. 더운 지방 사람들이 기름기가 많은 찹쌀을 싫어하는 이유는 땀이 많이 나기 때문이다. 중공군들도 남부 사람이 많았던지 기름진 한국 쌀을 싫어했던가 보다.

그 마을은 아래위 동네 20여 호밖에 안 되었다. 다른 집은 비었지만, 아랫집 사람들이 와 있어서 반가웠다. 무서울 때 사람들과 함께 있으면 마음이 편했다.

미군은 전깃줄을 길가에 수십 가닥씩 늘어놓고 전쟁을 했다. 굵은 것, 가는 것, 중간 것 등 여러 가지였다. 통신을 하기 위한 수단이었겠지. 후퇴하면서 그것들을 두고 갔다. 삐삐선이라고 불리는 가늘고 새까만 줄이 많았다. 그걸 까면 누런 구리도 나오고 하얀 철사도 나왔다. 마을 사람들은 땔나무 대신 그걸 걷어다 땠다. 전선은 많아서 얼마 동안 마을 사람들을 편하게 했다.

길에는 미군들이 먹다 버리고 간 것들도 많았다. 그것이 C 레이션이라는 야전용 식품이다. 그것들을 담은 통은 깡통이었다.

총알도 길가에 많았다. 실탄은 껍데기와 실탄으로 나누어져 있는데 껍데기는 놋쇠고, 실탄은 구리였다. M1 실탄은 크고 카빈은 작았다. 그 이음 부분을 돌로 톡톡 두드리면 실탄이 빠지고 그 안에 연필 속 같은 새까만 짧은 것들이 한가득 들어있다. 그것이 화약이다. 총을 쏘면 방아쇠에 톡 튀어나온 것이 있어 그것이 총알 뒤 뇌관(雷管)을 때리면 불꽃이 튀기면서 화약에 옮겨붙어 터지면 총알이 나간다. 화약이 신경통에 좋다고 하여 어른들은 물에 타서 마시기도 했다. 총알을 둘러싼 구리를 돌로 톡톡 두드리면 안에서 강철, 혹은 납이 나오기도 했다. 강철 탄은 물체를 뚫는 것이고, 납 탄은 인명 살상용이다.

누런 손가락 굵기의 과자 같은 것도 많았다. 그것들은 포탄에 들어가는 화약인데 장약이라고 했다. 불 속에 넣으면 '치지직'하고 불꽃이 일었다. 어른들 몰래 친구들과 같이 성냥을 가지고 산속에 가서 그것들을 폭발시키는 장난을 하고 놀았다.

어느 날 밤 밖이 소란스러워지더니 대문을 꽝꽝 두드리는 소리가 났다. 어머니께서 나가 문을 열어 보니 시커먼 사람들이 서서 못 알아들을 말로 '쏼라'댔는데, 그들은 중공군이었다. 중공군은 미군 비행기가 무서워 밤에 이동하는 것이다. 미군 비행기는 낮에는 물론 밤에 폭격할 때도 조명탄을 하늘에 켜놓고 했다. 조명탄은 하늘에 수십 개의 전깃불을 한꺼번에 켜 놓는 것 같은데 일정 시간 머물러서 개미 기어가는 것까지 보인다는 설이 있다.

중공군들은 방으로 들어와 자고 있던 우리를 쫓아내고 따뜻한 안방을 차지했다. 우리는 불도 안 땐 건넌방에서 이불을 뒤집어쓰고 덜덜 떨면서 밤을 새웠다.

이튿날 보니 다른 집도 마찬가지였다. 중공군이 까마귀 떼 같이 온 마을을 덮은 것이다. 그들은 부엌에서 밥을 할 때 주민은 들어오지 못하게 했다. 음식물에 독약을 넣을 염려가 있어서란다.

중공군들은 며칠 만에 가고 오기를 반복했다. 총을 가지고 있지 않았다. 그들은 주민에게 쌀을 내놓으라고 했다. 없다고 하면 스스로 찾았다. 쌀은 독에 담아 집 밖에 파묻고, 물건을 놓거나 풀을 덮어 숨겨 놓았다. 그들은 집 주위 의심되는 곳을 발로 쾅쾅 울려 보고 귀신같이 찾아냈다.

그들은 쌀을 파 가고는 '소금이나 주지'하면서 주먹만 한 덩어리 소금 한 개를 주었다. 물물교환이지 약탈이 아니라는 뜻이리라. 덩어리 소금은 중국과 몽고 사이에서 많이 난다.

벼 가마니를 논에 있는 물웅덩이에 넣어두는 주민들도 있었다. 중공군에게서 지키기가 어렵다고 보아서인 것 같다. 물에 넣었던 벼는 얼어서 썩지 않고 그대로 있다고 한다.

어느 날 검은 중학생복을 입은 소년이 왔다. 동두천에 사는 큰이모의 아들이라고 했다. 나보다 한 살 위여서 친구같이 지냈다. 도끼로 장작도 패고 구슬치기도 하면서.

산 너머 마을, 형이 아는 사람 집에 같이 갔다. 그 집 아주머니가 점심을 해주어 먹고 있는데 그녀는 밥상머리에 앉아 바느질을 하면서 "비행기가 와서 폭격하기 때문에 아이들에게 입힐 흰옷을 만든다. 너의 큰형은 어디 있느냐."고 이종 큰형 소식을 물었다.

"국군 소대장으로 있는데 어디 있는지 몰라요."라고 했더니 그녀는 국군을 욕하면서 "어서 통일이 되어 너희 형도 인민군으로 편입되어야 한다."고 했다. 그 소리를 듣고 깜짝 놀랐다. 북한 편을 드는 사람은 처음 봤기 때문이다.

그 집 주인이 외가로 가까운 일가였다. 일제강점기 중학교에 다닐 때 선생이 공산주의자여서 그도 빨갱이가 되었다. 그는 누님인 우리 어머니에게도 '해방(저들은 남한의 점령을 해방시켰다고 했다.)이 되었는데 고향에 가서 살지 왜 여기 와 있느냐'고 했다. '매형이 피란 가서 먹고살 수가 없어서'라고 했더니 '집으로 가라'고 했다는 어머니 말씀이다. 내 주위에 빨갱이는 없었는데 막상 그 집에 와서 진짜 빨갱이를 보니 소름이 쫙 끼쳤다. 빨리 가자고 형을 주인 모르게 꼬집었다.

미군 비행기가 시도 때도 없이 와서 폭격을 해댔다. 자다가도 비행기 소리가 요란하면 집 뒤에 있는 방공호로 뛰어 갔다. 비행기가 오면 무섭고 귀찮으면서도 며칠 안 오면 '국군이 불리한 것은 아닌가?' 하는 생각이 들어 불안하였다. 건너 다 보이는 동두천에 있는 소요산은 항상 불길 속에 싸여 있었다. 적군이 숨지 못하게 비행기에서 숲에 불을 놓아서였다.

고개 너머 마을 외 친척댁에 자주 놀러 갔다. 나보다 몇 살 많은 아저씨들이 있었기 때문이다. 그 아버지가 사랑에서 노끈을 벽에 매달아 놓고 청올치(칡의 속)로 꼬는 것이 재미있었다. 노끈은 굵은 실만 한데 기직을 매거나 물건을 붙잡아 맬 때 주로 사용했다.

거기서 자고 난 어느 날 아침, 이웃 마을에 비행기 폭격이 있었다. 비행기는 네 대가 한 편대로 움직인다. 한 대가 폭격하고 올라가면 다른 비행기가 기수를 땅으로 쑤셔 박고 내려와 간단(間斷)이 없다.

그 집에는 중공군들이 머물렀는데 이웃 마을에 비행기 폭격이 시작되자 그들은 밖에 나가 밭에 엎드려 있다가 비행기가 폭격하고 올라가면 뒤에다 대고 총을 쏘았다. 그 큰 비행기도 작은 총알에 맞으면 떨어지는가 보다. 그들이 아무리 총을 쏘아도 비행기는 맞지 않았고 어디서도 비행기가 총에 맞아 떨어졌다는 소문은 들어보지 못했다.

이 글을 쓰면서 한국전쟁 중 비행기가 얼마나 추락했나 조사해봤더니, 1,986대가 추락했다고 한다. 그중 미군기가 1,834대였고 북한기가 152대였다. 사고에 의한 것이 945대였고, 격추된 것이 976대였다.

전쟁 초기에는 북한군의 탱크를 당할 무기가 국군에게는 없었는데 비행기에 의해서 파괴되었다. 미군기를 당할 무기가 북한군에게는 없었는데 고사포에 의해서 격추되었다. 언젠가는 미군기들이 적진 후방에서 폭격을 하는데 먼저 하강했던 비행기가 올라오지 않아 편대장이 내려가는 척하다 올라왔더니 날개를 맞아 간신히 귀환했다. 벤프리트 유엔군 사령관의 아들이 공군 소령으로 북폭에 참여했다가 돌아오지 못했다. 아들의 전사 소식을 들은 아버지는 먼 북쪽 하늘을 바라보더라는 글을 읽었다. 얼마나 마음이 아팠을까.

고사포는 비행기 근방에서 터지게 되어 있는 특수 포탄이다. 일본군이 2차 대전 때 높이 떠서 날아가는 B-29기를 보고 고사포를 쐈더니 중간에서 터져 껄껄 웃고 말더라는 글을 읽었었다. 일본의 기술이 미국에 훨씬 못 미친다는 증거다. 내 주위에서는 미군기가 격추되는 장면을 보지 못하였는데 그렇게 많이 떨어졌다니 그저 놀라울 뿐이다.

한국전쟁 3년 동안(1950. 6. 25 ~ 1953. 7. 27)에 사용된 무기, 피복, 먹을 것을 전부 미국이 댔다. 미군뿐 아니라 한국에 파견된 16개국의 유엔군, 한국군의 무기도 미국에서 댔다. 돈으로 환산하면 800억 달러라는 글을 읽었던 기억이 난다. 그때 800억 달러면 지금 돈으로 환산하면 얼마나 될까? 인명 피해도 엄청났다. 미군만도 14만여 명이 부상을 당하고 5만여 명이 전사했다. 휴전회담은 당사국인 한국을 무시하고 미국에 의하여 진행됐다. 한국 대통령 이승만은 반대했지만, 돈과 물자를 대 주는 미국의 주장을 꺾지 못했다. 미국의 입장에서 보면 막대한 돈과 인명이 살상되면서도 전쟁은 진전이 없으니 빨리 끝내고 싶었으리라.

요즘 우크라이나에서 벌어지는 러시아와의 싸움도 언제 끝날지 모른다. 러시아군이 수 없이 죽어 간다. 예비군을 소집하려고 하자 그들은 다른 나라로 간다. 명분 없는 싸움에 하나밖에 없는 아까운 생명을 버리고 싶지 않다고 말하는 러시아 젊은이를 보았다.

겨울이 깊어 중공군이 많이 올수록 북한군들은 이제 곧 국방군(그들은 국군을 그렇게 불렀다)을 부산 앞바다로 몰아넣게 되었다고 떠들고 다녔다. 주민들은 저들의 선전이 허풍이라고 믿었지만 그래도 불안하였다.

부녀자들은 모여 앉기만 하면 전쟁 얘기였다. 전쟁의 상황이 어떻게 돌아가는지 알 수 없어 그 궁금증을 점(占)을 쳐서 알려고 했다. 점쟁이의 점이 아니라 종래에 해 오던 민간에서 유행했던 점법이다.

피란 나간 가족의 안위(安危)를 궁금해 하는 사람이 세숫대야에 물을 떠다 방안에 놓고 반지에 실을 매 세숫대야 가운데 고정시키고 있으면, 다른 사람이 주문처럼 그의 안위를 주워섬긴다. 그때 반지가 움직여서 대야의 전을 치면 잘 있다고 믿었다.

달 밝은 밤, 대야에 물을 담고 안마당에 나가 거울을 대야 전에 걸쳐 달을 비추게 하면 거울 속의 달이 태극기 상징인 태극으로 변했다. 태극의 선명도를 보고 국군의 유불리를 판단했다. 인천에서 피란 생활하던 후배 어머니도 그렇게 했다는 것으로 보아서 그 방법이 널리 시행됐던 모양이다.

대야 전에 반지를 때리게 하는 것은 그렇다고 치고, 거울 속에 비친 달이 태극으로 변하는 것을 우리만 보았다면 잘못 보았을 수도 있지만 인천에 사는 후배 어머니도 그렇게 했다는 것으로 보아 잘못 본 것은 아니다. 신묘(神妙)한 일이다.

우리 아버지도 피란 가실 땐 천기(天氣)를 보고 앞일을 아셨다. 한문을 많이 배우셔서인지 구름의 모양을 보고 전세가 유리한지 불리한지를 아셨다는데 꼭꼭 맞아서 주민들도 믿었다고 하셨다. 신문이나 라디오가 없던 농촌, 뉴스가 단절된 속에서 주민들은 궁금한 것을 그런 방법으로 알아보았다.

그 마을에서 저들의 성화에 못 이겨 반장 일을 보던 노인이 있었다. 그 노인은 행동거지가 반듯하여 타동에 와서도 인심을 얻고 살던 사람이었다.

어느 날 노력 동원이 있어 다음날 아침에 나오라고 마을 사람들에게 일렀더니 아무도 안 나왔다. 그는 '나를 잡으려 한다.'고 화를 내면서 동네를 뛰어다녔다.

얼마 후 그가 병이 들어 여러 날 일어나지 못하자 어머니께서 병문안을 가셨다.

"빨리 쾌차하여 일어나시라."고 했더니 반장은 "이만치 죽게 되었는데 또 일어나라고?"하고 벌컥 화를 내더라고 했다.

세상에, 병들어 누운 사람에게 빨리 일어나라고 한 사람에게 화를 낸 병자는 보지도 듣지도 못했다.

그는 하기 싫은 반장 일을 하는 것도 괴로운데 마을 사람들조차 협조해 주지 않아 죽음을 자초했던 것으로 보인다.

마을 사람 중 하나가 저들의 앞에서 작은 외숙이 면장의 동생이라고 얼떨결에 말했다. 저들은 공무원이나 군인은 물론, 가족까지도 가만두지 않아 외숙은 피해 다녀야 했다. 집에서 잠도 못자고 모르는데서 주무셨다. 잠깐 집에 왔다 가는 것도 밤에 했다. 외숙은 군대 갈 나이는 지났지만 붙잡히면 어떤 처벌을 받을는지 몰라서였다.

비상시국에는 평소에 인심을 안 잃은 게 목숨을 보전하는 길이다. 적은 먼 데 있는 것이 아니라 가까운 데 있다. 같은 마을 사람 중 평소에 사이가 좋지 않던 사람이 비상시에 치명상을 준 사례가 많다. 우리 마을에서도 적 치하 때 '저 사람 반동이요.'하면 붙잡아다 죽였고, 국군이 들어와서는 '저 사람 빨갱이요'하면 재판 없이 처형하였다.

비상시에 목숨을 보전하는 길은 무조건 모르는 곳으로 가야 산다. 큰 외숙이 집에 있었으면 화를 당했을 터이나 타동 친척집(용인)에가 있어 중공군 속에 살면서도 목숨을 보존할 수가 있었다.

제3부

아버지 찾아 삼만리

이 단원에서는 유엔군이 양주를 수복했으나 며칠 안 되어 또 중공군이 넘어와 우리는 피란을 나갔다. 미아리 고개를 넘어 신당동을 지나 광나루에서 배를 건너 용인 큰 외숙이 있는 곳을 거쳐 충청도 대전을 지나 흑석리 물안이로 피란 갔다. 거기서 며칠 있다가 아버지 계신 충청북도 옥천을 찾아가 아버지를 만나 산촌 생활을 할 때까지의 기록이다.

죽음의 그림자

비행기들이 밤낮 주위에서 폭격을 하더니 드디어 우리 마을에도 화가 미쳤다. 그날 나는 언덕 너머 마을에서 친구들과 같이 구슬치기를 하고 놀았다. 그때 무스탕기 네 대가 오더니 마을 위에서 하늘을 향하여 솟구쳤다. 비행기가 솟구치는 것은 폭격을 위한 예비 단계다. 무스탕기는 F-51이라는 이름을 가진 프로펠러 단발기인데 크기는 작지만, 고추같이 매웠다.

용산전쟁기념관에 지금도 있는데 '신념의 조인(信念의 鳥人)'이라는 글자가 몸체에 쓰여있는 한국전쟁 때 가장 많이 활동한 기종이다. 2차 대전 때 미 항공모함 함재기는 일본 함재기와 싸워 번번이 승리를 거둬 일본군이 미군의 간사이기(함재기)하면 벌벌 떨었을 정도로 성능 좋은 기종이다.

나는 추녀 밑으로 뛰어 들어가 두근거리는 가슴을 진정시키려는데 옆집에서 '펑'하는 소리가 나더니 뜨거운 기운이 확 끼쳐왔다. 벽 틈으로 보니 초가지붕에 불이 붙었다.

폭탄은 터지면 둘러싸고 있던 쇳조각이 흩어져서 목표물을 파괴하지만, 소이탄은 목표물을 불사르기 위한 탄으로 소리도 크지 않다. 내가 있는 이 집도 무사하다는 보장은 없다. 안전한 곳으로 피하고 싶었지만 나가다가 기관총에 맞아 죽을 것 같아 쩔쩔매고 있었다. 비행기에는 폭탄뿐 아니라 기관포라는 기관총도 달고 다니다 목표물에 '따따따따'하고 갈기면 수십 발이 나가 정확히 맞힌다. 폭탄은 떨어지는 속도가 느리지만 총알은 빨라 피할 수도 없다. 도로 건너편을 보니 마을 사람들이 많이 모여서 비행기를 향하여 흰 수건을 흔들고 있었다. 때는 이때다 싶어 비행기가 폭격하고 올라가는 순간 총알같이 튀어 나가 마을 사람들에 합류했다. '살아도 같이 살고, 죽어도 같이 죽자'는 심정으로.

외가 친척 아주머니는 머리를 반쯤 그슬렸고, 그 시어머니는 눈 위에 털썩 주저앉아 고무신짝을 벗어서 땅을 치면서 대성통곡하였다. 열아홉 살 먹은 작은 아들이 그 폭격을 맞아 죽었다는 것이다. 생떼 같은 아들이 죽었으니 어머니 심정이 오죽하랴!

그 아들은 나에게 아저씨뻘 되는데 평소 너머 동네에 사는 할아버지와 함께 우리 집에 오면 비행기가 무섭다는 우리와 무섭지 않다는 그들과 언쟁이 벌어졌다.

그들은 비행기보다 포(砲)탄이 더 무섭다고 하였다. 포탄은 눈이 없기 때문에 어디에 떨어질지 모르지만, 비행기는 눈이 있기 때문에 눈만 피하면 된다고. 그날도 아저씨는 어머니와 함께 점심을 먹으려는데 비행기가 쇳소리를 내자 비행기가 어디로 머리를 두나 본다고 뒤꼍에 나가 올려다보는 순간 소이탄을 맞고 즉사했다. 가족들은 뛰어나오다 형수는 머리를 그슬렸고 어머니는 아들이 죽는 걸 보고서도 뛰어와서 고무신짝만 두들기는 것이다. 그 폭격으로 집 다섯 채가 불탔다. 작은외숙네집도 타서 큰외숙 옆 빈집으로 왔다.

비행기들이 간 후에 시커먼 옷을 입은 청년 두 사람이 건너편 산에서 내려왔다. 그들은 내무서원들로 한국의 경찰과 같은 임무를 맡은 사람들이다. 우리의 얘기를 들은 그들은 '그놈 참 행복한 놈이다. 우리는 다니다 죽어도 눈 하나 깜박할 사람도 없는데. 놈은 동네 사람이 다 애석해하니.'하였다. 불난 집에 부채질하는 건가, 아니면 신세 한탄인가.

이 사람들이 길을 가다 비행기를 보고 건너편 산으로 올라가는 것을 보고 비행기에선 마을에 중공군이 있는 줄 알고 폭격했을 거라는 추측이다. 하지만 그때 중공군은 우리 마을에 없었다.

비행기가 무섭지 않다던 할아버지가 오셔서 '아직도 비행기가 무섭지 않으냐?'고 여쭈었더니 무섭다고 하셨다. 우리는 의정부에서 폭격을 맞은 경험이 있기 때문에 비행기의 무서움을 잘 안다. 경험해 보지 않은 사람이 비행기의 무서움을 어찌 알랴!

중공군이 와서 자고 가기를 반복하는 중에도 유독 가지 않는 군인이 있었다. 그는 한국말을 우리처럼 잘하였는데 일제강점기 때 서울 한약방에서 일하다 해방 후 본국으로 갔다고 자신을 소개했다. 그는 흰 보자기가 모시여서 우리는 그를 모시치마 중공군이라고 불렀다. 우리 집에 매일 와서 화롯불을 우리와 같이 쬐면서 얘기해 적군 같지 않았다.

나는 국군과 이 사람이 위험에 처해 있으면 누구를 구해 줄까 생각했다. 비록 적이지만 이 사람을 구해 주고 싶었다. 하지만 그가 왜 혼자서 우리 마을에 오래 머물렀는지는 아무도 몰랐다. 특히 우리에게 그렇게 친절하게 접근했는지도.

그는 중공군을 보면 '만나가 초비'라고 하지 말라고 하면서 그 말은 욕이라고 가르쳐 주었다. 아동들은 중공군이 미워서 무슨 뜻인지도 모르고 뒤에다 대고 '만나가 초비'라고 했는데 그들이 듣지 못하게 했지만 그러는 걸 알았는가 보다. 만나가 초비와 또 다른 욕이 있었는데 기억이 안 난다.

동작노인복지관에서 중국어 강사를 만나 '만나가 초비'가 뭐냐고 물어보니 '씨팔놈'이라고 가르쳐 주었다.

그가 오래 머물렀던 것은 겉으로 드러난 것은 없지만 정보를 캐기 위해서였던 것 같다. 북한군은 아이들에게 접근하여 정보를 캐낸 사례가 많다. 아이들은 비밀이 없다. 마음에만 들면 부모가 얘기하지 말라고 한 것까지 말해 준다. 하지만 그때 우리 집 주인인 면장과 가족은 숨어 있는 것이 아니라 피란을 나가서 화를 당하지 않았다. 작은 외숙은 그 무렵 피해 다닌 걸 보면 그를 의식했던가 보다.

밤에 불을 켜지 못하였다. 불빛을 보면 비행기에서 무조건 폭격을 하기 때문이다. 그때 어둠을 밝히는 불은 등잔불이었다. 유리 병이나 사기등잔에 석유를 넣고 뚜껑을 덮은 위에 구멍을 뚫고 심지를 박아 불을 붙이면 '빤'하게 주위를 밝혀 주었다. 어둡기가 한이 없었지만, 그나마도 켜지 못하였다.

담뱃불도 70리 밖 비행기에서까지 보인다고 했다. 부득이하게 불을 켤 일이 있으면 문에 담요를 이중 삼중으로 치고 잠깐 켰다가 껐다.

겨울이어서 5시면 어두웠다. 저녁 먹고 나면 잠이 오건 말건 자리에 누워 자야 했다. 잠은 안 오고 할 일은 없고……. 그래서 그때 태어난 아기들이 많았다. 그들을 베이비 붐 세대라고 한다.

잠 안 오는 자리를 괴롭히는 것은 이(虱)였다. 이는 옷깃이나 이불 솔기에 숨어 있다가 어두우면 슬슬 기어 나와 활동을 시작한다. 사람에게서 피를 빨아 먹기 위해서다. 빈대나 벼룩은 여름에 피를 빨아 먹지만 이는 겨울이 제철이다. 이가 피를 빨아 먹으면 그 증상은 가려움으로 나타난다. 가려우면 긁다가 그래도 못 참겠으면 일어나 옷을 벗어서 팽팽하게 붙잡고 화롯불에 쪼이면 이는 뜨겁다고 삼십육계 줄행랑을 친다. 제가 뛰어야 벼룩이지 어딜 가나. 즉각 붙잡혀서 화형에 처해졌다. 밤은 길고, 잠은 안 오고, 이는 괴롭히고, 죽을 지경이었다.

이는 깨알만한 것에서부터 쌀알만 한 것까지 있는데 몸에 있는 것과 머리에 있는 것이 달랐다. 몸에 있는 것은 회색으로 가슴에 커다란 검은 점이 있다. 그 멍은 얻어맞아서 생겼다는 전설이 있다. 옛날에 사람 먹이를 놓고 벼룩, 빈대, 이가 싸우다가 빈대는 밟혀서 납작하게 되고, 벼룩은 안 맞으려고 높이 뛰고, 이는 맞아서 가슴에 큰 멍이 들었다. 머리에 사는 이는 눈으로 볼 수 없으니까 빗으로 빗어서 잡는다. 빗에는 참빗과 얼개 빗이 있다. 참빗은 대나무를 잘게 쪼개 사이가 촘촘하게 만들었다. 그것으로 빗으면 좁쌀보다도 더 작은 서캐(이의 알)도 딸려 나온다. 얼개 빗은 나무로 만들었는데 사이가 떠서 큰 이가 걸린다. 하지만 옷에 있는 이는 어쩔 수가 없다. 자주 빨거나 삶아서 죽이는 방법밖에 없다.

열악한 생활

그때 외숙댁에는 신미 할아버지라는 외가로 일가 되는 노인 한 분이 와 계셨다. 60을 넘었을까 말까 한 연세였다. 가족이 없었던지, 피란 갔는지는 확인하지 못했다.

할아버지는 밤에 대문 밖 추녀 밑에다 변을 보셨다. 매일 밤 대여섯 무더기씩 누니 더러워서 견딜 수가 없었다. 지금 생각하니 할아버지는 이질(痢疾)에 걸려 있었다. 이질은 변에 곱이나 피가 섞여 나오고, 뒤가 무지근하여 계속 보고 싶어지게 하는 전염병이다.

일본 사람들은 이질을 무서워하였지만 우리는 발뒤꿈치의 때만치도 여기지 않았다. 밥에 비듬나물을 넣고 고추장에 썩썩 비벼 먹으면 낫는다고 믿었다. 나도 이질에 몇 번 걸렸지만 유야무야 나았다.

우리 민족은 고추를 먹지 않는 일본인에 비해 이질을 이기는 힘이 강하다고 알려졌다. 하지만 신미 할아버지는 그 병에서 헤어 나오지 못하고 어느 날 저녁때 저세상으로 가셨다. 노약자에겐 이질이 무서운 병이었던 모양이다.

근래에는 일본인을 닮아서인지 우리도 이질 환자가 발생하면 큰 병인 듯 매스컴에선 떠든다. 고추장을 먹는 우리는 일본인과 다른데 서양의학을 배운 의사들은 그걸 모르는 것일까, 아니면 고추를 먹는 우리도 예외는 아닌지 헷갈린다.

너머 동네에 사는 내 또래의 계집아이가 제 동생을 업고 우리 집에 자주 놀러 와서는 애를 내려놓고 화롯불을 어머니와 같이 쬐었다. 제 친구도 없고 우리 엄마와 나만 있는데도 놀러 와서 화롯불을 쬐는 것이다. 그때 사람들은 볼 일이 없어도 괜히 남의 집을 잘 다녔다. 그걸 경기도에선 '마을 간다.'고 했고, 충청도에선 '마실 간다.'고 했다.

그 애와 우리 어머니가 신미 할아버지 돌아가신 것에 대해서 얘기를 나누었는데 영양부족으로 병을 이기지 못해 돌아가셨다는 결론이었다. 덧붙여 그 애는 '날 풀리면 다 죽는대요.'라는 말을 했다. '사람 죽은 데서 나오는 병균, 불결한 데서 나오는 균들이 겨우내 잠복해 있다가 날이 풀리면 활동하여 영양실조로 몸이 약해진 사람들에게 옮겨 붙어 전염병으로 나타난다.'고 하였다. 일리 있는 얘기다.

재난지역에는 여러 가지 전염병이 뒤따른다. 홍수가 지나간 곳에는 수인성 전염병이 따라오고, 전쟁이 지나간 곳에는 여러 가지 질병이 발생한다. 13세기 유럽에서 흑사병(페스트)이 발생하여 3억의 유럽 인구 중 1억 명이 죽었다. 원인도 몰랐다. 병에 걸리면 4일 만에 피부가 검어지면서 죽어서 흑사병(黑死病)이라는 병명이 주어졌다. 병의 원인을 모르니 치료약도 없었다. 후에 밝혀진 바로는 중국에서 수입하던 물품에 딸려 온 쥐벼룩에서 발생한 전염병이라고 했다.

1차 대전 후에는 스페인 독감이 유행하여 전 세계에서 5,000만 명이 2년 동안에 죽었다. 2020년부터 2023년까지 3년 동안 코로나 독감은 전 세계를 휩쓸어 수백만 명이 죽고 몇십억 명의 환자가 발생했다. 숨 쉬는 게 죄라고 하여 마스크를 썼다. 소독도 하고 치료약도 개발되어 예방 주사를 맞았는데도 걸렸다. 우리 가족 6명 중 5명이 걸렸다. 옛날같이 마스크와 소독약이 없었다면 얼마나 많이 죽었을지 모른다. 이런 일반적인 현상을 확대해석한 것을 어른들에게서 듣고 이 여자애는 얘기한 것이리라

어느 날 한복을 입은 할아버지 한 분이 오셨다. 외가하고 친인척 되는 분이라고 하여 여러 날 묵으셨다. 나는 그 할아버지가 서울서 왔다는 데 관심을 가졌다.

서울! 가장 가보고 싶은 곳이다. 서울에 집이 몇 채나 있느냐고 여쭈어보았더니 수십만 호라고 하였다. '어휴!' 벌어진 입이 다물어지지 않았다. 우리 동네는 겨우 800호밖에 안 되는데.

모교 장단국민학교(그때는 초등학교를 국민학교라고 불렀다)에서는 5학년 때 서울로 소풍을 갔다. 1학년은 도랍산, 2학년은 조랭이, 3학년은 덕물산, 4학년은 개성, 5학년은 서울, 6학년은 인천, 이렇게 소풍 가는 행선지가 학년마다 정해져 있었다. 올해 나는 서울로 소풍을 갈 차례인데 난리가 나서 못 갔다.

서울에는 사람이 1백 50만 명이 살고, 화신상이라는 큰 가게에는 물건 파는 사람이 300명이라고 하였다. 우리 동네 가게에는 한두 명밖에 안 되는데 300명이 물건을 파는 가게는 얼마나 클까? 화신상은 종각 건너편에 있는 7층 건물로 일제강점기 때 박홍식이 건립했다. 지금은 종로타워 건물로 33층, 133m이다.

그 외에 임금님이 살던 궁전, 대통령이 사는 집, 서울에 들어가는 문인 남대문, 멋있는 서울역 건물을 얘기해주셔서 날개를 달고 서울 하늘을 훨훨 날았다. 어렸을 때 그렇게 살고 싶어 했던 서울을 성인

이 되어서 60년을 사니 비록 가진 것은 없지만 얼마나 행복한가. 이렇게 좋은 서울에서 오래 살면서 노년에 글을 쓰고 보내는 것은 하나님께서 돌보아 주심이고, 소년 때 서울 할아버지가 서울을 재미있게 소개해 주셨기 때문이다.

외가에는 집 뒤에 나무 울타리가 있어서 참새가 많았다. 참새는 여름에 나무나 풀숲에 집을 짓고 살지만, 겨울에는 사람 집에 와서 산다. 그때 지붕은 볏짚으로 이엉을 엮어서 두껍게 덮었기 때문에 그 속은 따뜻했던지 추녀 끝에는 구멍이 뻥뻥 뚫렸는데 그게 참새들 집이었다.

청년들은 밤에 사랑방에 모여서 놀다가 출출하면 주막에 가서 막걸리를 주전자에 받아 오고 일부는 참새를 잡으러 간다. 사다리를 놓고 지붕에 올라가 참새를 잡았다. 구멍에 손을 넣으면 보드랍고 따뜻한 털이 손끝에서 움직였다. 끄집어내면 참새였지만, 가끔은 구렁이도 끌려 나왔다는 어른들 말씀이었다. 구렁이는 굼벵이를 잡아먹으려고 지붕으로 올라가 살면서 아울러 참새까지 넘본다. 구렁이는 독이 없다. 한 집에서 사람과 참새와 굼벵이, 구렁이가 함께 살았으니 지금 어린이들이 그 얘기를 들으면 기절초풍할 일이다. 그때 사람들은 구렁이가 '업(행운을 가져다주는 생물)'이라고 여겨 무서워하지도 않았다.

눈이 많이 온 날은 대문 옆 헛간에 커다란 맷방석을 펴 놓고 그 밑에 쌀을 뿌려 놓았다. 한쪽을 부지깽이로 고이고 새끼줄을 묶어 길게 늘여 방안에서 붙잡고 창호지 문에 대고 바른 손바닥만 한 유리로 내다본다.

지루하리만치 내다보고 있으면 참새들은 '눈 덮인 겨울에 이게 웬 떡이냐?'는 듯 제 친구들을 많이 데리고 와서 맛있게 식사를 한다. 방 안의 눈은 가장 많이 들어왔을 때를 기다려 새끼줄을 잽싸게 잡아채고는 뛰어나가 밟는다. 움직임이 멈추었을 때 들추어 보면 참새의 주검이 그득하다. 털을 뜯고 화롯불에 구워 먹으면 아작아작하니 얕은 맛이 있었다. 뼈째 다져서 만두 속에도 넣었는데 참새만두를 최고로 쳤다.

참새가 소 등에 앉아 꽁지를 까불까불하면서 '짹짹, 네 고기 열점이 내 고기 한 점만 하냐?'고 소를 놀리면 소는 히죽 웃으면서 올려다보고 '너는 제사상에 올라가냐, 나는 제 상에 올라 앉는다.'고 응수한다나. 그만큼 참새고기가 맛있다는 비유다.

전문가들은 참새를 새 그물을 쳐서 잡았다. 새 그물은 머리칼같이 가는 실로 만들었는데 엄청 컸다. 너비 20m, 세로 3m는 되는 것 같다. 새가 다니는 길목에 그물을 치고 숲에서 소리 지르고 꽹과리 치면 새들은 떼를 져 도망가다가 그물에 걸린다. 그물에 걸린 모양은 목이 그물에 들어가고 몸뚱이는 대롱대롱 매달린다. 한두 마리가 아니고 수십 마리가 걸리면 동네 아이들도 신나서 참새몰이에 동참한다.

그 외 새총으로도 잡는다. 산탄총인데 참새가 많이 있는 데다 새총을 쏘면 수십 발이 나가 몇 마리는 떨어졌다. 우리들은 고무총으로 잡았다. Y자로 생긴 나무 양쪽 위에 고무줄을 매고 양쪽 고무줄이 만나는 부위에 가죽을 대고 고무줄을 묶었다. 밤톨만한 돌을 가죽에 넣고 새가 있는 곳에 대고 고무줄을 잡아당겼다 놓으면 날아가 맞으면 털이 날리면서 새는 포르르 땅으로 내려앉는다. 잽싸게 뛰어가 잡아야지 조금만 꾸물거리면 날아간다.

우리들도 외가에서 맷방석을 펴 놓고 그렇게 참새를 잡아 만두를 해 먹었다. 만두 속에 넣는 고기는 첫째가 참새고기, 둘째가 꿩고기, 쇠고기와 돼지고기는 서열에서 한참 뒤진다.

성추행과 강간은 여자들만 당할까? 아니다. 남자들도 당한다. 나도 예쁜 여성에게 성폭행당할 뻔했으니 지금 생각하면 엷은 미소가 인다. 요즈음 신문 사회면을 장식하는 사건 중 하나는 여자들이 성추행 당했다는 기사다. 성추행은 무심결에 여자의 가슴이나 엉덩이를 만지거나 스치기만 해도 성추행이라고 주장하면 꼼짝없이 망신을 당하는 세상이다. 70년대 버스에서 내려 초등학교 1학년쯤 되는 여자애에게 말을 걸었었다. 그 애는 말끄러미 바라보더니 '신고할까 부다'고 혼잣말을 하였다. 유괴범이 많을 때여서 부모들은 모르는 사람이 말을 걸면 경찰에 신고하라고 가르친 모양이다. 아파트 경비 아저씨가 엄마 손 붙잡고 온 아기가 귀엽다고 궁둥이를 투덕투덕해줬는데 엄마가 성추행당했다고 경찰에 신고하는 세상이다. 이러한 예로 볼 때 여자들만 성추행이나 성폭행을 당하는 줄 알았는데 소년 시절 내게도 그런 일이 있었다니 재미있다.

전쟁 중에는 부부가 떨어져 살아 젊은 사람일수록 성에 굶주리게 마련이다. 작은 외숙댁에 젊고 예쁜 새댁이 와 있었다. 어느 날 그 여자와 둘이서 방안에 있을 때 내가 무얼 하느라고 무심코 여자 앞에 섰는데 그녀는 내 바지를 양쪽에서 붙잡고 잽싸게 내렸다. 솜바지를 입고 허리띠는 헝겊이어서 바지는 내려졌고, 내의나 팬츠를 입지 않았던 나는 졸지에 귀중한 고추가 그녀 눈앞에 드러나고 말았다. 나는 그녀를 쳐다보고 뭐라고 중얼거리면서 바지를 치켜올렸다. 우리들은 여름이면 사천 내에 가서 빨가벗고 멱을 감았기 때문에 고추 내놓는 것을 부끄러워하지 않았다. 그때도 그렇게 생각했던가 보다. 지금 생각하니 그건 완전한 성추행이다. 아니 성폭행미수라고 해야 한다. '상대방이 어리다고 그래도 되는가!' 생각할수록 괘씸하다. 한편 생각하면 불쌍하기도 하다. 얼마나 남자가 그리웠으면 이성을 알까 말까 할 남자애의 바지를 벗기고 그것을 봤겠나. 그녀는 왜 내가 바지를 추켜올리게 두었을까. 내 고추가 따 먹게 익지 않아서였을까? 아니면 그동안에 본정신이 돌아온 것일까. 바지를 추켜올리면서 그녀의 얼굴이 얼마나 빨개졌는지를 살피지는 못했다. 나는 그때 이성을 몰랐었다.

이튿날부터 그 여자는 보이지 않았다. 그 소문이 마을에 퍼지면 창피해서 다른 데로 간 것인지, 아니면 다른 데로 가기 전날 평소에 하고 싶던 행동을 대담하게 한 것인지는. 나는 입이 무겁다. 아무에게도 그런 얘기를 하지 않았는데.

포로가 된 국군

어느 날 국군 포로가 들것에 실려 우리 집 사랑으로 왔다. 동상을 입어 움직이지 못하는 환자였다. 중공군은 그를 사랑방에 뉘어 놓고 불을 때자 포로는 뜨겁다고 소리소리 질렀다. 몸을 움직이지 못해서였다. 동상 환자는 뜨겁게 해주면 살에 얼음이 박힌다.

설악산 대청대피소장의 말인즉 동상 환자는 몸으로 녹여야지 불로 녹이면 안 된다고 했다. 어느 해 늦가을에 할머니들이 대청봉에 올라왔다 갑자기 눈보라가 휘몰아치자 각자 나무나 바위 사이에 숨어서 안내원은 대피소에 구조를 요청했다. 대청대피소는 군 벙커를 산장으로 사용하여 정상에 있다. 대피소 직원들이 찾아 나섰는데 할머니 한 사람을 찾지 못했다. 이튿날 아침 나무 밑에서 찾았는데 동상에 걸려 수족을 못 썼다. 소장은 옷을 벗고 껴안고 있었다. 해괴하게 보이지만 동상환자는 체온으로 녹여야 한다고 하였다.

당번병이 없을 때 어머니께서 들어가서 동상자와 얘기해 보니 자신은 국군 장교라고 하면서 집이 대구라고 하였다. 중공군에게 포위되어 혼자 산속에서 먹지 못하고 추위에 떨다 일주일 만에 붙잡혔다고 했다. 고향에는 부모, 형제 외에 할아버지까지 계시는 다복한 가정의 장남이라면서 살아 돌아가지 못하는 것을 슬퍼했다.

다음 날 아침 사랑방 문이 활짝 열려 있었다. 새벽에 포로를 들것에 싣고 고개 너머로 옮기다 죽었다는 소문이다. 그의 죽음은 군 당국에도 가족한테도 알려지지 않은 실종자로 처리됐을 것이다. 그의 영령은 부모·형제의 꿈에 수도 없이 나타났겠지.

실종자는 포로로 잡혔을 수도 있고 죽었을 수도 있다. 전사가 확인된 국군의 묘는 서울현충원에 비석으로 태어났고, 실종된 국군의 이름은 분향단 뒤 건물 안 검은 벽 4면에 이름이 빼곡히 새겨져 있다. 현충원에 실종된 국군의 수가 10만여 명이 위패로 새겨져 있고, 묘비는 5만4천여 개가 있다.

군에서는 전쟁 초기 모자라는 국군을 어떻게 충원했을까? 길에서 피란민 중 젊은 남자를 끌고 갔다. 훈련도 일주일 동안 받고 전선에 투입되었다. 겨우 총 쏘는 것만 익히고 싸움터에 보내는 것이다. 그때 육군 훈련소는 제주에 설치했다. 언제 부산까지 내줄지 몰라서였다. 후방이 안정되자 논산에도 훈련소가 생겼다. 제주 훈련소를 제1훈련소, 논산 훈련소를 제2훈련소라는 명칭을 붙였다. 훈련도 기본 4주, 후반기는 4주 더 받았다. 그들은 일선에 배치될 전투 병과다.

전투지역에 처음 투입된 국군의 심정은 어떨까? 벌벌 떤다고 한다. 총알이 뺑뺑 귓전을 스쳐 가고, 포탄은 여기저기서 '펑, 펑' 터져 귀가 먹먹하여 정신을 못 차린다. 설사 적군이 눈에 띈다 해도 총을 쏠 수가 없다. '그들도 사람인데 어떻게 총을 쏜단 말인가.'하는 생각이 든단다. 그러다 옆에 있던 전우가 적탄에 맞아 죽어야 비로소 눈에 불을 켠다는 것이다. 눈에 불을 켜면 인정사정없다. 총을 막 쏘게 되고 사람 세 명만 죽이면 사람 죽이는 것이 파리 죽이는 거나 마찬가지라고 한다. 이 경험담은 전투에 임했던 여러 선배들에게서 들은 말이다. 사람 죽인 사람은 눈빛부터 달라진다고 했다.

68년 삼척·울진에 무장공비 120명이 와서 소란을 피웠다. 그들을 소탕하기 위하여 국군 몇 개 사단이 동원돼도 잡지 못하였다. 국군 특수부대원이 숲속을 수색하다가 국군부대를 내려다보는 무장공비 두 명을 뒤에서 발견하고 한 명을 사살하자 다른 한 명이 돌아보는 것마저 총살시켰다. 그는 중사로 고참병이었다. 그가 방송에 나와서 그때 상황을 얘기했는데 눈빛이 달랐다. 김구 선생을 암살한 안두희를 살해한 민간인이 경찰에 잡혔을 때 행동이 정상적이 아니었다. 사람을 죽인 사람은 눈빛이 달라지고, 눈빛이 달라지면 사람 죽이는 것은 하나도 겁이 안 난다고 했다.

산 위에서 싸우는 국군에겐 급식을 주먹밥으로 해서 보국대원이 지게로 져다 주었다. 주먹밥은 밥에 소금을 넣고 주먹같이 덩어리로 뭉친 밥을 말한다. 산 밑에서 취사병들이 주먹밥을 만들면 노무자들이 지게에 지고 올라가 공급했다. 그때 올라가다 적군에게 노출되어 사살당하는 사람도 많아 싸우는 국군보다 비무장인 그들이 더 위험하다는 말까지 있었다. 주먹밥은 맛이 없지만 이동할 때 식사 방법으로는 최상이다. 그래서 싸우는 국군뿐만 아니라, 피란민들도 만들어 먹었다. 요즘도 그때를 체험하기 위하여 주먹밥을 만들어 먹는 모임도 있다니 뜻있는 행사다.

이스라엘 민족이 유월절을 기념하기 위하여 그날은 무교병을 먹는다. 유월절은 이스라엘민족이 애굽에서 420년 동안 노예로 살다가 하나님의 도우심으로 나온 날로 고난을 맛보기 위하여 무교병이란 발효되지 않은 빵을 먹었다. 우리도 주먹밥 행사를 널리 퍼뜨려 6·25 사변 날은 주먹밥 먹는 날로 정하자는 안도 나왔다.

경기 안양에 수리산(475m)이 있다. 그 산이 경부선과 경인선이 갈라지는 지점에 있어 군사적으로 중요한 지점이다. 중공군이 후퇴할 때 그 산을 빼앗기지 않으려고 안간힘을 썼다. 연합군도 총공격을 하여 치열한 전투가 여러 날 벌어졌다.

그때 한 지역에 중공군이 40여 명쯤 모여 있었는데 포탄이 떨어져 다 죽었다는 기록이다. 추측하건대, 그들은 밥을 먹던 중이 아니었을까. 아는 사람이 국군에 나가 전투를 벌이던 중 밥을 먹으려고 여럿이 둥그렇게 앉아 있는데 포탄이 옆에 떨어져 밥그릇을 들고 정신없이 뛰었다. 무슨 줄이 걸려 손으로 잡고 냅다 뛰었는데 위험지역을 벗어나 붙잡고 있던 줄을 보니 배에서 튀어나온 창자였다. 배가 터져 창자가 쏟아진 것도 모르고 그것을 잡고 뛴 것이다. 그제야 '아이고 배야'하고 쓰러졌다고 했다. 갑자기 당하면 아픈 걸 모른다는 얘기다.

밥 먹을 때는 긴장감을 풀게 된다. 대개는 혼자 먹는 것이 아니라 여럿이 모여서 먹을 가능성이 높다. 국이나 반찬을 공동으로 먹기 위해서이리라. 그때가 위험하다. 적의 눈은 어디서 어떻게 보는지 모르기 때문이다. 중공군의 참사는 우연일 수도 있지만 유엔군 첩자가 보고 후방에 있는 포병에게 연락하여 때린 것일 수도 있다.

수복의 전령사

어느 날 미군 비행기인 '에르나인틴'이라는 정찰기가 높이 떠서 하늘을 뱅뱅 돌았다. 정찰기는 비무장이어서 적진 깊숙이는 못 들어가고 전선 근방에서 적의 동향만 알려 준다. 때문에 정찰기가 왔다는 것은 전선이 멀지 않다는 것을 말해 준다. 마을 사람들은 모이면 수군거리면서 기쁨에 들떴다. 이제 며칠 후면 중공군의 약탈도, 북한군의 우쭐거림도, 비행기의 폭격도, 죽음의 공포에서도 벗어 날 수 있기 때문이다. 무엇보다도 기쁜 것은 피란 갔던 가족들이 들어와 반가운 상봉을 하게 될 것이다. 그렇게 되면 움츠렸던 생활도 활력을 찾을 수 있겠지.

사람에게는 자유가 얼마나 소중한가. 죽음의 공포에서, 체포의 두려움에서, 싫은 것을 강요하는 속박에서 풀려나는 자유, 그 자유의 소중함이. 비행기는 평소보다 더 심하게 폭격을 해댔다. 밤에는 조명탄을 가로등같이 하늘에 여러 개 켜 놓고 했다.

속에서 터져 나오는 이 기쁨! 아 하늘이여! 그 과정이 순탄치만은 않다는 것을 왜 몰랐을까.

그때부터 북한군을 도왔던 민간인들이 몰려오기 시작했다. 북한군은 국군과는 달리 민간인을 준군사조직으로 만들어 정보수집, 테러, 적지 등에 투입하였다.

어느 날 고개 너머 이터마을에 그들이 몰려와서 잤다. 그들 중엔 20대 중반의 얼굴이 하얀 여인이 젖먹이를 업고 있었다.

'저런 여자가 왜 저들 틈에 끼어 있나?'하고 주민들은 의아해했다.

이튿날 대장인 듯한 40대 중반쯤 된 남자가 "여성 동무는 바로 개성으로 가시라요. 나는 다른 데 들렀다 갈테니 께니."하였다.

"그럼 그렇게 하세요. 개성서 뵙겠어요."하는 말은 나긋나긋한 서울 말씨였다. 그녀는 교양도 있어 보였다. 서울에서 대학을 졸업하고 남로당에 들어 공산당원으로 활동하다 남편은 잡혀 죽고 자신은 피해 다녔다는 소문이 있었다.

그 여자는 남편이 국군에게 잡혀 죽어서 원수를 갚기 위해 자진하여 그들 조직에 들어갔다고 한다. 그녀가 생각하기에는 남편이 억울하게 죽었다고 여긴 것 같다. 그래서 남편의 원수를 갚겠다고 가시밭길을 자청했겠지. 그녀는 후에 어떻게 되었을까. 남북의 중간을 가로지르는 선만 긋고 전쟁은 멈추어 남편의 원수는 못 갚게 되었으니.

수복이 멀지 않은 것 같아 모두가 들떠 있던 어느 날 저녁때 마을 반장이 북쪽으로 피란 가라고 하였다. 예기치 않았던 명령에 주민들은 아연실색했다. 북한으로 가는 것은 죽느니만 못하다. 죽지 않기 위하여 피란 다녔고, 여기까지 왔다. 평화스럽던 우리 마을, 살던 집을 버리고, 가족들과 헤어지고, 죽게 한 원수인 북한, 그 북한 땅으로 가라니. 하지만 그건 사치스러운 생각이고 발등에 떨어진 불을 당장 끄지 않으면 안 되었다.

어머니께서 고개 너머 이터로 가자고 하셨다. 그곳은 면(面)이 다르니 그 명령이 내려오지 않았을 수도 있다고 생각하신 것이다. 일찌감치 저녁을 해 먹고 그곳으로 갔으나 거기도 안전치 않아서인지 더 안쪽 산 밑에 있는 윗말 친척집으로 갔다. 그 마을은 큰길에서 멀리 떨어져 있는 산 밑이어서 안전하다고 믿었기 때문이다. 그 집은 남자들은 다 피란 가고 80대 노모와 여자들만 있었다.

그곳에는 피란 가라는 말이 없다고 하여 안심하고 있는데 마당에서 누군가가 부르는 소리가 났다. 외숙이 방문을 열어보니 시커먼 옷을 입은 청년 둘이 서 있었다. 그들은 북한 경찰인 내무서원들이었다.

"지금 국방군(저들은 국군을 그렇게 불렀다)들이 쳐 올라오니 피란을 가야 합니다. 마을 앞에 트럭을 대 놓았으니 빨리 짐 싸 가지고 나오시오."하는 것이 아닌가.

외숙이 말을 더듬으면서 당황하니 "국방군이 오면 당신들을 살려둘 것 같소. 자기들이 나갈 때 따라가지 않았다고 다 죽일 것이오."하고 코를 씰룩이면서 겁을 주었다.

외숙이 말을 제대로 못 하자 그들은 빨리 짐 싸게 하라고 외숙에게 다그쳤다. 그래도 머뭇거리자 그들은 배낭에서 곤봉 같은 방망이 수류탄을 꺼내 들고 "이 새끼, 말 안 들어! 죽고 싶어? 집을 날려 버리겠다."고하면서 눈에 불을 켰다.

그러자 외숙은 우리에게 짐을 싸라고 했다. 사람들이 부산하게 움직이는 사이 외숙은 바람과 같이 사라졌다.

"이 새끼 어디 갔어."

외숙이 안 보이자 그들은 찾았다.

"뒷간(화장실)에 간 게죠."하는 외숙모의 말에 그들은 집 안팎을 찾아다녔다. 저들에게 잡히면 외숙은 죽을 것 같아 멀리멀리 피했기를 간절히 바랐다. 한참 찾다 없으니까 그들은 빨리 짐 싸가지고 마을 앞으로 나오라고 하고는 옆집으로 갔다.

그들이 옆집으로 가자, 우리는 뒷산으로 뛰었다. 날은 곧 어두워졌다. 산에는 소가 나무에 매여 있었다. 놈도 우리를 보고 놀랐던지 벌떡 일어나더니 경계 태세를 취했다.

어머니와 여동생 등 우리 세 식구는 산 너머 우묵한 곳에 어깨를 들이밀고 있었다. 그 산은 100여m의 작은 산이었다. 외숙도, 누님도 왔다 가고. 우리 일행은 다 가까이에 있었던 모양이다.

밤중쯤 되자 반대편 산 밑이 소란스러워지더니 대문을 꽝꽝 두드리는 소리가 들렸다. 그러더니 여자들이 울고불고 야단이 났다. 후퇴하던 저들이 깊은 잠에 빠져 있던 마을 사람들을 데리고 가는 것이다. 우리는 낮에 당하여 피했지만, 저들은 자다가 당하여 꼼짝 못하고 끌려 갈 수밖에 없었다.

우리가 숨어 있는 바로 밑이 길이었던지 말방울 소리가 들리고 노래 부르는 사람, 우는 사람, 떠들썩한 소리가 코앞에서 이어졌다. 감기가 들어 기침을 콜록콜록하던 나는 안절부절못했다. 그들에게 발각되면 우리도 끌려가야 하기 때문이다. 숨어 있던 사람들은 아기가 울면 목을 눌러 죽인다고 한다. 나도 여러 사람과 같이 있었다면 그 경우가 되었을지도 모른다.

밤중이 지나자 어머니가 마을에 내려갔다 오더니 사람들이 부산하게 움직이더라고 하셨다. 새벽에 또 갔다 오시더니 조용하더라고 집에 가자고 하셨다. 집에 오니 다 와 있었다.

내려온 한참 후 우리가 숨어 있던 산에서 따발총 소리가 연거푸 났다. 따발총은 북한군이 가지고 다니던 총기로 여러 발을 연속적으로 쏠 수 있어 붙여진 이름이다.

외숙은 발에 용수철을 단 듯 튀어 나갔다.

'저들이 안 갔으면 어떻게 하나?' 모두들 걱정을 하였다.

먼 훗날 외갓집 큰일에 갔다. 그 산 위에 서서 잠자다가 끌려갔던 사람들이 살던 마을을 보니 길에서 한참 떨어졌다. 길가에 있는 줄 알았는데. 그들은 저 마을 사람들을 동두천까지 데리고 가서 비행기 폭격 때문에 데리고 갈 수 없게 되자 총으로 쏴서 다 죽였다는 후문이다. 죄도 없는 양민을 왜 억지로 끌고 가다 죽였나. 비행기 폭격이 있을 줄을 몰랐다는 말인가. 저기 사는 사람들은 할아버지 대에 그런 끔찍한 비극이 있었다는 말을 들었을까? 끌려갔던 사람은 살아 돌아온 사람이 없었다.

먼동이 트자 총소리와 포 소리가 크게 들리고 방 문고리가 흔들렸다. 전쟁이 가까이 온 모양이다. 우리는 집 뒤에 있는 방공호로 들어갔다. 비는 부슬부슬 내리고 방공호 안은 습기가 차서 더욱 추웠다.

그때 외숙이 굴러떨어지듯이 방공호로 들어오시더니 "대추말에 미군이 들어왔다."고 하고는 춤을 추셨다. 대추말은 외숙네 마을이다.

모두들 기쁨에 들떠 함성을 질렀다.

"지금 이곳은 전쟁터이니 꼼짝하지 말고 있어라, 산에 올라갔다 총에 맞아 부상당한 사람도 있다"는 당부도 했다. 총소리가 계속 들리더니 저녁때는 뜸하였다.

우리는 머리를 숙이고 조심조심 대추말로 왔다. 동네 반장이 '절대

밖에 나가지 말고 집에만 있으라, 산에 올라가면 무조건 사살한다.'고 주의를 주었다. 마을 앞 도로에 지프차가 주저앉아 있었다. 미군 차인데 중공군이 묻어 놓은 지뢰를 밟았기 때문이었다.

이튿날 아침 밖이 떠들썩하여 나가 봤더니 도로에 완전무장한 미군들이 4열 종대를 이루어 지나가고 있었다. 그들은 기관총을 둘이 들고, 어떤 포는 어깨에 메고, 넷이 들고 가는 큰 포도 있었다. 차를 타고 다니는 미군도 최일선 부대는 걸어서 갔던가 보다.

길가에는 마을 사람들이 나와 만세를 불렀다.

'대한민국 만세, 만만세!'

미군들은 철모 밑으로 땀을 뻘뻘 흘리면서도 손을 흔들고 활짝 웃어 주었다.

맑게 갠 아침 하늘, 앞에서는 비행기들이 올라갔다 내려가기를 반복하면서 폭격하고 있었다. 날개가 뒤로 젖혀지고 소리가 큰 처음 보는 비행기였다. 그 전투기는 F-86이라는 새로 나온 기종으로, F-80(호주기, 쌕쌔기)보다 빠르고, 소리도 더 컸다. 간담이 서늘할 정도로 무서웠다. 저 앞에서 누가 당하랴.

이튿날 비행기 소리가 요란하여 마을 뒷동산에 올라갔더니 건너다 보이는 산기슭에 비행기에서 떨어트린 군수품들이 낙하산에 대롱대롱 매달려 내려왔다.

수송기들은 B-29 폭격기 같이 프로펠러가 넷인 큰 것(우리는 B-24라고 불렀다), 프로펠러가 둘인 작은 것, 사다리 같이 몸체가 사각 진 것, 모양도 가지가지다. 미군의 수송 능력은 얼마나 클까. 트럭으로도 모자라 일선에서는 비행기까지 동원하여 군수물자를 날라다 주니.

북한군은 소달구지에 군수물자를 싣고 그것도 낮에는 비행기가 무서워 숨었다 밤에만 움직이는 것을 보아 온 우리로서는 좋은 구경거리였다.

그곳에 가 보았다. 미군들이 아이들의 접근을 막았다. 위험하기도 했지만 도난 맞을 염려가 있어서이리라.

비행기에서 떨어뜨리는 나무 궤짝은 컸다. 미군은 그 떨어지는 사이를 왔다 갔다 하면서 저희들끼리 떠들었다. 상자들이 부딪쳐 깨지는 것을 방지하기 위함인 것 같았다.

비행기들이 가자 미군은 나무 상자를 열어 그 속에 들어 있는 작은 상자를 차로 실어 날랐다. 주로 야전용 식품을 담은 C 레이션 박스들이었다. 아이들이 가까이 가면 미군들은 '까뗌, 케라리'하면서 쫓았다.

이튿날 낙하산이 떨어졌던 미군 부대에 가 보았다. 주위에는 하루 사이에 철조망이 쳐지고, 그 밖에는 버려진 통조림이 무척 많았다. 한 순갈 먹다가 버린 것도 있고, 숫제 따지 않은 것도 많았다. 우리들은 신이 나서 그것들을 집으로 가지고 왔다.

미군들이 따지도 않고 버렸던 통조림들은 보관 유효기간이 지난 것들로 그걸 먹으면 병이 날 수도 있어 버린 것이다. 우리들은 그걸 콧노래를 부르면서 가져와 맛있게 먹었지만, 병도 안 났다.

충청도를 향하여

미군이 보무도 당당하게 밀고 올라간 며칠 후 밤새도록 총소리가 들렸다. 예상대로라면 미군은 멀리 올라갔어야 하는데 총소리가 밤새도록 들리니 무척 궁금했다.

이튿날 마을 사람들이 잘 아는 타동 사람이 와서 하는 말이 '어젯저녁 총소리가 난 것은 미군이 잔적을 소탕하기 위한 것이었으니 걱정하지 말라'고 하였다. 모두들 그 사람의 말을 믿었는데 그날 저녁때 피란 나가라는 명령이 떨어졌다. 이게 어찌 된 일인가. 불과 며칠 전 수복이 되었는데 또 피란을 가라니 도저히 믿어지지 않았다.

하지만 우리는 피란 갈 준비를 하였다. 전에 머뭇거리다 급박할 때 나가다 죽을 고생을 하고 결국은 되돌아온 전철을 밟지 않기 위해서였다. 외숙모는 출산한 직후여서 해산구완해 줄 사람이 없다고 우리 어머니더러 남으라고 마을 할머니들이 권유하였으나 '그러다 애들이 잘못되면 애 아버지 볼 면목이 없다.'고 어머니는 반대했다.

그때 마침 작은누님의 시아버지가 와 계셨다. 수복이 되자 며느리가 있는 곳을 물어물어 오신 것이다. 나와 배추밭에서 싸우던 그 시누이도 잘 있다고 하였다.

작은외숙과 누님네 가족도 우리와 함께 피란길에 올랐다. 외사촌들은 제 엄마와 같이 남았다. 외숙은 소에다 짐을 잔뜩 싣고 떠났다.

마을을 벗어나는 고개에 앉아서 외숙은 일어날 줄을 몰랐다. 세 딸과 부인, 핏덩이 아들을 두고 떠나는 가장의 마음은 편치 않았겠지. 어머니는 출산한 동생의 댁을 두고 가는 마음이어서 역시 침울해하셨다.

며칠 전 우리 앞을 지나갔던 미군 최일선 전투부대는 4km쯤 떨어진 감악산 설마치 골짜기로 들어갔다. 그 산 너머 적성에는 중공군 1개 사단이 포진하고 있다가 미군이 골짜기로 들어 온 것을 확인하고는 뒤로 가서 막았다. 그 골짜기는 양쪽 산이 절벽으로 되어 있어서 앞과 뒤를 막으면 탈출구가 없는 험지다.

설마치는 당(唐)나라 장수 설인귀의 고향이어서 그가 말 달리던 고개, 즉 설마치(薛馬峙)라고 부르던 곳이다. 설인귀는 장수의 기질이 있었으나 천민이어서 출세를 할 수 없게 되자 당나라로 건너가서 장수가 되었다. 고구려를 멸망시킨 후 평양도독부 도독에 올랐을 때 고향인 이곳으로 금의환향해 전공(戰功)을 담은 비석을 세웠다. 그 비석이 '뒷뜰대왕비'다. 언젠가 감악산 정상으로 옮겨졌는데 글자가 오랜 세월에 마모되어 구전으로만 전해 올 따름이다.

미군은 여기서 3일 동안 중공군과 싸웠다. 그들은 미군이 아니라 영국군이었다. 미군의 주력은 감악산 남쪽 황방리에 있으면서 지원할 수 없으니 스스로 뚫고 나오든지 항복하라고 최후통첩했다는 걸로 보아서.

그들은 항복하지 않고 옥쇄(玉碎)의 길을 택했으니 독한 사람들이다. 흔히 일본군을 독종이라고 하고 미군을 물컹이라고 하는데 그렇지만도 않은가 보다. 미군은 영국에서 건너간 영국인과 같은 앵글로색슨족이기 때문이다.

유럽에선 독일 계통인 게르만 민족을 독종이라고 한다. 하지만 중세 이후 유럽의 주도권을 영국이 잡은 것은 앵글로색슨족도 게르만족 못지않은 독한 기질이 있어서가 아닐까. 영국군은 설마치 골짜기에서 대대급인 800여 명 중 30여 명이 탈출하고 그 나머지는 죽거나 포로가 되었다. 그 골짜기에서 철모가 한 트럭이 나왔다는 소문도 있었다.

휴전 후 영국군의 전적을 기리는 비(碑)와 공원이 그 골짜기에 세워졌다. 절벽 무덤이 있는데 굴에 시체들을 넣고 막아서 그런 이름이 붙었다. 그때 생환됐던 영국군들은 매년 찾아와 전우들의 영전에 헌화하면서 영령을 위로해 준다. 대처 영국 수상이 1988년 우리나라에 왔을 때 우리 대통령을 예방하기 전 영국군 전적지인 이곳에 먼저 왔었다. 영국인들이 영국군 전적비를 얼마나 중요시하는가를 거기서도 알 수 있다.

몇 년 전 생환되었던 전우 한 사람이 죽었는데 그의 유언이 자신의 유골을 생애 중 가장 기억에 남는 설마치 골짜기에 뿌려 달라고 해서 전우들이 와서 그 유언을 실현하는 장면이 신문에 게재되었다.

영국군이 감악산 설마치 골짜기에서 중공군을 3일간 붙들고 있으므로 해서 유엔군은 시간을 벌어 서울 미아리를 중심으로 반원을 그리는 방어진을 칠 수 있었다.

벤프리트 유엔군 사령관은 서울을 저들에게 내주지 않기로 마음먹었다. 그가 서울을 지키고자 결심한 것은 한강 철교 위에서 강을 건너는 피란민들을 보고서였다. 미처 덜 얼은 한강, 눈이 살짝 덮인 한강을 건너다 짐을 잔뜩 실은 소가 물에 빠져도 그 옆으로 길을 내 개미떼 같이 열을 지어 건너는 것을 내려다보고 본국 국민을 생각했다. 조그마한 일에도 열을 올리며 대드는 사람들, 고생을 모르는 자국국민들에 비하여 자유를 찾아오느라 모진 고생을 감수하는 한국인들이 숭고해 보였다. 그들을 더 내몰리게 할 수는 없다고 굳게굳게 맹서했다.

중공군이 미아리로 파도와 같이 몰려들자, 진지를 구축하고 있던 유엔군은 포격으로 화망(火網)을 쳐 응수했다. 중공군은 그 화망을 뚫지 못했다. 그 싸움에서 유엔군은 대포알 9만 발을 쐈으며 중공군은 서중부전선에서 7~10만여 명의 사상자를 냈다는 기록이 있다.

인해전술로도 미아리 전선을 뚫지 못하자 중공군은 행주나루 쪽에서 대규모 도강을 시도하여 물이 안 보일 정도로 덮고 건넜다. 그러자 미군비행기도 하늘이 안 보일 정도로 새카맣게 떠 와서 폭탄을 소나기 같이 퍼부어 전부 물고기의 밥을 만들었다. 도강하던 중공군 6천 명이 다 죽었다. 그래서 서울을 중공군에게 빼앗기지 않았다니 설마치 골짜기에서 영국군 800여 명의 옥쇄는 참으로 값진 것이다. 그 후퇴를 전사에서는 '중공군의 춘계대공세'라고 한다.

어느 마을에서 하룻저녁 자고 고개를 넘으니 집이 많았다. 그 고개가 미아리고개였다.

미아리 눈물고개 임이 떠난 이별 고개
화약연기 앞을 가려 눈 못 뜨고 헤매일 때

당신은 철삿줄로 두 손 꽁꽁 묶인 채로
뒤돌아보고 또 돌아보고, 맨발로 절며절며
끌려가신 이 고개여 한 많은 미아리 고개

라는 노래를 탄생시켰던 금사향이 부른 '단장의 미아리 고개'였다

6·25 때 북한으로 납치되어 간 사람이 많았는데 그 장면을 아내의 입장에서 가사로 만들어 가락에 실은 노래다.

서울의 집은 다 부서지고, 전깃줄도 끊겨 수양버들 같이 축 늘어져 바람에 흔들리는 것은 더욱 을씨년스러웠다. 그리웠던 서울, 얼마나 오고 싶었던 서울이었던가. 서울은 이렇게 처참한 몰골로 첫 대면을 하였다. 도로 가운데 기찻길이 있다. 우리 동네 기찻길같이 철로 밑에 자갈도 없다. 나중에 안 일이지만 그것은 기찻길이 아니라 전차길이었다. 전차는 큰길 가운데로 자갈도 깔지 않고 다녔다.

55년도 서울에 올라와 전차를 타 보았다. 정류장에 서면 남자 차장이 문을 드르륵 열면서 '여기는 OO역입니다.'하고 안내해주었다. 전차는 인력거가 다닐 때 도입한 교통수단이어서 편리했지만, 자동차가 많아지자 길 가운데로 기우뚱기우뚱하면서 느릿느릿 달려서 교통에 방해가 되었다. 그래서 67년도에 퇴출되었다. 그러자 전차가 앞을 막아 달리지 못하여 답답하던 차들이 쌩쌩 달렸다.

전차가 퇴출된 것을 아쉬워하는 노래가 '마포 종점'으로 은방울 자매가 불렀다. 그 노래가 나오게 된 동기가 애달프다. 마포 종점 앞에

연예인들이 많이 오는 술집이 있었다. 전차가 운행을 멈추었을 때 밤마다 마포 종점에 와서 전차를 붙잡고 우는 여자가 있었다. 연예인이 술 마시다 나와서 그 장면을 보고 주인에게 그 여자에 대해서 물으니 그녀의 애인이 미국에 유학 가서 교통사고로 죽어서 그와 전차 타고 다니면서 연애할 때를 그리워하면서 운다고 했다. 그 얘기를 듣고 만든 노래가 마포 종점으로 정두수 씨가 가사를 썼다.

밤 깊은 마포 종점 갈 곳 없는 밤 전차
비에 젖어 너도 섰고 갈 곳 없는 나도 섰다
강 건너 영등포엔 불빛만 아련한데
돌아오지 않는 사람 기다린들 무엇하나
첫사랑 떠나간 종점 마포는 서글퍼라

녹 슬은 전차길을 밟고 시가지를 지나니 넓은 들이 나왔다. 거기가 왕십리 벌이라고 했다. 신당동을 지나서는 전부 벌판이었다. 미아리 너머에도 집이 없었던 것을 생각하니 그때 서울은 참 작았다.

우리 앞에 특무상사 계급장을 단 군인이 부인과 함께 무거운 트렁크를 들고 갔다. 어머니는 그 트렁크를 우리 소에 싣게 했다. 강을 건너기가 힘들면 그의 도움을 받을까 해서였다. 6·25 날 임진강을 건너다 하도 고생을 많이 해서 한강에서도 못 건너면 어떻게 하나 하는 걱정이 앞섰기 때문이다.

얼마 안 가서 소가 우뚝 서더니 제자리에서 미친 듯이 맴을 돌았다. 그 바람에 등에 실었던 짐들이 막 흩어져 떨어졌다. 짐이 다 떨어지자 소는 시내로 뛰는 것이 아닌가. 외삼촌과 사돈어른이 쫓아가서 얼마 만에 소를 끌고 왔다. 길바닥에 흩어진 짐을 소에 다시 싣고 가는데 몇 발짝 가더니 소는 또 우뚝 서서 전과 같이 세차게 맴을 돌아 짐을 다 내려뜨리고는 또 시내 쪽으로 달렸다. 외숙과 사장어른이 쫓아갔으나 꼬리를 하늘로 뻗치고 씩씩거리면서 뛰는 놈을 어쩌지 못했다. 다른 사람이 줄을 붙들어 주어 끌고 왔다. 여자들 사이에서 '그 트렁크에서 달그락거리는 소리가 났어, 소가 그걸 무서워하는 모양이야.'하고 수군거리는 소리가 났다. 아직까지 아무 말썽도 부리지 않고 잘 오던 소가 두 번씩이나 난동을 부린 것은 분명 그 트렁크와 관계가 있다. 그 군인은 미안했던지 트렁크를 가지고 갔다. 등허리에서 들리는 '딸그락'거리는 소리가 소는 저를 죽이려는 것으로 알았던 모양이다. 소는 덩치가 큰 놈이 무서움은 되게 탄다.

우리는 한강나루에 당도했다. 그곳이 광나루라고 했다. 다행히 사람이 많지 않아 어렵지 않게 강을 건넜다. 소는 뗏목 배에 태웠는데 그 사이로 물이 출렁거리자 놈은 무서워서 벌벌 떨면서 꼼짝을 못했다. 소가 겁쟁이라는 것을 그때 처음 알았다.

광나루를 건너자 얼마 안 가서 날이 저물었다. 길가 어느 농촌에서 좀 자고 가자고 했더니 거절하였다. 어찌어찌하여 어느 집 헛간을 얻어 거기서 자게 되었다. 부엌은 안 빌려주어 밖에서 돌 세 개를 궤 놓고 냄비에 밥을 해 먹었다. 된장을 좀 얻으러 어머니께서 마을에 갔다 오시더니 주는 집이 없다고 이 고장 인심이 고약하다고 했다.

그때 피란민들은 돈을 가지고 다니는 사람은 거의 없었다. 돈이 없기도 했지만, 서로가 이해해 주어서였다. 강을 건널 때도 공짜, 잠을 잘 때도 공짜였다. 하지만 후방으로 갈수록 그게 아니었다. 광주만 해도 한강 이북과는 인심이 판이하게 달랐다.

이튿날 큰 외숙이 피란 생활을 하시는 용인군 묘현면으로 갔다. 밖에서 장작을 패시던 외할아버지는 말없이 다가서 손을 잡은 어머니를 보고 입만 벌리셨다. 그 속에는 놀라움과 반가움이 포함되어 있었다. 작은 외숙은 형님네 소를 어려움 속에서도 무사히 끌고 왔으니 얼마나 가슴 뿌듯하셨을까.

그곳에는 중공군이 20여 일 있었다고 하니 3개월을 넘게 있었던 양주와는 엄청나게 차이가 났다. 1·4후퇴 때 우리보다 한발 먼저 서울에 당도한 중공군은 오산까지 밖에 전진하지 못했다. 중부전선에서도 원주에서 멈추었다. 유엔군의 대대적인 반격일 수도 있지만, 보급이 더 큰 어려움일 수도 있다. 비행기의 폭격으로 다리는 모조리 끊어지고, 비행기가 무서워 밤에만 무거운 군수물자를 사람이나 가축으로 날랐으니. 북한에서 멀어질수록, 보급로가 길어질수록 어려움이 많았겠지만, 그들도 미군 같이 남의 나라에 와서 싸워 주어 최선을 다하지 않았으리라.

중공 정부는 휴전 후에 참전 대가로 북한에게 백두산을 내놓으라고 했다. 북한에선 어려운 문제가 있어 일부를 가져가라고 했더니 전부 가져갔다. 뒤늦게 북한의 항의로 백두산의 3분지 1을 가져간 것이 지금의 백두산 천지가 경계다. 사변 전에는 백두산 전체가 북한 소유였다. 만약 앞으로 전쟁이 나서 중국이 개입하면 종전 후 뭐를 내놓으라고 할까. 미국도 땅은 안 뺏어 갔지만 값비싼 무기를 사라하고 다른 나라에서 싸우면 한미방위조약에 의해서 미국의 요청이 있을 때는 우리 군대를 파견해야 한다. 그래야 북한이나 중국이 우리를 침범하면 미국이 싸워 준다. 세상에 공짜는 없다.

용인에서 하룻저녁 자고 우리는 누님네와 함께 먼 남쪽지방에 계시는 아버지를 찾아 떠났다. 충청도 옥천이 어디 붙어 있는지도 모르고. 어디 쯤 가다 쌍갈래 길이 있어 주민에게 대전을 어느 쪽으로 가느냐고 물었더니 우측으로 가라고 하면서 '하여간, 욕들 많이 보슈.' 했다. 그 말이 욕을 하는 것 같지는 않았지만 '욕'이라는 말이 귀에 거슬렸다. '수고 한다'는 말이라는 것을 얼마 후에야 알았다. 경기도와 충청도 접경지역이어서 그랬던 것 같다.

충청도는 경기도와 다른 말이 많았다. '금매', '올레', '도장', '정지', 등. 금매는 글쎄, 올레는 놀라움의 표시, 도장은 광(곳간), 정지는 부엌을 이르는 말이다.

어느 날은 기찻길을 오래 걸었다. 저녁때 어느 역에서 피란민들이 화물차를 타고 있어 우리도 어렵게 탔더니 사람이 많아서 키 작은 나는 숨쉬기조차 힘들었다. 그렇게나마도 얼마 못 가서 내리지 않으면 안 되었다. 내려서 보니 우리가 탔던 기관차나 화물차 지붕에까지 사람들이 새카맣게 올라가 있었다. 70리나 기차를 타고 갔다.

어찌어찌하여 주민에게서 간장을 한 종지 얻어 들고 가다 어머니가 넘어져 쏟아져서 무척 아까워하였다. 그날 밤은 어느 방앗간에서 잤다. 사람들이 꽉 차 앉아서 밤을 새우다시피 했다.

어디쯤 가니 강이 있는데 건너려면 뱃삯을 내라고 하였다. 그 강이 금강이었는데 돈을 내라는 곳은 처음이었다. 사돈어른이 사정사정하여 배를 타고 양주에서 출발한 지 일주일 만에 대전에 도착하였다.

대전시내도 집이 형편없이 부서졌고, 파괴된 북한군 탱크(전차)가 길 가운데 있었다. 그것이 국군을 공포에 몰아넣었던 북한군의 T-34 전차라고 한다. 앞은 두꺼운 쇠였고 뒷부분은 얇았다. 그 전차가 미 24사단장 딘 소장이 부순 것인 줄을 얼마 후에야 알았다.

누님댁과 가까운 일가(누님 시할아버지와 4촌으로 양자 갔음)가 사는 호남선 대전에서 두 정거장인 흑석리역 건너 '물안'이라는 마을로 갔다. 거기에는 누님의 시할아버지와 시어머니, 시삼촌도 와계셨다. 거기에 우리 여섯 식구까지 갔으니 그 집에선 얼마나 놀랐을까.

이튿날부터 우리는 산에 가서 나물을 뜯어야 했다. 먹을 것이 귀한 시절 객식구가 떼거리로 몰려갔으니 주인도 그렇겠지만 우리도 미안해서였다. 바늘방석에 앉은 3일째 되던 날 그 집 할아버지가 사돈어른을 통하여 우리보고 나가라고 했다.

어머니는 다음 날 새벽 충청북도 옥천에 계신 아버지를 찾아가셨다. 옥천은 거기서 편도 60리 길이라고 했다. 아버지께서 그곳에 그냥 계셔야 하는데 오래된 편지 겉봉 한 장 달랑 들고 가시는 어머니는 말 할 것도 없고, 그 소식을 기다리는 우리도 불안하기는 마찬가지였다.

아버지를 못 만나면 당장 이 집에서 나가야 하는데 거처할 집도 없다. 일가친척 없는 천 리 타향, 피란민이 들끓는 세상에서 무얼 해서 먹고 살아간단 말인가.

이튿날 저녁 여동생과 같이 마을에서 나와 도로에서 어머니를 기다렸다.

어둠 속에서 어머니가 오셨다.

"어머니!"

"오냐."

대답 소리에 힘이 있었다.

"아버지께서 거기 계셔요?"

"그래, 계시더라."

"와!"

우리 세 모자는 한 덩어리가 되어 얼싸안고 울었다.

아버지는 머지않아 국군이 또 밀리고 그때 가족들이 올 줄 알았다고 하시더란다. 선견지명이 있으신 아버지를 우리는 무심하다고 그동안 원망만 한 것이다.

우리는 기운차게 그 집으로 들어갔다.

아버지 찾아 삼만리

이튿날 일찍 우리는 아버지에게 가려고 출발했다. 작별 인사하는 우리에게 누님의 시할아버지는 눈물을 흘리셨다. 80 연세에 500리 길을 걸어와서, 고생하고 있으니 얼마나 서글프셨을까. 누님의 시어머니도 역시 몸이 약하셨다. 두 분 사돈어른은 우리가 떠난 지 며칠 안 되어 돌아가셨다고 한다.

대전에 나와 시내를 통과하니 성한 집이 없다. 여기서 전쟁 초기에 미 24사단 본부가 금강을 교두보로 삼고 방어했다. 앞이 단단하다고 느낀 북한군은 금강 하류 공주 쪽에서 강을 건너 옆에서 올라와 미군은 깜짝 놀랐다. 정신을 차리기도 전에 북한군 탱크가 벌써 대전 시내에 들어왔다. 사단장 딘 소장은 손수 로켓포를 쏴서 탱크를 파괴했다. 부서진 탱크가 길가에 그대로 있었다. 딘 소장이 정신을 차리기도 전에 북한군은 대전 뒤인 세천에서 대전을 향하여 올라와 3면이 북한군 수중에 들어갔다. 북한군은 적 후방으로 침투하여 뒤에서 공격하는 것이 작전의 하나였다. 그들은 민간 복장을 하고 적 후방으로 들어가 작전을 수행했다. 그래서 미군은 피란민을 뒤에 보내지 않았다. 딘 소장은 금산 쪽으로 가다 길이 막혀 산속에 있다 북한군에게 잡혀 53년 포로 교환 때 돌아왔다.

대전이 다 부서진 것은 전쟁 초기 B-29기가 서대전 상공에 높이 떠

▲ 아버지 조용성 선생과 어머니 백란영 여사의 회혼 기념사진

서 파리똥 같은 까만 것을 수없이 떨어뜨렸다. 그것들이 느릿느릿 사선을 그으면서 내려오더니 대전역에 와서 정확히 터져 역사는 물론 철로까지 날아가 1km 떨어진 산에 엿가락 같이 휘어졌으니 폭탄의 힘이 얼마나 센가를 알 수 있다. 그 현장을 본 대전 친구에게서 들은 말이다.

대전 시내를 지나 한참 가다 어느 산을 타고 올라갔다. 산 너머는 또 산이고 쌍갈래 길이 있는데 나무꾼에게 옥천 가는 길을 물었더니 우측 길로 가라고 하였다. 거기로 가는 사람은 우리 세 사람뿐이었다. 해는 서산마루에 걸리고 갈 길은 멀어 불안했다. 한참 가던 어머니께서 길을 잘못 들었다면서 길도 없는 좌측 산등성이를 오르셨다. 능선에 오르자 너머 골짜기에 짐을 지고 가는 남자가 있어 내가 크게 소리 지르면서 뛰어 내려갔더니 그 사람이 섰다. 군서면 마구실을 어디로 가느냐고 물었더니 그는 산 사람인 줄 알고 놀랐다고 했다. 산 사람은 공비를 일컬음이다. 그 무렵 산에 숨어 있던 북한 공비들의 출몰이 많았던가 보다.

그 사람은 아버지 계신 근방에 사는 분으로 아버지를 '조 대목'이라고 부른다면서 오동리 도램말에 있다고 그 길을 알려 주었다. 산을 넘자 날은 이미 어두웠다. 지그재그로 난 산길을 내려오다 보니 산 짐승의 우는 소리가 가까운 데서 들렸다. 어머니는 늑대 소리라고 하셨다. 우리는 조심조심 산을 무사히 내려왔다.

산 밑 마을을 지나자 '저곳에 아버지가 계시다.'하고 가리키는 어머니의 손끝에 반짝이는 불빛이 보였다. '아버지 찾아 삼만리.' 그 어려운 과정을 이렇게 표현하고 싶다. 불빛을 보고 길도 없는 풀을 헤치고 급히 가다 낭떠러지에서 굴러 도랑물에 빠졌어도 차갑지가 않았다. 그 건너에 마을이 나왔다. 마을 위쪽 어느 집으로 들어가니 그 집 식구들이 '조 대목 가족이 왔다.'고 떠들썩했다. 마을 사람들이 모여 들고 누군가가 '빨리 조 대목한테 연락해.'하는 소리가 들렸다.

잠시 후 밖에서 '조 대목 온다.'고 하는 소리가 들렸다.

"아버지."하고 소리치면서 방문을 열었더니 "어."하는 귀에 익고 익은, 그립고 그리웠던 아버지의 목소리가 들렸다. 뒤이어 나타나신 하얀 한복을 입으신 고결한 자태의 아버지. 수복 후 고향에서 친구들이 아버지 손잡고 활짝 웃으면서 가는 장면을 보고 얼마나 부러워했던가. 어머니가 장사하시면서 받아 온 곡식 자루를 지고 50리 길을 소낙비를 맞아서 천근만근 나가는 자루를 지고 오다 이웃집 아저씨가 자전거에 실어다 주셨을 때, 그 집에 가서 저녁을 먹으면서 그 집 아주머니와 아이들이 편안하게 집에 있는 것을 보았을 때 얼마나 아버지를 그리워했던가. 그날 밤 꿈에 임진강에 빠진 나를 아버지가 손을 잡고 건져 주셨다. 꿈을 깬 후 아버지가 잡아 주셨던 손을 만져 보니 따뜻했다. 옆에서 주무시는 어머니가 들을까 봐 숨죽여 울었다. 그렇게 그리던 아버지가 내 앞에 서 계신 것이다. 아버지 손을 붙잡고 한없이 울었다.

그 집에서 별채 윗방을 주어 우리는 거기서 살기로 하였다. 밥솥은 누가 헌 무쇠솥을 주었고, 찬장은 없어서 나무 사과 궤짝을 옆으로 놓고 사발 몇 개와 탕기, 종지를 얹어 놓고, 숟갈 통은 미군부대에서 나온 빈 통조림통으로 대신했다.

보따리에 싼 옷들은 벽에 못을 박아 걸고, 이불은 가지고 다니던 것을 덮었다. 그것으로 우리 네 식구는 살림 준비 끝이었다.

부모님은 신혼부부가 아닌데도 신혼살림을 시작한 기분이셨을 것이다. 그 이듬해인 52년에 막내 여동생이 태어났으니 우리 나이로 43세의 어머니로서는 노산이었다. 1년여 동안 떨어졌다 만나 부모님은 신혼 기분이었던 모양이다.

한방에서 여럿이 살았는데……. 그때 사람들은 참 기술도 좋았다.

도램말

아버지는 연장궤만 지고 밥을 해 먹을 냄비나 쌀은 없어 순전히 얻어 잡수면서 오셨다. 대전까지 와서 금산 쪽으로 가다 어느 산골 마을에서 머무르려고 살펴보니 하늘에 살기(殺氣)가 있었다. 구름의 모양이 기둥 같은 것이 여러 개가 남쪽으로 향하거나 북쪽으로 머리를 둔 것을 보고 전쟁의 상황을 판단했다고 하셨다. 한문 공부를 많이 해서 천기를 볼 줄 아셨던가 보다. 욕심이 없고 바른 마음을 가져야 정확히 판단한다. 그곳이 피란 고장이 아니라고 보고 앞 산을 넘다 보니 조금 전 쉬던 마을을 비행기가 폭격하였다.

거기가 미 24사단장 딘 소장이 포로로 잡혔던 낭월이란 곳이다. 그 산 너머 아늑한 마을을 찾아 드신 곳이 여기였다. 행정구역상으로는 충청북도 옥천군 군서면 오동리 도램말이다. 깊은 산골짜기에 숨은 마을이다. 후에도 천기를 보고 전쟁의 상황을 말씀하셨는데 라디오에서 전하는 뉴스와 같아 주위에서 존경을 받았다.

아버지는 이 마을에 와서 마을 뒤에 있는 빈 담배 창고에서 사셨다. 그 고장에는 담배 농사를 많이 지었다. 담배의 잎은 손바닥같이 넓은데 그걸 따다 새끼줄에 엮어 창고에 촘촘하게 걸어놓고 불을 때서 말리는 천장이 높은 창고였다. 담뱃잎을 건조할 때 이외에는 비어

▲ 도램말 친구들

있어 거기를 거처로 정하고 마을 사람들이 들일을 하는 데 가서 일을 시켜달라고 해도 곁을 안 주고 모두가 돌려세웠다. 끼니때가 되면 마을에 다니면서 밥을 얻어 잡수셨다. 주민들은 이 빠진 사발에다 밥 한 숟갈에 국 국물을 찔끔 끼얹어 대문 밖에 내다 주었다. 거지 취급받는 아버지의 심정은 어떠셨을까.

어느 집에서 사립문(나뭇가지로 엮어 만든 문) 밖에다 다리 한 개 없는 개다리 소반에 밥을 내주었다. 그걸 고쳐 주었더니 마을 사람들이 고장 난 상, 부서진 가구들을 가지고 왔다. 그렇게 해서 아버지는 이 마을에서 뿌리내릴 수 있었다. 마을 사람들은 아버지를 보고 얼굴은 하얀 사람이 와서 마을을 배회하여 간첩인 줄 알았다고 하더란다.

수복 후 그 마을에서 악질로 굴던 빨갱이를 어떻게 처리할지를 경찰에서는 마을 사람들의 결정에 따르겠다고 위임했다. 그 회의에 아버지도 참석하셨다. 거기서 찬반양론이 팽팽하게 맞서자 면 의원으로 있던 좌장 격의 사람이 아버지의 의견을 물었다. '원수는 원수를 낳고, 용서는 화합을 낳는다.'는 말로 용서해 주라는 의견을 제시했더니 모두들 그 말이 옳다고 따랐다. 그 마을에서는 아버지 때문에 피를 보지 않았다고 한다. 아버지의 호가 융화(融和)다. 다른 말로 하면 화합으로 평생 원수가 없이 사셨다.

우리가 살기로 한 동네는 10여 호의 작은 마을로 도램말이라고 했다. 지도상에는 환촌(還村)이다. 마을 앞에 도랑이 있어서 거기서 김치거리 씻고 빨래했다. 뒷산에서 내려오는 맑은 물이다. 빨래터는 사람이 없을 때는 손가락만 한 송사리들이 떼 지어 다니고 가재가 겁도 없이 낮에도 나왔다. 우물은 마을 뒤 논 옆에 굴이 있는데 그 물을 쪽박으로 물동이에 퍼 담아서 이고 왔다. 건너 동네가 무중굴, 윗동네가 점말이다. 오동리 골짜기 3개 마을에 50여 호가 있었다.

이 고장은 동네 이름이 전쟁과 관련된 것이 많다. 건너 동네가 무중굴(武中屈)인 것도 무기와 관계가 있고, 너머 동네가 군전리(軍戰里)로 역시 전쟁과 연관이 있다. 삼국시대 때 백제와 신라의 경계선으로 오동리 뒷산인 식장산에 백제가 성을 쌓았고 건너편 용봉에는 신라가 성을 쌓았다. 오동리는 양국 사이 밖에 있던 마을이다.

옥천읍은 5㎞ 정도 되었는데 그 사이엔 집이 없는 무인지경이다. 중간에 말무덤고개가 있다. 마을 뒷산은 식장산(597m)으로 ㄷ자의 능선인데 위쪽이 대전 쪽이고 밑쪽이 우리 마을 뒤 능선으로 독수리봉, 만월봉, 할애비·할매봉이 있다. 그때 마을 사람들은 대전을 식장산 너머로 걸어 다녔다. 왕복 60리라고 한다.

『정감록』에 보면 전국의 피란 고장이 10곳이 있는데 이를 십승

▲ 도램말 처녀들

지(十勝地)라고 했다. 그 중 한 곳이 지리산 청학동으로 깊은 산골에 있는 마을이다. 요즘 TV 조선에서 실시하는 미스트롯에서 미에 당선된 가수 김다현 양의 고향이 여기다. 아버지는 오동리 도램말을 피란 고장으로 보신 것이다.

아버지께서 주인집으로 정하고 계셨던 집은 마을 사람들이 '화자네'라고 부르던 집이었다. 화자는 어린 손녀딸이다. 그 할아버지께서 아버지를 잘 보셨던지 자신의 방에서 같이 사셨다. 식사도 둘이 겸상을 해서 하여 남으로 여기지 않았다고 한다. 그분은 경상북도에서 젊어서 이곳으로 와서 자리 잡은 경상도 말씨를 쓰는 분이셨다. 그 집에는 14식구가 살았다. 둘째 아들은 군대에 나가고 세 아들과 며느리, 손녀 등이었다.

그 마을에 혼자 온 피란민이 장질부사에 걸렸다. 장질부사는 염병이라고 부르던 무서운 전염병이다. 환자가 머물던 집에선 전염될까 보아 방 앞에 밥을 갖다 놓고 환자보고 들여다 먹으라고 했다. 환자가 움직일 수 없게 되자 이웃집에 있던 아버지께서 간호를 자청하셨다. 이야기 상대도 되어 주고, 밥도 먹여 주셨다. 그러나 좋은 일 하는 사람이라고 그 병은 봐주지 않았다. 즉각 전염되어 아버지도 주인집 사랑에 눕는 신세가 되었다.

아버지는 열이 많아 헛소리를 하고 김치를 젓가락에 꿰어 고기라고 화롯불에 구워 잡수셨다. 그래도 주인 할아버지는 새벽에 며느리를 시켜 미음을 끓여 오게 하였다. 그 가족들의 지극 정성으로 아버지는 병의 차도가 있었다. 그때부터 인삼을 넣은 약병아리 여러 마리를 해 주어서 아버지는 병을 털고 일어나셨다.

아버지는 그 할아버지·할머니를 부모님으로 대했다. 50대 후반이고 아버지는 40대 초반이니 부모님으로 대해도 어색하지는 않다. 아버지는 경상도 사람은 사귀기가 힘들지 한 번 사귀어 놓으면 변하지 않는다고 하셨다.

농촌에서는 목화를 재배했다. 목화는 씨를 빼내 솜으로 만들어 이불이나 바지·저고리에 넣어 옷을 만들었다. 솜은 실(絲)로 만들어 옷감을 짰다. 그게 무명이다. 무명으로 옷을 만들면 따뜻하여 겨울에도 춥지 않았다.

삼국시대 때는 목화가 없어서 삼베로 옷을 지어 입었다. 삼베옷은 올이 굵어 겨울에는 바람이 술술 들어와 추웠다. 중국에는 목화가 있었는데 국외 반출을 막았다. 문익점(1329. 고려 충숙왕) 선생이 중국에 사신으로 갔다가 목화씨를 붓 뚜껑에 몇 개를 가져와 퍼뜨렸다. 씨를 빼내는 기구가 '씨아', 실을 만드는 기구가 '물레', 옷감을 짜는 기구를 '베틀'이라고 했다.

씨아로 목화씨를 빼냈는데 경기지방에선 외손씨아로, 충청도에선 두 손씨아로 했다. 외손씨아는 원통의 끝을 꽈배기 식으로 만들어 손잡이를 돌리면 두 개가 맞물려 돌아가고, 두손씨아는 꽈배기식이 아니어서 두 사람이 마주 보고 돌려야 했다. 그 사이에 목화를 대면 씨는 앞에 떨어지고 솜은 뒤로 나가게 된 장치다.

아버지는 외손씨아를 만들어 한 개에 쌀 한 말씩 받고 팔았다. 그렇게 해서 쌀을 한 가마니나 장만해 놓으셨다. 가족들이 오면 먹이려고. 쌀 한 가마니는 80kg이다. 지금은 아무것도 아니지만, 그때는 지금의 1억 원보다도 더 컸다.

우리는 피란 다니는 동안 좁쌀로 밥을 하여 반찬은 소금이나 간장으로 먹었던가 보다. 어머니가 간장 한 종지 얻어서 가지고 가다 넘어져서 땅에 쏟아서 아까워했다는 누님의 말을 들은 것으로 보아서.

아버지께서 소중하게 모아 놓으신 하얀 쌀밥을 김치와 먹었을 것이니 아버지 찾고, 쌀밥 먹고, 이 아니 좋은가. 아버지는 그렇게 그리워하던 가족들이 어렵게 장만해 놓은 쌀밥을 먹는 것을 보고 얼마나 흐뭇해하셨을까? 우리들은 감사함을 모르고 무심이 먹었으니 지금 생각하니 죄송스럽다.

한국전쟁 후 미국에서 질 좋고 값싼 솜이 많이 들어 와 우리 농촌에선 목화의 재배를 멈추었다. 때문에 씨아도 없어졌을 뿐만 아니라 물레도 베틀도 없어졌다.

2006년 이 글을 쓰면서 씨아와 물레를 보려고 서대문 농업박물관에 갔었다. 물레의 구조가 복잡했다. 어렸을 때 여러 번 봤지만 무심히 보았는데 자세히 보니 신기했다. 솜을 흰 갈래 떡 같이 만들어 한 끝을 고리에 걸고 잡아당기면서 다른 손으로 옆에 있는 둥근 몸체를 돌리면 실이 나와 꼬치에 감겼다. 거기다 풀을 먹여 베틀에 걸어 옷감을 짠다. 풀을 먹일 때는 여러 가닥을 안 마당에 펴 놓고 밑에 불을 놓아 따뜻하게 하고 실에는 밀가루로 쑨 풀을 발랐다. 무명으로 만든 옷은 잘 뚫어져 다른 천을 대고 바늘로 꿰매서 입었다. 여러 번 꿰맨 것을 '누더기'라고 했다. 아버지는 목공 일을 하시어 거기에 착안하셔서 쌀을 한 가마니나 장만해 놓으신 것이다.

일제강점기 때 쌀밥은 명절이나 생일 때만 먹어 보는 귀한 밥이었다. 그래서 경기지방에선 '이밥'이라고 했다. '이씨(李氏)'들, 즉 왕족들이 먹는 귀한 밥이란 뜻이란다. 지금은 쌀밥이 지천이어서 먹기 싫어서 안 먹으니 귀한 밥인 줄 모른다.

쌀에도 여러 가지가 있다. 우리는 기름기가 자르르 흐르는 쌀을 상품으로 친다. 쌀 중에 가장 좋은 쌀은 여주 · 이천 '자처쌀'이다. 임금님께 진상하던 쌀이다. 그다음은 일산 쌀과 김포 쌀이다. 노태우 대통령 때 고양을 개발할 때 땅속에서 새까만 쌀이 나왔다. 미국 감정기관에 의뢰한 결과 5,000년이 되었다는 통보를 받았다. 단군의 역사가 4,000여 년이니 그보다 훨씬 전에 일산에선 쌀농사를 지었다는 증거다.

우리가 처음에 살았던 화자네 할머니는 나쁜 말로 하면 극성맞은 성격이었다. 젊어서 경상도에서 이곳으로 살러 왔으니 주민보다 부지런했다고 본다. 농사일 할 때는 농장에서 살다시피 하여 치마는 항상 흙에 젖어 누렜다. 목화를 재배하여 실을 만들어 무명을 짰다. 베틀에 올라앉아 한쪽 발에 베틀을 연결하고 발을 오무렸다 펴면 날틀에 틈이 생겨, 그 사이에 북을 넣으면 옷감이 짜졌다. 베틀에 앉아서 짜는 사람은 화자네 고모인 둘레라는 이름을 가진 내 의누님이었다. 무명을 다 짜면 한 필(35척· 1척 30cm)이다. 그게 무명이고 옷감이다. 무명으로 옷을 해 입으면 따뜻해서 좋기는 하지만, 질기지 않아 쉽게 헤진다. 거기에 헝겊을 대고 꿰매 입는다. 그래서 바늘과 실, 실패와 골무, 인두는 집집마다 있었다.

그 고장에선 누에도 쳤다. 누에고치로 비단을 만든다. 비단은 성질이 솜과 같이 따뜻하고 해지지 않아서 예부터 선호했다. 중국에서 인도로 가는 무역로를 실크로드라고 하는데 실크가 비단이다. 중국의 비단을 유럽으로 실어 나르던 길이라고 하여 실크로드라고 했다. 그만큼 유럽에서 비단을 선호했다고 보여진다.

화자네 할머니는 이른 봄 깨알같이 까만 알이 다닥다닥 붙어 있는 종잇장을 얻어와 그 위에 뽕잎을 잘게 썰어서 뿌려 놓으면 깨알 같은 까만 것에서 흰 생명체가 나와 뽕잎을 먹었다. 그게 누에다. 매일 뽕잎을 따다 썰어 주면 누에는 먹고 자란다. 다 자라면 손가락만하다. 20일이면 몸이 투명해지고 머리를 이리저리 휘젓는다. 그러면 짚으로 섶을 만들어 준다.

누에는 섶에 올라가 입에서 실을 뽑아 집을 짓고 그 속에 갇힌다. 누에가 갇힌 하얀 8자 집이 누에고치다. 누에는 나비가 되어 나와서 날아간다. 누에가 고치 속에 있을 때 고치에서 실을 뽑아낸다. 솥에 물을 끓이고 그 속에 고치를 넣고 고치의 실마리를 찾아 여러 겹으로 하여 실을 사각진 나무틀에 건다. 그걸 돌리면 실이 딸려 나온다. 실을 다 감으면 누에의 유충이 있는데 그게 '번데기'다. 누런색에 쭈글쭈글한데 맛은 구수하다. 시장에선 리어카에 연탄불을 피우고 양은솥에 번데기를 넣고 장수들은 '뻔, 뻔'하고 다니면서 팔았다. 번데기의 준말이다. 사는 사람에겐 종이봉지에 담아 주었다. 우리는 번데기를 맛있게 먹지만 외국 사람들은 번데기를 제일 싫어한다는 글을 읽었다. 그 지방 사람들이 좋아하는 음식을 다른 나라 사람은 싫어하는 예를 많이 본다. 한국전쟁 직후 우리의 선교사가 캐나다 북부 에스키모 나라에 파견되었다. 그 지방 추장은 먼 나라에서 귀한 손님이 왔다고 좀처럼 먹기 어려운 귀한 음식을 구하여 대접했다. 그게 굼실굼실 움직이는 벌레였다. 손으로 집어 잘도 먹는데 선교사는 못 먹겠다고 했더니 추장은 기분이 상하였다. 밤에 잠자리에 들었는데 문이 폴짝 열리더니 그 집 부인이 같이 자자고 들어 왔다. 그 고장에선 가장 귀한 손님에겐 부인을 들여보내 시중을 들게 하는 풍습이 있어서였다. 선교사는 깜짝 놀라 내쫓았다. 두 번씩이나 무시당한 주인은 씩씩거리면서 들어오더니 선교사의 멱살을 잡고 벽에 밀쳐 뇌진탕이 되어 죽었다. 재판은 풍속이 달라 일어난 과실치사였다. 우리가 맛있게 먹는 번데기도 외국 사람에겐 혐오 식품인가 보다. 몇 년 전 미국 아가씨가 노래 경연대회에 나와서 등수 안에 들었다. 그 부모가 미국에서 왔는데 짓궂은 딸은 엄마에게 번데기를 사다 주었더니 기절초풍을 했다.

대전에는 제사공장(製絲工場)이 있었다. 일제강점기 때 지은 것인데 누에고치로 비단 옷감을 짜는 대규모 공장이다.

몽클라 장군

몽클라 장군은 특이한 사람이다. 3성 장군 계급장을 떼고 중령으로 스스로 강등하여 한국전에 참전한 대대급의 프랑스군을 이끌었으니.

51년 2월 강원도 횡성 지평리에서 미 23연대에 배속되어 있던 프랑스군 대대는 연대와 함께 중공군 3개 사단에 포위되었다. 프랑스군은 공격을 받자 수동식 사이렌을 앵앵거리고 울렸다. 주위는 언덕으로 둘러싸여 음향효과는 더 컸다. 수십 대의 구급차와 경찰차가 울리는 경적과 같았다. 그런 소리를 들어 본 적이 없던 중공군의 발걸음이 흩어졌다. 프랑스군은 그 틈을 타서 공격하여 적군을 물리쳤다. 육박전을 벌일 때는 헬멧 대신 빨간 수건을 머리에 두르고 덤벼들자 중공군은 겁을 먹고 도망갔다.

몽클라 대대장은 참호에서 포탄에 맞아 중상을 입고서도 지휘하였다. 5일 만에 구출될 때까지 미 23연대를 버티게 한데에는 프랑스군의 역할이 컸다. 프랑스군은 지평리 전투의 성공으로 미국 대통령으로부터 부대표창을 받았고, 한국 정부에서는 전적비를 세워 주었다.

몽클라 장군은 세계 1-2차 대전에도 참전했던 백전노장이다. 그러니만치 전쟁이 얼마나 무서운가를 누구보다 잘 알면서도 야전군 지휘관으로 스스로 강등하여 참전한 까닭은 무엇일까?

지갑종(池甲鍾 · 76) 유엔한국참전국협회장이 연합신문 정치부 기자 시절, 몽클라(Monclar) 장군을 인터뷰한 기사가 2006년 월간조선에 실렸다.

1959년 1월 13일 기자는 한국참전 16개국 중 열한 번째로 프랑스를 방문하게 되었다. 드골 씨 지도하에 제5공화국으로 힘찬 발걸음을 내딛으려는 때였다. 프랑스는 6·25 동란이 발생한 해인 8월 20일에 일부 지상 선발대를 파병하고 계속하여 주력부대인 1개 독립 보병대대가 참전하였다. 3차에 걸쳐 병력의 교대가 있었는데 그동안 참전한 용사들은 전부가 지원으로 이루어졌으며, 1950년 11월 24일 한국에 도착했다.

기자는 파리에서 우리나라에 참전했던 퇴역 장교인 R. 몬크라 중장을 회견할 기회를 얻었다. 장군은 참전 당시 불란서 병력이 대대로 편성된 관계로 '중장' 계급을 '중령' 계급으로 바꾸어 달고 참전하여 부대를 지휘하였다는 에피소드의 인물인데, 귀국 후 다시 중장으로 복귀하였다. 장군은 기자의 순방 취지를 들은 후 '우리는 지원병으로서 한국군과 협동하여 자유를 수호코자 싸웠으며 나아가서는 우리 자신이 평화스럽게 살고자 싸웠다.'라고 전제한 다음 '본인은 1950년12월부터 1952년 2월까지 한국전선에서 싸우는 동안 중부전선에 배치되어 있었다. 공산군과 최초의 교전은 1951년 1월 하순 가평(加平)지구 지평리에서 있었으며, 전투는 약 2주일간 계속되었다. 이는 우리의 참전 중 가장 큰 격전의 하나였다. 우리는 원주(原州)와 인제 등지에서 한국 학생의용군 1개 중대와 같이 있었는데 나이 어린 이들의 애국심과 투지에 감명이 깊었고, 머리가 숙여졌다. 그리고 오랜 군인

생활을 하여온 나의 눈으로 볼 때 한국군은 용감한 군인으로서 세계 제일급의 군대였다.' 장군은 충심으로 우리 군대를 칭찬해 주어 기자도 기쁨을 감출 수 없었다. 이어 그는 우리 군대의 용감성의 일단을 본 그대로 다음과 같이 말하였다. '인제 지구 전투에서였다. 한국군은 우리의 우측에 있었는데 그들은 놀랍게도 단 하루 동안에 7차에 걸친 공격전을 감행하고 끝내는 적의 중요한 거점(據点)인 고지를 탈환하고야 말았다. 이는 놀라지 않을 수 없는 사실이며 나의 경험으로 일찍이 보지 못한 감투력(敢鬪力)이다.' 그는 이렇게 한국군 학생의용군을 극구 칭찬했다. '우리는 결국은 자유를 위하여, 나아가서는 한국통일을 위해 싸웠다. 한국전처럼 세계 각국(16)의 군대가 출병한 전례는 일찍이 없었는데 보람도 없이 국토가 양단된 채 있다는 것은 참전한 군인으로서는 안타깝게 여기는 바이다. 조속한 시일 내에 통일이 이루어지기를 진심으로 바라마지 않는 바이다.'라고 말했다. 이 회견석상에서 몬크라 장군은 이 대통령 각하와 전 한국민들에게 최대의 경의와 인사를 전해달라고 부탁하는 것이었다. 장군의 이날 설명에 의하면, 1951년 1월 9일부터 동년 10월 18일까지 프랑스 군대가 입은 희생은 전사자 330명, 전상자 1,089명, 동상자(凍傷者) 399명이 발생했다는 것이었다.

여기서 감명을 받은 것은 어린 한국군들이 하루에 7차의 공격 끝에 고지를 점령했다는 것이다. 그로 인하여 몽클라 장군이 한국을 좋게 보고 우리 국민과 대통령에게 최대의 경의를 표했다는 점이다. 프랑스군이 330명이나 죽고 1,089명이 부상당했다는 데 놀랐다. 우리 대한민국을 지키기 위하여 세계 16개국이 군대를 파견하고 더구나 미국은 물자와 군대를 파견하여 3만5천여 명이 전사하고 14만 명의 부상자를 냈다는 데에 우리 대한민국이 얼마나 소중한가를 다시 한번 느꼈다.

대전 시내 변두리에 피란 나온 사람 중 터를 넓게 잡고 사는 사람이 있었다. 어느 날 미군이 와서 뭐라고 쏼라 댔다. 그가 아는 영어는 오로지 오케이뿐이었다. 나쁜 말 하는 것 같지는 않아 고개를 끄덕이면서 '오케이, 오케이'했더니 미군은 '땡큐'하면서 돌아갔다.

이튿날 그의 공터에 대형 트럭이 와서 쓰레기를 버리고 갔다. 주인은 당황했으나 가까이 가서 보니 그것들은 종이박스, 통조림통, 나무, 철선(鐵線) 등 재활용으로 쓸 수 있는 것들이었다. 마땅한 직업이 없던 그는 분류하여 리어카에 싣고 시장에 내다 팔았다. 물건은 날개 돋친 듯이 팔렸다.

미군은 매일 대형 트럭 한 차씩 쏟아 놓았다. 소문이 나자 상인들이 직접 와서 가져가 시장에 나갈 필요도 없었다. 1년 만에 그는 부자가 되었다는 어른들의 말씀이었다. 그는 OK 때문에 호박이 넝쿨째 굴러들어 온 것이다.

OK 때문에 생명을 잃은 사람도 있다. 어느 날 밤 전방 미군부대 근방 마을에서 떠들썩한 소리가 났다. 미군 초소병이 무슨 소린가 하고 가 봤더니 마을 사람들이 정자나무에 사람을 묶어 놓고 작대기로 때리는 것이 아닌가. 미군은 놀라서 "이 사람이 게릴라냐?"고 물었다. 청년들은 무슨 소린지도 모르고 "오케이, 오케이"했다.

"그러면 몽둥이로 때려죽이는 것보다 총으로 쏘아 단번에 죽이는 것이 낫지 않느냐"고 했더니 사람들은 또 "오케이, 오케이"했다.

그래서 미군은 어깨에 메고 있던 총을 벗어서 묶여 있는 사람을 향하여 '빵'하고 쏘았다. 묶여 있던 사람은 게릴라가 아니라 그 마을로 장가들러 온 신랑이었다.

마을 청년들이 자기 마을 처녀에게 장가들러 온 신랑을 마을 앞 정자나무에 묶어 매달고 종래 해 오던 풍습대로 발바닥을 방망이로 때리는 장난을 하고 있던 중이었다. 장난이 심하면 심할수록 장모는 음식을 푸짐하게 내와 청년들은 더 짓궂게 하는 것이다. 그것이 파란 눈의 이국 병사의 눈에는 애국 청년들이 게릴라를 잡아 때려죽이려는 것으로 알고 사살했으니 이 일을 어쩌나. 죄는 'OK'에 있다. 미군이 말을 걸어오면 무식하지 않게 보이려고 무조건 하는 오케이, 그것이 얼마나 큰 부작용을 가져왔는지를 보여 준 단적인 예이다.

용산 미군부대 장교식당에 배속된 한국군 사병이 있었다. 한국군 장교들이 그 식당에 와서 먹는 것을 체크하는 직책이었다. 크리스마스를 맞이하여 칠면조 구이 등 식품이 엄청 많이 들어와 그걸 대형 냉장고에 차곡차곡 쌓아 놓았다. 자기네 가족들은 죽도 못 먹는데 이들은 배가 터지게 먹는 것이 배가 아팠다. 그래서 그는 '밑져야 본전'이라고 생각하고 식당을 관리하는 장교에게 부모형제를 불러다 대접하고 싶다고 손짓발짓으로 의사를 표시했다. 미군 장교는 남산 봉우리를 한참 바라보더니 밝은 표정으로 돌아와 '오케이'했다. 미군 장교는 고국에 있는 부모를 생각했다. 한국군 사병이 '얼마나 부모 형제가 그리웠으면 그렇게까지 부탁을 할까?'하는 생각이 들어 자기의 권한으로 감당할 수 있어 그런 결정을 내렸다.

크리스마스 날 미군들은 늘어지게 자고 일어나 식당에 식사하러 갔더니 한복을 입은 한국 남녀 10여 명이 한쪽에 앉아서 식사를 하는 것이 아닌가. 미군들은 희한한 구경거리라고 흥미를 가지고 보았다. 다 먹고 인사하라고 부모를 장교에게 모시고 갔더니 잠깐 기다리라고 하고는 칠면조 두 마리와 여러 가지 음식을 두 박스에 담아 주었다. 부모님은 동네잔치를 하였다. 칠면조 구이는 통닭구이 3배쯤 되게 컸다.

먼 훗날 그 사병이 수필가가 되어 그 사실을 수필로 발표했다. 불법이라도 진심은 통하는가 보다. 그 사병에게 그 오케이는 얼마나 반가웠을까.

초동(樵童)이 되다

그 고장 사람들은 산에 가서 땔감을 직접 해다 땠다. 우리 집에선 나 보고 '나무(땔감)를 해오라.'고 하였다. 운반 수단은 지게였다.

이웃에서 얻어 온 큰 지게를 지고 마을 사람을 따라 산에 가서 풀을 베었다. 생전 처음 해 보는 낫질, 그렇게 힘든 줄은 몰랐다. 낫에는 조선낫과 양낫이 있다. 조선낫은 두껍고 투박하여 나뭇가지를 자를 때 쓰고, 양 낫은 쇠가 강하여 주로 풀을 벨 때 사용했다. 낫이 잘 안 들으면 숫돌에 갈아서 썼다. 나무하러 갈 때는 으레 숫돌에 낫을 갈아 가지고 갔다. 낫질을 잘못하면 손을 벤다. 손을 베면 그날 일은 초를 치는 것이다. 다른 사람이 해주어 조금 지고 언덕을 내려오는데 이번에는 지게 발목이 돌부리에 걸려 앞으로 폭 고꾸라져서 울었다. 지게는 우리 산촌에 잘 맞는 운반기구다. 쉴 때는 무릎만 조금 굽히면 지게 발목이 땅에 닿아 작대기로 고이면 되어 사용하기가 편리하다. 들이 넓은 평야에선 마차나 달구지로 짐을 날랐지만, 산촌에선 굴곡이 심해 바퀴로 굴러가는 마차는 쓸 수 없어 지게는 필수품이었다. 지게는 우리 민족이 발명한 우수한 농기구라고 한다.

땔감은 나뭇가지나 풀, 낙엽이었다. 여름에는 풀을 깎아 그 자리에 펴서 말렸다. 3일 정도 지나면 꾸둑꾸둑하게 말라 지게에 지고 왔다. 산 임자에게 들키면 쫓겨났고, 나무를 벨 생각은 아예 하지도 못했다. 주인도 나무를 베다 산감에게 들키면 벌금을 물었다. 나무를 베어 토막을 내서 도끼로 쪼개서 때는 나무를 장작(長斫)이라고 하는데 그건 할 수 없고 나뭇가지를 찍어다 때는 것이 고작이었다.

겨울에는 솔잎이나 가랑잎 등 주로 낙엽을 갈퀴로 긁어 왔다. 낙엽 중엔 솔잎이 최고요, 땔감 중엔 장작이 제일이다. 장작 중에서도 가장 좋은 것은 참나무 장작이다. 불꽃도 괄고 숯불도 오래 가기 때문이다. 장작불을 화로에 담아 방 안에 놓으면 훈훈하고 밤을 구워 먹을 수도 있어서 좋다.

5·16혁명 후 농로를 넓혀 경운기가 지게를 대신했고, 땔감도 나무에서 연탄, 석유, 가스로 바뀌었으니 이제 지게는 농촌에서조차 보기 힘든 농기구가 되었다. 초동 노릇은 휴전 후 그 고장을 떠날 때까지 계속했다.

나무할 때 조심할 건 뱀이다. 풀숲에는 뱀이 많았다. 뱀 중에서도 살모사를 조심했다. 살모사에 물리면 죽는다. 벌도 경계해야 한다. 말벌은 손가락 같이 큰 놈이고, 땅벌은 작지만 집을 건드리면 수십 마리가 달려들어 도망가야 했다. 무엇보다 겁나는 것은 산 짐승이다. 여우나 오소리, 너구리, 노루가 많았다. 낮에도 노루가 산에서 뛰어다녔다. 나무하러 다니는 친구가 있어 그와 같이 다녔다.

불조심도 해야 했다. 어느 해 봄 나무를 해서 지게에 얹고 추워서 낙엽을 한 줌 모아 성냥을 켜서 불을 놓아 쬐고 있는데 불이 5m 정도 앞에서 타고 있었다. 내가 보고 있었어도 이동하는 걸 몰랐다. 봄불은 여우 불이라고 하여 이동하는 것이 눈에 보이지 않는다고 한다. 봄에 산불이 많이 나는 것도 그 때문이다. 낫을 가지고 있었기에 소나무 가지를 잘라 후려쳐서 껐다. 만약 낫이 없었다면 불을 냈을 것이니 아찔한 생각이 든다.

농부들은 농사지은 것을 지게나 소에 싣고 온다. 『대지』의 저자 '펄벅' 여사가 우리나라에 왔을 때 기차를 타고 경주에 가면서 농부가 지게에 농산물을 지고 소에도 싣고 가는 것을 보고 수행하는 기자에게 '왜 소에 다 싣지 않고 지고 가느냐.'고 물었다. '소에게도 가볍게 해주려고 하는 것 같다.'고 했더니 펄벅 여사는 한국 사람에게 따뜻한 정을 느꼈다는 글을 읽었다.

나는 화자네 모내기와 벼베기는 매년 해보았다. 벼농사를 지으려면 이른 봄에 큰 다라에 물을 채우고 소금을 약간 풀고 볍씨를 거기 붓는다. 2-3일 담가 놓으면 쭉정이나 부실한 것은 뜬다. 그걸 걷어 내고 실한 것을 논 한 귀퉁이에 물을 채우고 볍씨를 뿌린다. 그걸 모판이라고 했다. 그 무렵 농부들은 풀을 베어다 썩혀 퇴비를 만든다. 논에 물을 채우고 퇴비를 뿌리고는 소에다 쟁기를 지우고 논을 간다. 써레로 평평하게 하고 벼 싹이 손바닥만 하게 자랐을 때 뽑아서 묶어 논에 여기저기 던져 놓는다. 날을 잡아 동네 사람들을 많이 불러 함께 모를 낸다. 못줄을 논 양쪽 가에서 잡고 있으면 못줄에 붉은 표시가 있는데 거기에 모를 대여섯 가닥씩 떼어 꽂는다. 모 사이가 15cm가량 된다. 다 꽂으면 못줄을 옮겨 그런 일을 반복한다. 그때 조심해야 할 것은 거머리가 다리에 붙는 것이다. 발에는 아무것도 신지 않아 거머리가 다리에 붙어 피를 빨아 먹는다. 즉시 발견하지 못하면 살 속으로 파고 들어가 맛있게 피식사를 한다. 그래도 아프지 않은데 특성이 있다. 모낼 때는 점심을 큰 광주리에 푸짐하게 내온다. 쌀과 보리가 반반 섞인 밥에 무와 배추로 만든 겉절이를 얹고 고추장에 썩썩 비벼 노릇노릇하게 구워진 고등어 한 토막을 들고 먹으면 둘이 먹다 하나 죽어도 모른다. 어른들은 집에서 담근 농주 한 사발 마시고. 오늘은 이 집 모를 내고 다음 날은 다른 집 일을 같이 하는데 그걸 품앗이라고 한다. 모낼 때는 하루 다섯 끼를 먹는다. 아침과 저녁 중간에 새참(곁두리. 대개 칼국수)을 내온다.

모낼 무렵 비가 와서 물이 풍족하면 좋지만 때맞춰 비가 오지 않는다. 그래서 저수지를 만들어 물을 가두어 두었다가 모낼 때 꺼내서 쓴다. 그래도 모자라면 비 오기를 기다릴 수밖에 없다. 모는 5월 중순부터 내기 시작하여 하지(6월 20일 경) 때까지 낸다. 모가 자라면 잡풀을 제거해 줘야 한다. 호미를 가지고 논에 들어가 벼 사이 흙을 엎어 풀이 자라지 못하게 한다. 그렇게 세 번을 해주어야 하는데 그 작업이 논농사 작업 중 가장 힘들다고 한다. 허리를 굽히고 일을 해야 하기 때문에 허리가 아프고 따가운 햇볕을 견뎌야 하며 볏 잎이 눈을 찌르기 때문이다. 그 작업하는 것을 멀리서 보면 황새가 고개를 숙이고 먹이를 찾는 것과 같다. 농부들은 흰옷을 입었다. 한국 풍속을 모르는 미군이 황새인 줄 알고 총을 쏘아 의도하지 않은 살인도 있었다.

벼가 성숙하면 메뚜기가 모여든다. 볏잎을 갉아먹기 위해서다. 그러면 아이들은 정종 술병을 가지고 논으로 가서 메뚜기를 잡아 병에다 넣는다. 한 병 되면 집에 와서 냄비에 넣고 소금을 뿌려 볶아 먹으면 아삭아삭하니 맛있다. 벼가 여물면 참새 떼가 몰려와 벼를 까먹는다. 그걸 쫓으려고 아이들은 학교 갔다 오면 논으로 간다. 소리를 지르기도 하고, 줄을 매 흔들기도 하고, 꽹과리를 치기도 한다. 나무를 꽂고 옷을 걸쳐 놓아 사람으로 위장하기도 하는데 그걸 허수아비라고 한다. 중국의 모택동이 농촌 시찰을 나갔다가 새 쫓는 광경을 보고 새를 잡으라고 했다. 행정기관이 본격적으로 참새 박멸 작업을 펼쳐 2억 마리를 잡았다. 참새가 없으면 쌀 소출이 늘어날 줄 알았는데 오히려 줄었다. 메뚜기와 다른 벌레들이 늘어났기 때문이다. 먹이사슬은 인위적으로 조절할 수 있는 것이 아니다.

벼가 익으면 낫으로 베어야 한다. 벼를 벨 시기는 벼 이삭 줄기가 반쯤 마를 때다. 물 논에선 벼를 베어서 밖으로 끌어내어 펴서 말린다. 마른 논에는 베어서 그 자리에 펴서 말리니 일이 절반이다. 벼가 마르면 묶어서 집으로 가져온다. 운반 도구는 지게나 소다. 논이 여기저기 있어 가져오는 대로 쌓았다. 그걸 '낟가리'라고 했다. 다 가져오면 날을 잡아 탈곡을 한다. 벼를 볏짚에서 분리하는 작업이다. 탈곡은 사람이 기계로 한다. 그 기계를 탈곡기라고 한다. 탈곡기는 둥근 나무에 젓가락만큼 굵은 못을 반으로 구부려 촘촘히 박는다. 뒤에는 판자로 대고 밑에 발로 밟는 판이 있는데 그걸 밟으면 원통이 돌아가게 되어 있다. 거기에 벼를 대면 떨어진다. 탈곡하는 날은 아침 일찍 마당 한 귀퉁이에 탈곡기를 놓고 양쪽에 널빤지를 대 놓는다. 탈곡기에는 두 사람이 매달린다. 옆에 널빤지 왼쪽에는 볏단을 풀어서 탈곡하는 사람이 쥐기 좋을 만큼 떼어서 주면 탈곡하는 사람은 그걸 받아 돌아가는 원통에 대면 벼가 떨어져 기계 앞에 쌓인다. 어지간히 털고 옆에 사람에게 주면 그 사람이 받아서 다 털고 옆 사람에게 주면 그는 빈 볏짚을 묶어서 던지면 쌓아 놓는 사람이 또 있다. 앞에 쌓이는 벼에는 검불이 많아 한 사람은 갈퀴로 검불을 걷어 냈다. 타작하는 날은 잘 먹는다. 하얀 쌀밥을 배부르게 먹어 속된 말로 '개××에 밥풀이 붙는다.'고 했다. 다 하면 저문 밤이다.

풍구(風構)를 가져와 벼를 키에 담아 위에서 쏟으면 풍구를 돌려 먼지가 날아가게 되었다. 풍구는 나무로 만들었는데 그게 없는 집에서는 가마니로 부쳐서 먼지를 분리하기도 했다. 이건 경기도의 타작하는 방법이고 충청도에는 단을 조그맣게 묶어 탈곡하는 사람은 단을 들고 하여 일이 한결 쉽다.

나는 한국전쟁 중에 경기도 양주 농촌에서 피란생활을 하고, 충청도 옥천에서도 피란생활을 했다. 경기도와 충청도는 집의 구조가 달랐다. 경기도는 집이 ㄱ자나 ㄴ자, 혹은 ㄷ자로 되어 있는데 충청도는 하나같이 一자 집이었다. 마당도 경기도는 안마당과 바깥마당이 있는데 충청도에는 바깥마당이 없다. 광(창고)을 충청도에서는 도장, 부엌을 정지라고 했다. 논의 마지기의 크기도 달랐다. 경기도는 300평이 한 마지기인데 충청도는 200평이 한 마지기였다. 한 마지기는 볍씨 한 말을 논에 옮겨 심는 넓이를 말한다.

탈곡이 끝나면 지붕을 이는 일이 남았다. 짚을 마당에 많이 갖다 놓고 이엉을 엮었다. 짚을 손바닥에 가볍게 들어오게 잡아 짚을 3단으로 묶으면 된다. 한아람이 되면 말아 한쪽으로 놓는다. 수십 마름 되면 좋은 날을 잡아 지붕을 잇는다. 사다리를 놓고 올라가 지붕이 움푹 들어간 부분(썩은 곳)을 낫으로 쳐내 내려뜨리면 거기 손가락만 한 회색 벌레가 느릿느릿 꿈틀거린다. 놈이 굼벵이다. 행동이 느려

굼뜬 사람을 굼벵이라고 한다. 굼벵이가 간경화에 좋다는데 그때는 그런 약효가 있는 줄을 몰라 다 버렸다. 새 이엉으로 지붕을 덮고는 새끼줄로 튼튼하게 잡아매고 위에 곱새(용마루)로 덮으면 그해 일은 끝난다. 초가지붕은 매년 이어야 하기 때문에 일이 많다. 그 번잡함을 덜기 위하여 박정희 정권 때 전부 기와집으로 바꾸었다.

우리가 그 고장으로 간 지 며칠 안 되어 숙모님과 사촌들이 왔다. 실로 예상치 못한 일이었다. 우리 집에 경사(慶事)가 겹친 것이다.

숙모님은 건너 동네 무중굴에 흉가라고 소문나서 사람이 살지 못하는 빈집을 수리하여 들었다. 뒤에는 대나무 숲이 있고 마당에는 큰 감나무가 있었다. 앞에는 그 집 임자인 오동리에서 부자로 알려져 있는 옥희네 집이었다. 옥희 아버지가 면의원으로 유지였다.

인근 벌말에 곽 선생이라는 그 면에서 유지로 손꼽히는 분도 사귀어 우리가 가자, 나를 데리고 그 곽 선생댁에 데리고 가서 인사시켰다. 얼마나 기뻤으면 어린 나를 다른 동네 노인에게까지 인사시키셨을까.

북한에서 피란 나온 사람들은 호적(戶籍)이 없었다. 행정당국에서는 피란민이 부르는 대로 인적 사항을 기재할 수밖에 없었다. 그렇기 때문에 사실과는 엄청나게 달리 신고했다. 특히 많이 고쳐진 것은 나이였다. 군대 갈 연령이 된 사람은 늘리고, 줄였다. 3살은 보통이고 심지어 다섯 살을 줄인 사람도 있었다. 그렇게 고친 호적을 가호적(假戶籍)이라 불렀다. 정상적으로 돌아오기 전까지 임시로 쓰는 호적이란 뜻인데 분단이 고착화되니 그것이 본적이 되었다. 가 호적은 그 사람의 학교생활, 사회생활에 큰 영향을 미쳤다.

나도 세 살을 줄였다. 원래는 38년생인데 41년생으로 신고했다. 내가 군대 갈 나이가 될 때까지 통일이 안 되면 어쩌나 해서였다. 하지만 내 예상은 빗나가 군대에 갔다 왔으며 손자 대에까지 갔다 와야 될지도 모르니 얼마나 빗나갔는가.

그때는 후방에도 학교가 문을 열지 않았다. 옥천읍에도 중고등학교가 있었지만, 문을 열지 않았고 동산리 면소재지에 있는 초등학교 졸업하면 집에서 쉬어야 했다. 그 틈을 이용해서 우리가 사는 군서면에 중학과정을 가르치는 학교가 생겼다. 설립자는 일제강점기 때 보통고시에 합격했던 이 선생이라는 우리 마을 분이었다. 너머 동네에 있는 공회당을 얻어 군서고등공민학교라는 교명을 내 걸고 두 분 선생님이 청소년들을 모아 가르쳤다.

나도 초등학교 5학년 때 학교를 그만두었지만, 그 학교에 입학했다. 교과목은 '국어, 산수, 국사, 지리, 법제대의(法制大意)'라는 거창한 과목을 추가시켰다. '헌법강해'였다. '법제대의'는 중학교에서 배우던 '공민(公民)'과는 비교도 안 되게 어려웠다. '산수'는 서양의 수학이 들어오기 전 우리 고유의 '수학'이었고 '영어'는 없었다. 교과서가 없어 선생님이 칠판에 백묵으로 쓰면 학생들은 그걸 보고 베꼈다. 선생님은 한문으로 많이 쓰셨는데 학생들은 무슨 자인 줄도 모르고 그리다시피 했다. 그렇게 배운 한문 덕분에 신문을 읽었다. 그때는 신문에 한문을 많이 섞어 쓰던 시절이었다. 명색이 중학생이라 연필로 쓰지 않고 잉크를 철필에 찍어서 썼다. 잉크병과 책을 벤또(도시락)와 함께 보자기에 싸서 옆에 끼거나 어깨에 메고 다녔다. 잉크가 새서

책에 쏟아지기도 했다. 집에 올 때는 도시락에 넣었던 반찬 통이 움직여 딸랑딸랑 소리가 났다.

사촌형들도 그 학교에 다녔다. 큰형은 전체 수석을 했다. 그때는 국가고시에 보통고시와 고등고시가 있었는데 보통고시에 합격하면 시골의 면장 자격이 주어지고, 고등고시에 합격하면 군수 자격이 주어졌다. 선생님은 학생들에게 보통고시를 보게 했다. 보통고시는 대학 졸업생과 같은 자격이 주어졌다. 대학생이 국가고시를 보려면 보통고시를 건너뛰고 바로 고등고시를 볼 자격이 주어졌다. 대전 가서 학생 몇 명이 보통고시를 보았지만 다 불합격되었다. 나는 해방되기 전에 서당에 다니면서 천자문을 배우고, 계몽 편을 배우다 말았지만 다 까먹고 거기서 칠판에 쓴 한문을 보고 쓴 것이 살아가는 데 큰 도움이 되었다.

지금 우리가 배우는 수학은 서양 수학이지만 우리 고유의 수학도 무시할 정도는 아니었다. 기하학의 삼각함수인 싸인, 코싸인, 탄젠트도 이름은 다르지만 있다. 거기서 중점을 두었던 것은 국사다. '간추린 국사'라는 두꺼운 책을 교과서로 사용했는데 학교에서 배우던 중학 교과서보다 자세했다. 휴전이 되고 학교가 정상화되자 그 학교는 없어졌다.

아버지께서 씨아를 팔아 장만해 놓으셨던 쌀 한 가마니, 그건 화수분이 아니었다. 어머니는 행상을 시작하셨다. 대전에 가서 생필품 여러 가지를 사다 싸리를 벗겨 하얗게 만든 광주리에 게다와 함께 이고 타동에 가서 파셨다.

아버지는 '게다'를 깎으셨다. 게다는 요즘 말로 하면 나무로 만든

슬리퍼다. 미루나무를 발 모양으로 자르고 평평하게 깎아 피대를 잘라 발걸이를 하면 되었다. 물건을 판 대금은 돈이 아니라 곡식이었다. 그걸 자루에 넣고 새끼줄로 멜빵을 하여 내가 지고 하루 종일 어머니를 따라다녔다. 점심은 얻어먹었으니 제대로 먹었을 리가 없다. 저녁때면 짐은 점점 불어나고, 눈은 70리나 들어갔다. 돌아올 때 저만치 우리 집이 보이면 뛸 듯이 기뻤다.

그렇게 하기를 일주일에 이틀을 하였다. 하루는 대전에 가서 물건을 사 오고, 다음날은 팔러 다녔다. 대전 가려면 해발 600m의 산을 넘어 왕복 60리 산길을 걸어야 했다. 대전 인동시장에서 물건을 주로 떼어 왔다.

점심은 대전역 광장 건너편 천막 음식점에서 삶아 채반에 사리를 지어 쌓아 놓은 국수를 사 먹었다. 설설 끓는 멸치국물에 퉁퉁 불은 국수를 말고 파간장 한 숟갈 찔끔 넣은 것이 전부였는데도 그렇게 맛있을 수가 없었다.

겨울에는 원동시장 대전천 가에서 단지에 담요를 두르고 팔던 꿀꿀이죽도 사먹었다. 미군부대 음식물 찌꺼기 통에서 골라낸 고기를 씻고 다시 양념을 해서 끓여 파는 것으로 '꿀꿀이 죽'이라고 불렀다. 고깃국이어서 맛은 좋았다.

게다 장사가 안되었던지 아버지도 약장사를 시작하셨다. 너머 동네 마구실에 약국을 하는 분이 있어 그분의 권유였다. 약은 마진이 생필품보다는 많았고 금계랍(키니네)은 10배를 남겼다.

얼마 안 있어 작은누님도 우리 집으로 살러 왔다. 시할아버지와 시어머니가 돌아가셔서 흑석리 시집 일가 집에 계속 있을 수가 없다고 했다. 누님은 칡에 여러 가지 한약재를 넣어 고은 '곰약'을 가지고 그룹을 이루어 타도에 가서 팔았다.

그때 농촌에는 대문이 사립문이고 낮에는 열어 놓았다. 어머니를 따라 장사 다니다 어느 집에 들어갔더니 여자의 울음소리가 들렸다. 그곳으로 가보니 문이 열려 있는데 12세쯤 된 여자아이가 누워있고 배에는 사발 엎어 놓은 것 같은 큰 종기가 나서 아파서 우는 소리였다. 그 옆에는 아버지인 듯한 젊은 남자가 안절부절못하고 있었다.

우리는 보기가 민망하여 인기척도 내지 않고 얼른 돌아서 나왔다. 그 애는 무슨 병인데 배가 그렇게 불렀을까. 의학이 발달된 지금에도 그런 환자는 보지도 못했고 그런 병이 있다는 말을 들어보지도 못했다.

행상을 하는 부인네들이 많았다. 그런 환경에서 방문하여 물건을 파는 것은 쉽지 않았다. 어머니는 물건을 팔러 다닐 때는 다른 동네 몇 개 마을을 하루에 다니셨다. 어머니는 물건을 팔려는 집에 들어가 툇돌 위에 광주리를 내려놓으면서 '미역 사세요.'하고 말문을 여셨다. 주인은 대개 할머니였다. 젊은 사람들은 농장에 일하러 가서 노동 능력이 없는 할머니들이 집을 지켰다. 주인이 기분 좋으면 이야기가 잘 풀리고, 그렇지 않으면 엉뚱한 얘기를 꺼내셨다.

어머니는 사교성이 참 좋으셨다. 모르는 사람을 만나도 말 몇 마디만 나누면 흉허물없게 만드는 재주를 가지고 계셨다. 그렇게 해서 광주리에 담아 놓은 물건 - 오징어, 담배, 비누, 성냥, 미역, 과자, 사탕 - 을 꺼내 놓고 보이면 대개 한 가지는 샀다.

그런데 가뭄이 오래 갈 때는 그 작전이 먹히지가 않았다.

"미역 좀 사세요."하고 광주리를 댓돌에 내려놓으면서 말을 걸면 주인 할머니는 눈을 뾰족하게 뜨고 "날 가무는 거 봐요."하고 거부했다. 날이 가물면 흉년이 들고, 그러면 양식이 모자라 함부로 퍼낼 수 없다는 뜻이다. 그 말이 어머니에겐, 아니 수많은 행상들에겐 제일 무서운 소리였다.

가물 때는 해가 빨갛게 넘어갔다. 그러면 농민들은 비가 오지 않을 징조로 본다. 기상대도 없고, 일기예보도 하지 않던 그 시절, 농부들은 그렇게 날씨를 점쳐서 가뭄에 대비했다.

길에서 30대 중반쯤 된 하얀 한복을 입은 아주머니 행상을 자주 만났다. 그녀는 노래를 불렀다. 노래의 가사는 무척 한스럽게 들렸다.

그녀는 북한에서 대지주였다는 풍문이다. 공산 정권이 들어선 후 땅을 다 빼앗기자 남편은 화병이 나서 죽었고, 엎친 데 덮친 격으로 전쟁까지 일어나 어린 4남매를 데리고 피란 나와 해보지 않은 행상을 한다고 하였다.

고향에서 그는 만인의 존경을 받던 마님이어서 손에 물을 묻히지 않고 거울만 들여다보면서 미모를 가꾸었을 것이다. 그러다 하루아침에 모든 것을 잃었으니 얼마나 허망했으랴. 거기다 산 設고, 물 설은 천리 타향에 와서 해 보지 않은 행상을 하는 고통은 이루 말할 수 없었으리라. 하지만 한탄만 하고 있을 때가 아니다. 어떻게 하든 어린 아이들을 먹여 살려야 한다는 사명감에 무거운 광주리를 머리에 이고 다니느라 다리와 허리 아픈 것도 참으면서 이를 악물었으리라. 저녁 때 피곤하면 자신도 모르게 신세 한탄이 노래가 되어 나왔다.

이 설움을 누구한테 말하랴
이 한을 누구한테 풀랴
부처님이 계시다면 이렇게까지 하랴
평생 남에게 몹쓸 짓을 하지 않았다
전생에 무슨 죄가 있어 이런 고생을 하는가
하나님이 계시다면 왜 도와주시지 않는가
차라리 처음부터 주지나 말든지

그녀의 한탄에는 그런 뜻이 담겨 있을 것 같았다.

징검다리

우리 마을에서 1km 정도 내려가면 서화천이라는 큰 내가 있다. 서화천은 서대산에서 발원하는 10km 이상의 길이를 가지고 있어 폭이 넓고 수량도 많았다. 서화천을 건너면 옥천 가는 비포장도로가 나오고 그 길은 옥천~금산을 연결하는 지방도였다. 그 도로에 버스가 없어 옥천읍까지 걸어 다녔다. 유일한 교통수단은 자전거였는데 우리 동네에는 자전거 있는 집도 없었다. 반대쪽 면사무소가 있는 동산리도 서화천 건너 2km 정도 가야 되고 거기에 군서초등학교가 있어 초등학교 아동들도 서화천을 건너다녀야 했다. 우리 학교 군서고등공민학교도 그 내를 건너가서 서화천은 거의 매일 건너야 하는 외부로 나가는 통로였다. 물은 30m에 불과하지만, 다리가 없어서 돌을 수십 개 놓고 건너다녔는데 그런 다리를 징검다리라고 했다.

서화천에는 1급수에서 사는 손가락만한 피라미가 많았다. 학교 갔다 오다 징검다리 밑에 피라미들이 많이 보이면 놈을 잡으려고 발을 벗고 물에 들어갔다. 놈들은 징검다리 속으로 숨어 손을 넣으면 나와 다른 돌로 들어간다. 그 돌을 다른 돌로 때리면 순간적으로 정신을 잃어 배를 허옇게 내놓고 뜬다. 놈을 잡아서 고추장에 찍어 먹으면 입 안에서 꿈틀대 징그럽기는 해도 고소한 맛에 많이 잡아먹었다.

장마철에는 물이 불어 건널 수가 없었다. 산골 물이라 물살이 세어

징검다리는 떠내려가고 물이 무릎을 넘으면 어른들도 못 건넜다. 소나기가 오면 물은 갑자기 불어난다. 어느 땐가는 세 사람이 옥천 장에 갔다 오다 한 사람은 무사히 내를 건너고, 두 번째 사람은 건너다 산더미 같은 물이 덮쳐와 지게를 벗어 놓고 뛰어 건넜고, 세 번째 사람은 못 건넜다는 이야기가 서화천에 전해 온다.

비가 많이 오면 학생들은 결석했다. 마을 전체 학생들이 못 가니 불안할 것도 없었다. 그것도 하루·이틀이 아니고 며칠씩 결석할 때도 있었다. 수량이 줄면 마을 사람들이 모여 큰 돌을 갖다가 징검다리를 복원했다. 징검다리가 5·16혁명 후 새마을운동 덕분에 시멘트 다리로 바뀌어 차들이 교차할 정도로 넓은 다리가 마을마다 놓여졌다. 징검다리는 이제 전설 속의 다리가 됐다.

징검다리를 2007년 강원도 평창 봉평 마을 이효석 탄생 백주년 기념 '메밀꽃 필 무렵' 행사장에서 보았다. 큰 다리 밑에 일부러 징검다리와 섶다리를 만들어 놓았다.

영등포 양평동에서 목동으로 넘어가는 안양천 다리가 오목교인데 원래는 섶다리였다. 안양천은 너비가 넓어 징검다리로는 안 되어 섶다리를 만들었던가 보다. 섶다리는 물에 기둥을 세우고 그 위에 나뭇가지를 깔고 건너는 다리다. 한데 장마만 지면 기둥이 빠져나가 매년 다시 세우기가 힘들어 '어떻게 하면 안전한 섶다리를 놓을까?' 인근 마을 사람들이 의논하는데 지나가던 스님이 '오동나무를 띄워 보면 알 걸.'하고 갔다. 그중에 한 사람이 그 말을 듣고 달려가 물으니 '오동나무를 물에 띄워 그 나무가 걸리는 곳에 다리를 세우라'고 했다.

그 스님의 말을 듣고 세운 것이 오목교인데 섶다리가 안전하여 오동나무에서 따온 오목교(梧木橋)가 되었다. 나는 섶다리를 건너보지 못하여 평창에 갔을 때 건너보고 싶었지만 시간이 없어 못해 아쉬웠다. 그 징검다리를 보고 서화천을 떠올렸다. 지금도 징검다리로 개울을 건너는 곳이 있을까.

신고 다니던 신발은 검정 고무신이었다. 그것도 생고무가 아니고 재생고무여서 질기지가 않았다. 산에 나무하러 가서 나뭇등걸을 밟으면 고무신은 찢어졌다. 그래서 나무하는 사람 치고 성한 고무신을 신은 사람은 없었다.

비가 오면 찢어진 고무신으로 물이 들어와 발이 젖었다. 비 오는 날 방에 들어가려면 걸레로 발을 닦고 들어가야 하는데 남의 집에 가려면 여간 조심 되는 것이 아니었다. 그때 우리 마을에 내 또래가 다섯이 있었다. 그중에 아버지 없는 친구가 있어 그 집에 모여 놀았는데 비 오는 날 그 집 방에 들어가려면 걸레에 발을 닦고 들어가서 옆에 항시 걸레가 놓여 있었다.

고무신은 눈길에 미끄러웠다. 대전 넘어가는 식장산은 가파른 눈길로 반들반들하게 닳은 길이어서 무거운 짐을 지게에 지고 가다 넘어지면 큰일이었다. 그래서 발에 새끼줄을 감았다. 그러면 미끄럼을 방지할 수 있었다.

고무신이 한때는 동경의 대상이 된 적도 있었다. 일제강점기 때 고향에서 어른들은 짚신을 신고 다녔다. 새끼와 짚으로 만든 신이었다. 나는 맨발로 다녔다. 그러다 고무신 배급을 받았으니 얼마나 좋았는지 몰랐다. 아끼고 아끼면서 3년을 신었다. 그런 고무신이 피란 시절에는 미운 것이다. 운동화 신은 아이들을 부러워하였다. 비가 와도 물이 들어오지 않고, 가볍고 보기도 좋아서였다. 하지만 운동화는 신을 엄두도 못 냈다.

점잖고 기품 있는 어른들은 하얀 고무신을 신기도 했는데 그 자체만으로도 격이 높아 보였다. 구두는 신을 생각도 못했다. 더구나 가장 멋있는 백구두는. 그 당시 백구두 신는 사람은 멋쟁이의 대명사였다.

휴전 무렵 서울 명동 시공관에서 공연이 끝나고 사람들이 들어가고 나오는 북새통에 어떤 사람이 옆 사람 발을 밟았다. 그는 뻣뻣하게 서서 미안하다고 하고는 급히 들어가려 하자 밟힌 사람은 기분이 나빴다. 밟힌 사람은 그 근방을 무대로 하는 조직폭력배의 일원이었다. 동료들이 밟은 사람을 둘러싸고 동네북 치듯이 때렸다. 그런 경우 맞는 사람은 이리저리 쓰러지면서 살려 달라고 애걸복걸해야 하는데 이 사람은 몇 대 맞더니 '선생님을 몰라본다.'고 화를 내면서 윗옷을 벗어 던지니 받아 주는 사람이 있었다. 상체가 삼각형이었다. 그러더니 땅을 박차고 공중을 날자 사람은 안 보이고 백구두만 왔다 갔다 하더니 20여 명의 패거리들은 넘어지고 자빠지면서 '아이구 선생님, 살려주십시오.'하고 맞은 데를 움켜쥐고 애원하였다. 때린 사람은 그제야 백구두로 땅을 살짝 밟으면서 내려와 손을 탁탁 털고는 '별것 아닌 것들이.' 하면서 윗옷을 입고는 유유히 사라졌다. 서울 갔다 온 친구가 본 얘기를 하면서 백구두가 그렇게 멋지더라고 했다. 그 얘기를 듣고 신고 있는 검정 고무신이 찢어 버리고 싶도록 미웠다.

그때 피란민 1,000만 명이 남 · 북한으로 이동했다고 한다. 대부분이 남한으로 왔고 북한으로 간 사람은 많지 않다는 통계다. 전쟁으로 모든 생산 시설은 부서지고 농사도 제대로 짓지 못할 때 3천만 인구 중 천만 명 가까이 남한으로 왔다면 그들은 뭘 먹고 살까. 전쟁에선 살아남았을지라도 수많은 사람이 굶어 죽었으리라. 하지만 한국전쟁 때 굶어 죽은 사람이 있다는 말은 듣지 못했다. 최소한의 생명을 유지하게 배급을 주기 때문이었다. 우리도 동산리 면사무소에 가서 몇 번 배급을 타 왔다. 넓은 마당에 멍석을 펴고 배급 쌀을 쏟아 놓고 식구 수대로 자루에 퍼 담아 주었다. 양이 넉넉지는 않았나 보다. 수많은 장사꾼들이 생필품을 가지고 마을을 누볐던 것으로 보아서.

요즘 일부 국민들은 6·25 때 유엔군이 참전했던 것을 제국주의의 침략이라고 한다. 유엔이 안 도와주었으면 우리는 지금 공산 정권에서 살겠지. 그러면 쌀밥을 이만큼 배부르게 먹을 수 있을까? 북한의 오늘 형편으로 보아 그러지 못했을 것 같다

북한을 돕는다고 중공군을 보냈던 중공은 휴전 후 참전 대가로 백두산을 달라고 했다. 김일성은 일부를 준다고 했는데 중국은 다 가져갔다. 나중에 그 사실을 알고 북한의 항의로 백두산의 3분의 1을 중공 정부는 가져간 것으로 안다. 백두산은 그냥 산이 아니라 엄청나게 큰 영토다. 남한에서 제일 큰 산이 지리산으로 430㎢인데 백두산은 8,000㎢다. 경기도가 10,000㎢이니 거의 경기도만한 땅이다.

미국은 최소한 땅은 안 달랬다. 어려울 때 도와준 사람의 은혜를 잊어도 되는 건가. 우리 조상들이 신봉해 온 유교 정신을 담은 명심

보감에는 그 공을 잊지 말라고 했다.

찔레꽃은 5월 경 산야에서 많이 피는 가시가 있는 흰 떨기 꽃이다. 5월은 1년 중 가장 싱그러운 달이다. 4월에 싹 틔운 식물들이 신록(新綠)을 이루는 것도 이때다. 밭에는 푸른 보리가 바람에 일렁이고, 논에는 여러 사람이 모여 모를 내고, 하늘에는 종달새가 기쁨을 참지 못하는 듯 지지배배 노래하고, 아지랑이가 너울너울 춤을 추면서 땅에서 올라온다. 강남 갔던 제비가 돌아와 처마에 집을 짓고, 개울가에는 하얀 찔레꽃이 향긋한 향기를 풍겨 사람의 몸과 마음을 들뜨게 한다. 이양하 교수의 수필 대표작인 「신록 예찬」도 5월에 연세대학교 뒷산에서 느낀 바를 쓴 것이다.

찔레꽃 필 무렵에는 찔레 덤불로 아이들이 모여들었다. 찔레 순 때문이었다. 찔레 순은 큰 고사리만 한데 껍질을 벗기고 먹으면 밍밍하니 맛은 없었지만 탐스럽게 보여 배고팠던 시절 많이 꺾어 먹었다. 찔레 덤불 속에는 뱀이 많이 모여들었다. 그래서 찔레 덤불 속에 들어가려면 주위를 살펴야 했다. 그 무렵 찔레꽃으로 인하여 잊지 못할 두 가지 추억이 있다.

날이 더울 때 친구들과 마을 앞 도랑 위쪽으로 올라가면 찔레 덩굴이 많았다. 꽃이 활짝 핀 찔레덩굴 밑 바위에 걸터앉아 이야기꽃을 피우다 보면 물속 돌 틈에서 가재들의 발이 꿈들내는 것이 보였다. 놈을 잡으려고 돌을 뒤집으면 흙탕물 속에서 가재들의 움직임이 부산했다. 물이 맑아지기를 기다려 뽀얀 흙을 뒤집어쓰고 있는 놈을 잡아 나무에 꿰어 삭정이를 모아 불을 놓고 구워 먹었다. 가재구이는 좋은 간식거리였다.

어느 날 마을 사람들과 함께 뒷산에 고사리를 꺾으러 갔다. 큰 찔레꽃 떨기 속에 유난히 크고 싱싱한 고사리가 있어 기쁨을 감추지 못하고 기어들어 갔다. 손을 내밀어 꺾으려고 고개를 옆으로 돌렸더니 큰 회색 물체가 보였다. 똬리를 튼 큰 구렁이었다. 놈의 눈이 나를 노려보고 혀를 날름거리는 것이 아닌가. '엄마야'하고 비명을 지르면서 기어 나와 보니 찔레 가시에 걸려 옷은 찢어지고 노출된 피부에서는 피가 났다. 내 비명을 듣고 일행들이 몰려들었다. 구렁이도 놀랐던지 몸을 피했다. 좀처럼 만나기 어려운 큰 고사리를 꺾으려는 욕심 때문에 뱀에 대한 경각심을 까먹은 것이다. 그 고장은 산촌이어서 구렁이가 많았다. 집 담장은 돌로 쌓았는데 담장 위를 능구렁이가 기어 다니는 것을 가끔 본다. 그래도 주인은 쫓으려고도 하지 않았다. 겨울에는 지붕 속에도 들어가 산다. 어른들은 구렁이를 '업'으로 생각하기도 했지만, 해를 끼치지 않는다고 믿었기 때문이다. 작은 뱀일수록 독이 많다. 독이 가장 많은 살모사는 몽탁하다. 물에 사는 꽃뱀은 독이 없다고 한다.

우리 아파트 담장에는 5월이면 붉은 장미꽃도 많이 피지만 흰 찔레꽃도 많다. 지금도 찔레꽃만 보면 피난 시절 겪었던 찔레꽃 사연이 떠오른다.

소가 사람 말을 알아듣는다? 당연한 사실을 가지고 호들갑을 떤다고 핀잔하는 사람이 있을지 모르지만, 그 사실을 몸소 느낀 사람은 많지 않을 것이다. 옥천으로 간 여름 어느 날 우리가 살고 있던 주인

집 황소를 동산리에 있는 면사무소까지 나 혼자 끌고 가라고 하였다. 나는 생전 소를 가까이해 보지 않았다. 커다란 덩치에 두 개의 뿔과 왕방울만한 눈을 가진 무서운 놈을 어떻게 십리 길을 끌고 가란 말인가. 가다가 내 뛰기라도 하면 어쩌란 말인가. 걱정이 태산 같았지만, 어른들이 시켜서 할 수 없이 그렇게 하였다.

소의 뒤에서 줄을 잡고 조심조심 가다 날이 더워 길가에서 쉬어 가기로 했다. 그때 소 궁둥이에 상처가 나서 뚫어진 데를 파리들이 새카맣게 달라붙어서 피를 빨아 먹었다. 회초리로 쫓아 준다고 휘두른 것이 상처를 건드렸던지 놈은 놀라 후닥닥 뛰어 달아나는 것이 아닌가. 하도 놀라고 당황하여 '어! 어!'하는 소리가 엉겁결에 나왔다. 그러자 소는 우뚝 섰다. 다음 순간 소가 왜 갑자기 섰을까를 생각해 보았다. 거기서 얻은 해답은 소를 서게 할 때 '워, 워'하는데 놈은 내가 놀라서 '어, 어'하는 소리를 '워, 워'로 알아듣고 섰을 거라는 생각에 미치자 소가 말을 알아듣는다고 느꼈다.

소에게 일을 시킬 때 부리는 말은 '이랴.'와 '워, 워.', '어저저저.' 등 세 가지로 알고 있다. '이랴.'는 '가라.'는 뜻이고, '워, 워.'는 '서라.'는 뜻이고, '어저저저.'는 논이나 밭을 갈 때 방향을 바꾸라는 것이다.

세종 때 황희(黃喜)만큼 유명한 정승은 조선왕조에 없다. 태종부터 문종(네 분의 임금님) 때까지 영의정 벼슬을 하면서 국정을 이끌었으니 성품이 어질지 않으면 불가능한 일이다. 황희가 젊었을 때는 무척 거만했었다. 길을 가다 쉬는데 농부가 까만 소와 누런 소를 한 겨리로 논을 갈았다. 황희는 "어떤 소가 일을 더 잘 합니까?"하고 논둑에서 쉬면서 물었더니 농부는 하던 일을 멈추고 다가와 귓속말로 "검은 소가 더 잘합니다."하였다.

황희는 "그 얘기하려고 여기까지 왔어요?" 의아해했더니 농부는 "누런 소가 알면 기분 나빠할 것 같아 그렇게 했습니다."고 말했다.

황희는 거기서 큰 깨달음을 얻어 겸손하게 행동하여 훗날 여러 임금님을 모시는 영의정이 되었다. 아무리 재주가 뛰어나고 아는 것이 많아도 겸손해야 사람의 마음을 얻을 수 있다는 황희 정승에 관한 일화는 유명하다.

'이랴'하면 소가 가는데 거기에는 다음과 같은 전설이 있다. 어떤 집에서 새 며느리를 얻은 3일 후 마당에서 보리타작을 했다. 서쪽 하늘이 갑자기 캄캄해지더니 장대 같은 소나기를 퍼 붇는 것이 아닌가. 순식간에 황토물이 마당을 덮어 보리가 다 떠내려갔으나 일하던 사람들은 추녀 안에 서서 발만 동동 굴렀다. 그때 방에서 고운 한복을 입고 앉아 있던 신부가 뛰어나오더니 한 손에 가마니 하나씩 들고 뛰어 순식간에 추녀 안으로 끌어들였다. 사람들은 놀라서 입만 벌리고 보고 있었다. 그때는 기운이 센 사람은 역적이 된다 하여 나라에서 잡아 죽이던 때였다. 신부는 힘이 장사였지만 숨기고 살다 위기가 닥치자 자기도 모르게 본능이 튀어나온 것이다. 시아버지는 며느리를 앉혀 놓고 "너도 알다시피 기운 센 사람은 나라에서 그냥 두지 않는다. 너는 우리 집에서 살 수 없으니 빨리 몸을 피하여라."고 했다. "예, 그렇게 하겠습니다." 신부도 그 사정을 아는 터여서 그렇게 대답할 수밖에 없었다.

"내가 지금 해줄 수 있는 것은 저 황소밖에 없으니 끌고 가서 살

길을 마련하여라."하고는 외양간에 있던 소를 끌러 주었다.

며느리는 소를 끌고 관원이 잡으러 오기 전에 빨리 가야 하는데 소는 주인의 다급한 심정을 몰라주고 '세월아 네월아'하고 사방을 두리번거리면서 천천히 걷는 것이 아닌가. 며느리는 소에게 빨리 가라고 줄을 흔들어도 들은 척도 안 했다. 그래서 번쩍 들어 머리에 이었다. 소는 등이 좁은 머리에 닿고 네 다리가 하늘로 뻗쳤으니 불편하기 짝이 없었다. 얼마 동안 가서 내려놓으니 빨리 갔으나 제 버릇 개 못 준다고 또 느림보가 되는 것이 아닌가. 며느리는 '또 머리에 이랴' 했더니 놈은 빨리 갔다. 소가 늦게 가면 '이랴, 이랴'하면서 위험지역을 빠져나가 화를 면하였다. 그때는 죄를 져도 군(郡)을 벗어나면 구속되지 않던 시대였다.

그 후부터 소를 가게 하려면 '이랴'하고 고삐를 맨 줄을 흔들면 소는 가게 되었다. 소 몰아보고 이런 사실을 몸소 체험했으니 값진 경험이었다.

'워, 워.'와 '어저저져.'도 그렇게 부르게 된 계기가 있을 것 같은데 찾지 못해 아쉬웠다.

소 심부름을 시키던 집에 나이 먹은 머슴이 들어왔다. 그는 농사일을 해 보지 않은 사람 같았다. 얼마 후에 처녀가 왔다. 머슴의 딸이라고 했다. 아버지가 농사일 하시는 걸 보고 울었다. 함께 살 형편이 안 되어 아버지는 해보지 않은 농사일을 먹여 주는 조건으로 일했다.

그 머슴이 나간 후 청년이 머슴으로 왔다. 19세라고 했다. 생기기도 잘 생기고 일도 잘했다. 우리와도 잘 어울렸다. 그는 노래를 구성지게 불렀다.

너냐 나냐 두리둥실 놀고요
낮에 낮에나 밤에 밤에나 참사랑이로구나
아침에 우는 새는 배가 고파서 울고요
저녁에 우는 새는 님이 그리워 운다

이런 가사의 노래를 자주 불렀다. 그 노래가 제주도 민요라는 것을 글을 쓰면서 알았다. 그는 제주도가 고향이었나 보다.

그 머슴이 건너 동네 청년과 어느 날 밤 들에서 싸움이 붙었다. 우리 친구들도 가슴을 졸이고 있는데 그는 발길질을 잘했다. 한번 걷어차고는 뒷걸음질쳐 자빠질까 걱정했는데, 우리 친구의 권유로 싸움을 그쳤다. 그는 1년 머슴을 살고 갔다.

제4부

쌀 한 가마니

옥천 농촌에서 피란살이 하던 과정을 실었다. 아버지는 6.25 때 피란 오다 이 고장이 깊은 산골이어서 피란 고장으로 보고 도램말 담배창고에서 살면서 밥은 동네에 다니면서 얻어 잡수셨다. 목공기술이 있으시어 주민들의 부서진 가구를 고쳐 주어 정착할 수 있었다. 아버지는 씨아를 만들어 팔아 쌀을 한 가마니나 장만해 놓으셨다. 우리가 가서 쌀밥을 먹고 살았다. 어머니는 행상을 하시고 아버지는 약장사를 하시고 나는 고등공민학교에 입학했다. 그때 풍속도 잊혀져 가는 것이기에 다루었고 휴전 후 대전에 나와 살 때까지를 다루었다.

디딜방아와 연자방아

경기도와 충청도는 붙어 있는 가까운 땅이지만 풍습이 다른 것이 많았다. 집에서 방아 찧는 것만 해도 판이하게 달랐다. 경기도에선 보리를 찧을 땐 돌절구에 넣고 양쪽에서 무거운 돌공이를 머리 위로 올렸다가 번갈아 내리쳐 껍데기를 벗기고, 떡가루를 만들 땐 돌절구에 쌀 불린 것을 넣고 공이를 양쪽에서 들고 한 손으로 콩콩 내리쳐 대상물을 빻았다. 충청도에선 절구 대신 디딜방아를 사용했다. 우리가 살던 화자네는 헛간에 땅을 파고 돌확을 묻어 놓고 절구 공이는 손으로 잡고 하는 것이 아니라 발로 밟았다. 공이에 90도로 길게 늘인 나무 끝을 쌍갈래지게 발판을 만들어 두 사람이 하나씩 밟았다. 그 반동으로 절굿공이가 들렸다 내렸다를 반복하면서 방아가 찧어졌다. 돌확에 한 사람이 앉아 밖으로 튀어나오는 것을 밀어 넣었기 때문에 세 사람이 방아를 찧었다. 고춧가루를 빻거나 떡을 할 때 주로 디딜방아로 찧었다. 경기도에선 절굿공이로 양쪽에 마주 보고 서서 찧는데 비하면, 디딜방아는 비록 셋이 일하였지만, 힘은 덜 드는 기구였다. 다 빻으면 체로 쳐서 가루를 분리하였다.

절구와 같이 곡식을 잘게 부수는 것에 맷돌이 있다. 맷돌은 주로 구멍이 숭숭 뚫린 현무암으로 동그랗게 두 짝을 만들어 포개 가에 나무 손잡이를 박고 돌리면서 위에 구멍을 뚫어 놓고 곡식을 넣으면 부서지게 하는 장치다. 두부 할 때나 밀을 갈 때 사용했다.

디딜방아는 경기도에선 보지 못하였다. 하지만 김유정 문학관에 규모가 큰 디딜방아가 있던 것으로 보아서 강원도에선 있었는가 보다. 경기도에서 보지 못한 방아가 연자방아다. 연자방아는 건너 동네 무중굴 옥희네 집 밖에 있었다. 연자방아는 편편한 돌 위에 찧을 곡식을 놓고 맷돌짝 같은 둥글고 큰 돌 가운데를 뚫고 나무를 박아 세워 놓고 소나 말에 연결하여 끌면 둥근 돌이 돌아가면서 곡식의 껍데기가 벗어지는 장치이다. 우리가 피란 생활을 할 땐 발동기를 돌려 방아를 찧는 방앗간이 가까운 데 있어 연자방아 가동하는 것은 보지 못했지만, 발동기가 들어오기 전엔 연자방아로 찧었던가 보다. 이제는 두 방아가 박물관에나 가야 볼 수 있지만, 그전엔 연자방아와 디딜방아는 많이 활용되었던 농기구였다.

북한에서 온 할머니가 피란 고장 할머니들과 어울려 노는데 할머니들이 '손주, 손주'하면서 자기가 데려온 어린아이를 보고 즐거운 표정을 지었다. 피란 온 할머니는 무슨 말인지 몰라 어리둥절하다가 겨우 그 뜻을 알고는 '손주, 손주.'하기에 무슨 소린가 했더니 .두벌새끼를 손주라고 하는구먼.'하고 고개를 끄덕였다. 그러자 같이 있던 친구 할머니들이 '귀여운 손자를 보고 두벌새끼가 뭐냐.'고 종주먹을 대서 혼났다. 그 할머니가 살던 지방에선 손자를 두벌 새끼라고 불렀던 모양이다. 하지만 두벌새끼라는 어감은 좋지 않아 곧바로 항의를 받아 망신을 당한 결과가 되었다.

육군 훈련소가 제일 먼저 제주도에 들어섰다. 언제 전 국토가 적군에게 점령당할는지 몰라서 육지에서 멀리 떨어진 제주도에서도 남쪽인 모슬포 근방에 훈련소를 건설했다. 후방이 안정되자 충청남도 논산에 또 훈련소를 세웠다. 제주도 훈련소를 '제1훈련소', 논산 훈련소를 '제2훈련소'라고 했다. 제주도 훈련소는 불편한 점이 많아 없어지고 논산 훈련소로 단일화하였다.

제1훈련소에서 훈련을 마치고 나오려던 훈련병이 시장에 가서 여러 가지 물건을 샀다. 그걸 보퉁이에 싸 달라고 여자 주인에게 말했더니 그 녀는 입에 거품을 물고 소리소리 질렀다. 그 군인은 영문을 몰라 어리둥절하고 있는데 다른 사람이 와서 하는 말이 '보퉁이'는 여자의 생식기, 즉 '음부'를 뜻한다고 했다. 여자 상인은 '당신의 ××'에 이 물건을 싸 달라고 하는 말로 들었을 것이니 희롱하는 줄로 알았다는 것이다. 이 글을 쓰기 위하여 제주도방언 사전을 찾아보니 음부가 '보댕이'라고 표기되어 있는데 보퉁이가 상인에게 보댕이로 들렸던가 보다. 이렇게 갑자기 전 국민을 뒤섞어 놓았기 때문에 언어와 풍속이 달라 많은 부작용을 낳았을 것이다.

설날에 먹는 음식 중 대표적인 것은 떡국이다. 떡국에 만두를 넣어 떡만둣국을 만들어 먹는 것이 경기 지방에선 보편화되었는데 충청도에서는 만두 대신 두부를 넣었다. 만두가 싫어서가 아니라 아예 만두 자체를 몰랐다.

우리가 떡국에 만두를 넣어서 끓이는 방식을 그 고장에 퍼뜨려 그 마을 사람들도 만두를 넣어 해먹었다. 지금도 삼남 지방에선 만두를 좋아하지 않는 사람이 많다.

충청도 지방에는 쌀보다도 보리가 많이 생산되었다. 논에 2모작을 해서였다. 경기지방에선 날씨가 추워 2모작을 못하고 밭에 조(서속)를 많이 심었다. 경기지방에서도 가끔 보리밥을 해 먹었는데 통보리밥을 '원 보리밥'이라고 하여 별식으로 여기고, 탄 보리밥을 주로 해 먹었다. 탄 보리밥은 통보리쌀을 맷돌에다 들들 갈면 반쪽으로 갈라지는데, 그걸로 지은 밥을 탄 보리밥이라고 했다. 탄 보리밥은 쌀과 섞어서 밥을 해도 되지만 통보리 밥은 안 익는다. 그래서 충청도에선 보리쌀을 삶아 바구니에 넣어 뚜껑을 덮어 부엌 공중에 매달아 놓았다가 밥을 할 때 쌀과 섞어서 했다. 우리가 경기도 식으로 보리쌀을 타서 밥을 했더니 그 지방 사람들은 '왜 깔깔하게 타서 하느냐'고 해서 우리도 통 보리밥을 해 먹었다.

경기도에 없는 것이 충청도에는 있다. 고욤나무다. 고욤나무는 산에 자생으로 난 감나무 같이 생겼는데 열매 크기가 포도알만 했다. 가을에 따서 항아리에 넣고 오래 두면 발효가 되어 떫은맛이 없어진다. 깊은 겨울밤 고욤을 한 사발 퍼다 놓고 여럿이 둘러앉아 숟갈로 떠먹는 맛을 어디다 비기랴. 고욤나무에다 감나무 접을 붙이면 감나무가 된다.

6·25사변은 갑자기 전 국민을 뒤섞어서 음식과 풍습의 보급도 무척 많고 부작용도 많았으리라.

동제(洞祭)와 쥐불놀이

어떤 사람이 산에 나무하러 갔는데 붉은 치마 입은 처녀가 혼자 산 속에서 울고 있더란다. 왜 우느냐고 물었더니 날이 풀리면 전염병이 돌아 다 죽을 터이니 어떻게 가만히 있느냐고 하고는 또 울었다. 그러면 무슨 방법이 있느냐고 물으니 한참 생각하다가 '팥죽이나 쑤어 먹으면.' 하고는 없어졌다고 한다. 그녀를 산신령의 현신이라고 했다. 그 사연이 인근에 알려지자 너도나도 모두 팥죽을 쑤어 먹었다.

사람이 인간의 능력 밖의 일은 모두 신의 영역으로 돌렸다. 아인슈타인 박사도 우주를 연구하다가 모르는 건 신의 영역이라 했고, 한의학에서도 능력밖에 있는 병은 귀책(鬼責)으로 돌렸다.

팥죽은 붉은색이다. 붉은색은 귀신을 쫓는 상징이다. 신라의 처용랑이 밖에 나가 놀다 밤중에 돌아와 보니 방문 앞에 신이 두 켤레 놓여있었다. 아내가 외간 남자와 같이 자는 것이다. 처용은 도끼를 들고 들어가고 싶은 걸 참고 '둘은 내 것이고, 둘은 누구 것이냐.'는 노래를 부르면서 나왔다.

아내와 같이 자던 남자는 역신(疫神 · 천연두)이었다. 역신은 감동하여 신분을 밝히면서 '앞으로 나를 쫓으려면 붉은색을 붙여 놓으면 범접을 못 한다.'고 일러 주었다. 부적(符籍)이 붉은 글씨로 되어 있는 것은 그 때문이다.

옛날에는 아픈 것도 귀신이 일으킨다고 보았다. 병자가 있는 집에서는 아침 일찍 정화수(井華水)를 떠다 장독 위에 놓고 어머니는 병이 낫게 해 달라고 빌었다. 돈을 많이 들여 큰 굿을 하기도 했다. 전염병 역시 귀신의 장난으로 보고 붉은색의 팥죽을 쑤어 먹으라고 한 것이다.

지금 생각하면 아무것도 아닌 일을 그때는 심각하게 생각했다. 마음이 약할 때 마귀가 틈타는 법이다

그 고장에서는 정월 대보름 밤에 동제(洞祭)를 지냈다. 마을 앞에 돌로 단(壇)을 쌓고 그 위에 제물(祭物)과 막걸리를 사발에 따라놓고 제사를 지냈다. 새해에는 마을에 좋은 일이 많기를 바라고, 풍년이 들기를 기원하는 축문도 읽고, 그 종이를 불태워 하늘로 올렸다.

제주(祭主)는 그 마을 가장(家長)들이 돌아가면서 했다. 마을 사람들도 와서 구경하고, 제사가 끝나면 시루떡과 음식을 나누어 먹으면서 각자 마음속에 품은 바를 이루어지게 해 달라고 기원했다.

음식을 먹고 나면 아이들은 쥐불놀이를 하였다. 쥐불은 논이나 밭가에 있는 풀을 태워 농사에 해롭게 하는 병균을 죽이는 게 목적이었는데 그 행사를 할 즈음 이웃 마을끼리 크게 불싸움 놀이를 했다. 이긴 쪽에 있던 쥐가 진 쪽으로 몰려간다는 전설이 있어 쥐불놀이라고 불렀다. 고구려 때는 준 군사놀이로까지 번져 이웃 마을 사람들끼리 불싸움을 하다 죽는 사람도 있었다니 얼마나 치열했는지를 알 수 있다. 그 고장에서는 그런 행사는 없었고 아이들이 깡통에 나무를 잘게 쪼개서 담고 불을 붙여 철사로 줄을 길게 하여 홰홰 돌리면 불꽃이

일어나면서 활활 탔다. 그것을 하늘 높이 던지면 불덩어리가 되어 올라갔다 내려오는 것이 재미있어서 많이 하고 놀았다. 지금은 산에 나무가 많아 산불조심 때문에 쥐불놀이는 금지한 것으로 안다. 정월 보름, 달 밝은 밤에 왁자지껄 떠들면서 놀던 추억이 그립다. 내가 어렸을 때 정월대보름에는 짚으로 사람의 모양을 만들어 달이 뜰 때 절하면서 '달님, 절여.'라고 했다. 달님에게 소원을 이루어 주십사 하는 행사다.

조상들은 정월 대보름에 색다른 뜻을 두었다. 정초부터 하던 윷놀이를 정월 보름이 지나면 안 하고, 그네뛰기, 널뛰기도 그치고, 연(鳶)도 날려 보냈다. 왜 정월대보름에는 정초부터 하던 놀이를 중단했을까? 기록에서는 찾지 못했지만, 그때는 농경 사회여서 설날부터 보름께까지는 놀았다. 그러다 보름이 지나면 농사 준비를 해야 하는데 정초에 놀던 놀이들을 그대로 두면 거기에 미련이 가서 자꾸 하고 싶기 때문에 아예 싹을 잘라 버린 것으로 보고 싶다.

윗마을에 사냥을 잘 하는 개를 기르는 선배가 있었다. 종류는 셰퍼드인데 노루와 토끼를 많이 잡았다고 한다. 그 고장은 산촌이어서 노루가 많았다. 낮에도 심심치 않게 노루가 뛰어가는 것이 눈에 띌 정도였고 저녁때는 너구리가 산에서 자주 보였다.

친구 몇 명이 그 개를 데리고 산으로 밤 사냥을 나갔다. 사람은 사람대로 다니는데 개는 저 혼자 다니다 일정한 시간 간격으로 주인에게 돌아왔다. 그날은 아무것도 잡지 못했다.

그 선배 아버지가 사냥을 좋아했던지 일제강점기 때 청년들과 같이 밤 사냥을 자주 나갔는데 노루와 토끼 등을 잡아 오기도 했다. 한 번은 개와 오소리가 싸움이 붙었는데 오소리는 도망가지 않고 개와 싸워 결국은 놓치고 말은 적도 있었다.

밤에는 개가 앞으로 나가지 않았다. 청년들이 때려도 나가지 않아 주인은 아무 소리 안 하고 개를 큰 자루에 넣어 멜빵을 해서 짊어지고 내려왔다. 영문을 모르는 청년들에게 개 주인은 '그 근방에 큰 짐승이 있다.'고 하였다. 큰 짐승은 호랑이다.

그 산에는 호랑이가 있다고 전하여 온다. 인근에 높은 서대산(904m)이 있는데 그 산이 태백산맥에서 갈라져 나와 호남지방으로 뻗은 소백산맥 중간에 있다. 소백산, 서대산, 덕유산, 지리산으로 이어져서 호랑이가 그 지맥인 식장산까지 왔을 수 있다.

일제강점기 때 이웃 마을 사람이 땔나무를 대전 가서 팔려고 지게에 얹어 놓고 저녁을 먹은 후 일찌감치 자고 일어나 새벽인줄 알고 나섰다. 그때는 시계가 없었다. 윗동네에 갔더니 마을 사람들이 마당에서 그때까지 이야기하면서 쉬고 있었다. 그들은 자정이 넘지 않았다고 자고 가라고 하였다. 그는 자주 다니던 눈에 익은 길이어서 그냥 갔다.

산을 넘어 내리막길을 갈 때 주위에 돌이 우수수 떨어졌다. 무서운 생각이 들어 지게를 내려놓고 불을 놓고 쬐다 주위가 조용하여 갔더니 또 돌이 날아와 거기서 나무 한 짐을 다 불 놓았더니 날이 밝았다. 호랑이가 사람을 놀려 주려면 자갈을 뿌린다고 한다. 쪼그리고 앉아 앞발로 돌을 뒤로 뿌리면 놈은 기운이 세서 멀리 날아가서 사람에게는 안 보인다. 그때도 호랑이가 그런 장난했을 것이라는 추측이다.

그 고장에는 개호주가 있다. 일제강점기 때 이웃 마을 사람이 옥천장에 가서 어머니의 환갑잔치에 쓸 쇠고기를 자전거에 싣고 술을 얼큰하게 마시고 콧노래를 부르면서 오는데 말 무덤 고개에 올라서자 개호주가 앞발을 들고 일어서서 앞을 막았다. 그는 고기를 조금 떼어 주고 먹는 동안 자전거 페달을 힘껏 밟았다. 얼마 안 가서 놈은 또 앞을 막았다. 그렇게 해서 고기를 다 빼앗겼다. 그는 놀라서 병이 들어 얼마 못 살고 죽었다고 한다. 생고기를 고양이과 동물들은 좋아한다.

80년대 아는 사람이 지리산에 가서 텐트를 치고 자는데 밖에서 땡그랑 소리가 나서 내다보니 텐트 위에 매달아 놓은 생고기가 없어졌다. 거기가 뱀사골 골짜기다. 주민들 말에 의하면 개호주가 있다고 했다. 텐트 밖에 걸어놓은 고기를 채 간 놈은 개호주일 거라고 하였다. 개호주는 사전에 범의 새끼라고 표시되어 있는데 서양 말로 스라소니라고 한다.

사냥개 종류로 북한에선 풍산개를 으뜸으로 친다. 포수들은 풍산개 두,세 마리 데리고 사냥을 다닌다. 개과 동물은 고양이과 동물을 보면 우선 기부터 죽어 싸울 엄두를 못 내는데 풍산개는 다르다. 문재인 대통령이 김정은에게서 선물로 받은 개가 풍산개다. 언젠가 풍산개의 담력을 실험했다. 풍산개를 데리고 호랑이 우리에 갔더니 안 가겠다고 뒷발을 뻗댔다. 그래도 끌고 갔더니 집채만 한 호랑이가 오자 다른 개 같으면 오줌을 질금질금 싸면서 정신을 못 차리는데 풍산개는 마주 서서 짖었다. 엄청난 담력이라는 동물학자의 견해였다. 그런 풍산개와 진돗개를 싸움 붙였다. 크기도 비슷하고 모양도 비슷했는데 싸움은 막상막하였다. 주최 측은 무승부로 판정하고 떼어 놓았지만 내가 보기엔 풍산개가 약간 우세한 것 같았다.

내가 처음이자 마지막으로 밤 사냥을 나갔는데 아무것도 잡지 못해 아쉬웠다.

북쪽에서 피란 나온 사람들, 생활 기반이 없는 사람들은 대전 인동 시장, 원동 시장에 몰려들어 바글바글하였다. 인구 10만 남짓하던 도시에 갑자기 30만 명이 되었으니 그 상황이야말로 표현할 수 없을 정도였다.

책상만 한 좌판을 시장 길가에 놓고 별별 상품을 다 팔았으며, 나무상자에 물건을 넣어 어깨에 메고 다니면서 파는 청소년도 많았다. 매일 시장에선 싸우는 소리가 났다. 고향에서 내가 아프면 약을 사다 먹였던 약국 주인도 거기로 피란 와서 거리에서 흰 가운을 입고 책상 위에 약을 놓고 팔았다. 신문을 옆에 끼고 뛰어다니면서 '내일 아침 대전일보.'하고 외치면서 팔러 다니는 학생들도 있었다. 시외버스 종점에는 지게꾼들이 많았다. 시골에서 짐을 가지고 온 승객의 물품을 목적지까지 지게로 져다 주고 운임을 받는데 짐꾼들도 많아 버스가 도착하면 먼저 승객의 짐을 잡기 위하여 싸움이 벌어졌다. 이웃에 경이 아버지라는 청년이 있었는데 피란민이었다. 그가 시외버스 종점에서 짐을 져 날라 생계를 유지하였다. 그중에서도 억세어서 짐을 많이 차지하였다.

그들은 그래도 나은 편이다. 그나마도 자리를 못 잡은 사람들은 산에 가서 나무를 해다 팔았다. 그때 땔감은 나무뿐이었다. 방을 따뜻하게 하는 것도, 밥을 해 먹는 불도 오로지 나무를 때서 했다.

대전에선 우리가 넘어 다녔던 식장산이 가까워서 그 산에 매일 수많은 나무꾼이 몰려들었다. 그들 중엔 남자만 있는 것이 아니라 노약자도, 꽃 같은 처녀들도 있었다. 여자들은 나뭇잎을 갈퀴로 긁어서 보자기에 쌌다. 타향에서 살아남기 위해선 체면 차릴 계제가 아니었다. 작은 산에 많은 사람들이 몰려들었으니 얼마 안 가서 산은 벌겋게 되었다. 산감(山監)이 단속했으나 죽기 살기로 달려드는 그들을 저지할 수는 없었다.

일본에서 비행기를 타고 현해탄을 건너온 인사가 쓴 글을 보았는데 일본은 푸르고 한국은 어디를 봐도 붉다고 한탄하는 내용이었다. 정부에서도 대책이 없었다. 가만히 있기도 무엇하여 산기슭에 애림(愛林), 산림녹화(山林綠化)라고 쓴 푯말을 세워놓는 것으로 체면을 유지할 수밖에 없었다.

이런 삶이 비단 대전에서만은 아니었을 것이다. 그 대표적인 곳이 부산이다. 해방되고 나서 서울 인구는 150만, 부산은 47만이라고 교과서에서 배웠다. 사변 후 북한에서 배 타고 거제도로 온 사람들이 거의 부산으로 왔다. 그들이 10여 만이다. 서울에서 부산으로 피란간 사람들도 엄청 많았다. 통계는 없지만 부산 인구가 100만 이상이었으리라 추측된다. 부산의 대표적인 시장인 국제시장과 자갈치시장엔 사람들이 바글바글 했다. 문인들도 많이 모였다. 광복동, 남포동이 서울의 명동이었다. 군세어라 금순아 노래에 '영도다리 난간 위에 초승달만 외로이 떴다.' '이 내 몸은 국제시장 장사치기다.'라는 구절이 어려운 삶을 말해준다.

휴전 후 일자리를 얻었을 때 그들은 몸을 아끼지 않고 일했다.

5·16 혁명 후 정부에서 새마을운동을 일으켰을 때 '잘살아 보자.'라는 슬로건 아래 국민들은 밤잠을 안 자면서 늦게까지 일했다. 그 세대의 중심이 30~40년대 태어난 우리 세대다. 대한민국의 경제부흥을 일으킨 주역이 그 세대들이다. 이제 그들은 직장에서 물러나 아들 세대들이 이끌어 가는 세상을 본다. 헌데 노는 날이 너무 많다. 일도 주 52시간을 넘지 못하게 한다. 직장마다 형편이 다르니 일률적으로 규제하는 것은 옳지 않다.

노는 사람도 정부에서 돈을 주어 직장에 나가려는 사람도 점점 줄어든다. 정치인들은 표를 얻기 위하여 유권자들의 환심을 사는 쪽으로만 정치를 하여 나라의 장래는 생각하지 않는다.

요즘 중남미 좌파 국가들이 물가가 올라 국민들 생활이 불안정하여 미국으로 넘어오려 하고, 금융기관에선 돈 찍어내기에 바쁘다고 한다. 그것이 우리의 앞날이 아니기를 바란다. 귀여운 손자들을 잘살게 만들어 주려면 그들에게 부담을 주지 않아야 한다. 정부에서 연금개혁, 노동개혁을 하려는 것도 그 때문이다.

백마고지 전투

백마고지는 6·25 사변 전체에서도 유엔군에게 가장 큰 승리를 안겨준 격전지다. 강원도 평강을 정점으로 철원과 김화를 잇는 삼각지로 중부전선의 전략적 요충지였다. 백마고지 전투는 1952년 10월 6일 김종오 장군이 이끄는 국군 9사단과 중공군 38군단 강옹휘 장군 휘하 3개 사단, 즉 8천 명과 1만5천 명의 격돌이었다. 이 싸움은 휴전회담을 앞두고 양측이 혼신의 힘을 쏟았던 전투였다. 더구나 철원평야 가운데 우뚝 솟은 백마산은 650㎢에 이르는 넓은 철원평야를 감제할 수 있는 중요한 지점이어서 양측에 비상한 관심을 가지게 했다.

유엔군 측에선 총사령관 밴 프리트 대장이 배석하고, 중공군 측에선 한국 파병 최고 책임자인 임표 제4야전군사령관, 북한군 측에선 전선 사령관 김책이 참석한, 양측의 군 최정상들이 참관한 자존심을 건 싸움이었다. 그러니만치 언론에서도 관심을 가져 AP, AFP, 로이터와 소련의 타스 통신, 중공의 신화사 기자들까지 취재하여 세계의 이목을 집중시키기도 했다.

백마고지는 철원 북방 395m의 백마산이다. 말안장과 같이 생긴 긴 능선에서 싸움이 벌어져 10일간 24번이나 주인이 바뀌었다. 결국 국군 9사단이 승리하여 적을 물리쳤고 중공군은 8천여 명의 인명 손실을, 국군은 750명의 전사자(비석 참조)를 냈다. 거기서 유엔군은 22만 발, 중공군은 5만5천 발의 포탄을 쏘아 그 능선을 '피의 능선'이라 불렀고 산이 뭉그러져 '아이스크림 봉'이라는 별명까지 생겼다.

백마고지 전투는 지휘관들의 머리싸움이었다. 한국군의 유효적절한 대응, 유엔군의 포격과 공중지원을 적절히 이끌어 내 중공군의 인해전술을 막은 것이다.

그 전투를 국군이 승리로 이끌자 밴 프리트 유엔군 사령관은 헬기로 이승만 대통령을 모시고 9사단 지휘본부를 방문하였다. 유엔군 사령관이 얼마나 기뻤으면 피비린내 나는 살벌한 전쟁터에까지 노 대통령을 모시고 왔겠는가. 대통령은 김종오 사단장의 손을 붙잡고 눈물을 흘리면서 승전을 치하했다. 30대 초반(1921년생)이었던 젊은 사단장의 벅찬 감정은 이루 말할 수 없었을 것이다.

백마고지까지 기차가 간다고 하여 갔었다. 역에서 20~30분 걸어야 했다. 앞에 광장이 있고 각종 비석이 있으며 하얀 말이 앞발을 들고 섰는 '백마고지'의 상징이 상체를 일으키고 있다. 기념탑에 올라가는 양쪽 가에 자작나무가 있고 고지에 큰 탑이 있다. 정상에 서자 2㎞ 정도 앞에 건너다보이는 산이 백마고지이고, 일반인은 출입할 수 없다고 했다.

김일성은 철원평야를 빼앗기자 3일 동안 밥도 안 먹고, 잠도 안 자고 울었다는 백마고지역에 근무하는 여자 역무원의 말이었다. 젊은 사람이 어떻게 그때를 아느냐고 물었더니 아버지가 육군 상사로 백마고지 전투에 참전했다고 했다. 좀 과장됐을지라도 북한 측에서 얼마나 뼈 아프게 여겼는지를 알 수 있다.

김종오 장군은 6·25 발발 초기에도 춘천에서 6사단을 맡았는데 다른 지역은 다 밀렸어도 자신의 관할 구역은 적에게 한 발짝도 내려오지 못하게 했고, 용문산에서도 큰 승리를 일궈 냈던 군 전략의 달인이었다.

압록강에 처음 도착한 부대가 김종오 사단이었다. 사단장은 험한 산길을 스리쿼터를 타고 가다 차가 뒤집혀 머리가 깨졌다. 그럼에도 불구하고 압록강에 가서 물을 수통 두 개에 담아 하나는 이승만 대통령에게, 하나는 육군본부에 보내라고 하고 병원에 입원하였다. 치명상은 아니었던지 오래 입원하지는 않았다. 다시 일선에 복귀하여 9사단을 맡아 백마고지에서 승전을 일구어낸 장군이다.

김종오 장군의 특색은 적의 움직임을 예측하여 대비했다는 점이다. 그래서 싸울 때마다 이겼다. 이형근, 정일권, 백선엽, 박정희에 이어 다섯 번째 별 네 개를 달은 4성 장군이 됐다. 박정희는 소장에서 혁명을 일으켜 별 두 개를 스스로 달아 대장이 됐으니 김종오 장군은 엄격하게 말하면 네 번째 대장이다. 김종오 대장은 충청도 조치원 근방이 고향으로 40대 중반에 암에 걸려 사망했다.

포천 산정호수가 있는 명성산에 올라가면 넓은 철원평야가 보인다. 우리가 자유롭게 갈 수 있는 38선 이북인 철원평야가 백마고지의 승리 때문이었다니 김종오 장군의 영전에 꽃다발을 드리고 싶다.

6·25체험수기 응모작에 당선된 분대장 김희선 씨의 수기가 눈에 들어왔다. 국군 6사단(김종오 사단장) 소속의 우리 본 대대는 용문산 방어 전투에서 대승을 거두고 북진하여 춘천시 우두동에 도착했다. 제대로 쉬지도 못하고 연대장의 지시를 따라 구만리 발전소를 폭파하라는 명령을 받았다. 거기에 중공군 군단(군단은 3개 사단)급 보급창고가 있다고 했다. 각 대대에서 차출된 병력이 100여 명가량이었다. 부상자를 제외한 나머지 대원 70명을 7개 조로 만들었다. 각 분대는 중공군에게서 노획한 말 한 필과 60mm 박격포 1문, 기관총, 개인 화기를 소지하고 출발했다. 구만리 발전소까지는 32km로 밤에 산으로 가야 했다. 새벽에 목표지점에 도착했다. 각 분대원 70명은 구만리 발전소를 빙 둘러쌌다. 인솔자인 대대장은 내가 하늘을 향하여 총을 쏘면 일제히 공격하라고 했다. 날이 밝자 댐 주위에는 건물이 많고 야외에 차나 말이 많았다. 중공군들이 많이 나와 호숫가에서 세수를 하였다.

대대장의 권총소리를 듣고 일제히 박격포와 기관총을 중공군의 머리에 퍼부었다. 말들은 이리 뛰고 저리 뛰고, 중공군들은 우왕좌왕했다. 국군이 사방 산에서 내려오자 그들은 손을 들었다. 거기서 거둔 전과가 중공군 1만5천 명을 포로로 잡고, 말 100필, 소련제 고사포 4문, 소련제 지스 및 가스차 20여 대, 일제 야포 2문, 수수 수천 포대, 군복 및 내의 등을 노획했다.

우리 6사단은 이승만 대통령으로부터 부대표창을 받았으며 중공군 포로를 많이 잡았다고 해서 구만리 발전소를 파로호(破虜湖)라고 고쳤다. 파로호는 화천댐이다.

'펀치 볼'은 강원도 인제군 해안면인 1,000m가 넘는 봉우리에 둘러싸인 면 소재지의 별칭이다. 그 지역이 화채 그릇처럼 생겨서 미군들이 '펀치 볼'이라고 불렀다.

그곳이 51년 8월과 9월, 3주간에 걸쳐 유엔군 3천여 명과 공산군 1만5천 명의 사상자를 낸 치열했던 전투지역이다. 양측은 휴전회담을 유리하게 이끌기 위해서 이곳에서도 총력전을 벌였다.

그 싸움에서 공산군 점령 지역이었던 이곳을 유엔군이 대부분 빼앗았으나, 제일 높은 고지인 가칠봉(1,242m)만은 함락시키는 데 실패했다. 유엔군은 그 전투에서 비행기와 포탄 등 월등한 화력을 가지고도 가파른 석벽에 굴을 파고 숨어 있다가 공격하면 나와 총을 쏘고, 비행기가 접근하면 굴속으로 쏙 들어가는 적군을 어찌할 수 없었던가 보다.

2000년대 전 직장 모임에서 그곳에 가 보았다. 해안마을에서 차를 타고 지그재그로 난 산길을 따라 정상인 을지전망대에 서자 많은 사상자를 내고서도 빼앗지 못한 북한 측 가칠봉이 건너다 보였다. 저 바위 봉우리가 무엇이기에 50여 년 전 수많은 젊은이들이 죽고 다쳤단 말인가. 얼마나 전투가 치열했으면 저 능선이 '피의 능선'이란 별명까지 붙었을까. 북한군 자료에 의하면 유엔군은 매일 15~20회 씩 공격해왔다고 한다. 좀 과장 되었을지라도 당시의 치열했던 상황을 미루어 짐작할 수 있다.

해안면에는 전쟁기념관, 제4땅굴, 을지전망대, 북한관, 전적비 등이 있다. 이러한 시설을 만들어 국민 안보교육장으로 이용하는 것을 보면 나라에서도 큰 의의를 둔 것이리라. 기념관 문을 나서자 광장 옆에 철망을 쳐 놓고 지뢰가 있는 곳이니 접근하지 말라는 표지판이 있다. 그 경고판을 보자 소름이 끼쳤다. 지뢰는 깊은 산속에 있는 줄 알았는데 마을 앞에도 있으니. 정밀 검사를 하여 찾아내 경고판을 붙였을 것 같다. 해안면에는 치열했던 전투의 흔적이 아직까지 선명하게 남아 있다.

공비의 준동

1948년 대한민국 건국 직전에 일어났던 여수·순천 바란 사건, 4·3제주 폭동 등 좌파들이 무력 폭동을 일으켜 대한민국 건국을 못하게 하였다. 반란이 진압되자 그들은 산으로 들어가 산사람이 되었다.

6·25 사변 발발 이후 북한군이 낙동강까지 갔다가 유엔군이 인천에 상륙하여 서울을 탈환하자 낙동강 전선에서 싸우던 북한군은 앞뒤에서 공격받게 되자 후퇴했다. 하지만 미군은 차를 타고 진격하고 북한군은 걸어서 후퇴해야 하니 산으로 붙었다. 그들은 지리산으로 들어가 여수·순천 반란 후 들어간 산 사람들과 합쳐 2만여 명이라는 큰 무장 세력으로 불어났다. 그들을 공비(共匪)라고 했다. 공비들은 시설물 파괴, 물품 강탈, 요인 납치 등을 행하여 대한민국에 많은 피해를 주었다.

내가 피란살이 하던 옥천에서도 10여km 밖에 서대산이라는 큰 산이 있는데 거기가 소백산맥 줄기로 공비들이 다니는 길이고, 기지(基地)도 있다고 했다. 그들이 밤에 민가에 내려와 양식을 빼앗아 가고 젊은이들을 붙잡아 가는 일이 많아지자 경찰관들이 공비를 토벌하러 갔다.

우리 마을에서도 청년들이 주위 3개 경찰서 경찰관들과 함께 서대산으로 공비토벌을 나갔다. 토벌대가 산을 오르자 사람은 안 보이는

데 총알만 뿅뿅 날아와 접근할 수가 없었으며, 나무를 붙잡고 올라가자 나무가 뽑히면서 그 밑에 구덩이를 파고 공비가 숨어 있었다. 그런데서 총을 쏘니 경찰관은 목표물을 못 찾아 더 오를 수가 없었다. 그때 산 위에서 여자들이 북과 꽹과리를 두들기면서 함성을 질러 토벌대는 싸워 보지도 못하고 물러났다면서 도저히 경찰력으로는 그들을 제압할 수가 없었다는 청년들의 말이었다.

이태 씨가 쓴 『남부군』에 의하면 저들은 태백산맥, 소백산맥, 노령산맥을 오르내리면서, 차량 파괴, 기차, 경찰지서 등을 습격하고, 민가에 들어가 양식을 빼앗는 한편 양민을 납치·살해하였다고 되어 있다. 총 지휘관은 모스크바 대학을 나온 이현상이었다. 김일성과 권력다툼에서 밀려나 남한으로 와서 빨치산 총 대장이 되었다.

이태 씨는 서울의 모 신문사 기자로 근무하다가 전쟁 때 호남지방으로 피란 가다 자기도 모르게 산사람들에게 휩쓸려 지리산으로 들어갔다. 그가 국군들이 공비 토벌할 때 전향하여 공비들의 생활상을 쓴 책이 '남부군'으로 지리산 공비들의 실상이 드러났다.

내가 상도동에 살 때 뒷산인 국사봉에 산책나갔다가 우연히 말을 걸은 사람이 있었다. 건너다보이는 김영삼 민주당 총재의 집을 가리키면서 지리산에도 김 총재 일행과 같이 갔었다고 하여 산을 좋아했던 나와 대화가 된 것이다. 그는 국회의원도 지내고 소설도 썼다고 하여 무슨 책을 썼느냐고 물었더니 『남부군』이라고 했다. 그럼 이태 씨가 아니냐고 했더니 그렇다고 했다. 그때 신문에선 이태 씨가 쓴 남부군이 화제에 올랐었기 때문이었다. 당장 교보문고로 뛰어가 『남부군』 1-2권 한 질을 을 샀다.

서대산 주변 사람들은 공비들에게 양식을 무수히 빼앗겼다. 우리 마을 인근에도 공비들이 가끔 내려왔다. 그러면 남자들은 산속으로 피하여 밤을 새웠다.

어느 해 추석 때 저들이 온다는 소문이 퍼졌다. 제사도 못 지내고 어른들은 다 피했는데 인근 마을에 와서 송편 등 제사 음식을 가져갔다는 후문이다. 그들이 소금을 달라고 했다는 여러 사람의 증언이다. 소금을 뭣하러 그렇게 구하려고 했을까?

경찰관들이 서대산으로 공비토벌 갔다가 실패한 며칠 후 공비들의 대대적인 보복이 있었다. 공비들이 우리 관내인 군서면 지서를 불태우고, 옥천읍까지 가서 군청과 역, 우체국 등에 불 지르고 경찰서를 습격했다. 경찰관들도 건물 내에서 응전하면서 밤새도록 싸웠는데 저들은 콘크리트 건물인 경찰서는 빼앗지 못하였다. 그때 동원된 공비의 수가 500명이고 양측이 50여 명의 사상자를 냈다는 기록이다. 그 총격전으로 경찰서 외벽은 총알 자국으로 곰보가 되었다. 저들은 '경찰들이 감히 우리를 건드려, 어디 맛 좀 봐라.'하고 큰 규모로 공격하여 다시는 공비 토벌할 엄두도 내지 못하게 하려 한 것 같다. 우리가 살던 군서면 지서(支署)는 다시 짓지 않고 돌을 쌓고 그 안에서 경찰관들이 근무했는데 밤에는 저들의 습격이 잦아 총을 옆에 놓고 근무했다는 소문이다.

공비들의 세력이 아무리 강하다 해도 산골에 있는 군청 소재지도 아니고 경부 본선인 번화한 군청 소재지까지 하룻밤 저들의 세상으로 만들었다는 데에 경악을 금치 못했다. 한마디로 주민들은 공비 공포

증이라는 노이로제에 걸려 항상 활동에 제약을 받으면서 불안하게 살아야 했다.

우리들은 어느 겨울밤 이웃 동네에 참새 잡으러 갔다. 사다리를 놓고 올라가 추녀 끝에 있는 참새 집에 손을 넣으면 따뜻하고 보드라운 털이 만져졌는데 밑에서 받쳐 주던 친구들에게 있으면 '있다'고 속삭이듯 말해주었다. 그날도 친구가 사다리에 올라가 참새가 만져지자 "있다. 움직인다."고 했다. 그 소리를 방에 있던 주인 남자가 듣고 오줌을 잘금잘금 쌌다고 한다. 그는 공비들이 와서 밖에서 자기를 문구멍으로 들여다보고 자기들끼리 하는 말인 줄로 알고 그들에게 '꼼짝없이 잡혀가겠구나.'하고 무서워하였다. 그 소리가 동네 아이들이 새 잡으러 왔다 하는 말인 것을 알고는 문을 활짝 열고 소리 질러 사다리에 올라갔던 친구가 떨어지는 소동을 빚기도 했다.

1951년 3월 김일성은 남한 빨치산 총사령관을 바꾸려 하였다. 경상도 지방에서 빨치산 대장으로 있던 김원팔을 불러들여 중장 계급장을 달아 주고 남한 빨치산 총사령관으로 파견했다. 그들이 오다 설악산에서 한국군 게릴라로 활동하던 백골부대 채명신 중령 휘하 부대원들에게 체포되었다. 백골병단은 국군에서 선발한 600명을 적 후방인 설악산 너머로 침투시켰다. 북한군 복장을 하고서 낮에도 활동하였다. 김원팔을 조사해보니 일본 중앙대학에 재학 중 해방을 맞아 고향인 평북 덕천으로 귀향하여 북한군에 입대한 사람이었다. 김일성은 김원팔에게 부산 · 밀양지역에 침투하여 철도, 비행장, 창고 등을 폭파하고 북한 정규군과 협동하라는 명령이 제5지대장 김원팔에게 내려졌다. 임무를 성공적으로 마치고 51년 2월 평양에 복귀하여 김일성으로부터 극찬을 받고 중장으로 진급한 뒤 빨치산의 전력과 투쟁 강화를 위해 다시 대남 빨치산 사령관의 자격으로 지리산에 가는 중이라고 했다. 문서가 증명해 주었다.

김원팔의 여비서로 있던 군관은 서울 H대학생이라고 했다. 그녀가 공산당이 좋아 북한군이 후퇴할 때 따라갔다가 김원팔의 비서로 있었던가 보다. 백골부대원들이 밤에 그들을 지켰는데 여자 군관이 경계망을 뚫고 탈출했다. 큰일 났다. 백골부대원들의 본색이 탄로 난 것이다. 그래서 채명신 부관으로 있던 전인식 대위가 김원팔과 그 부하 13명을 처형했다.

김원팔의 여비서가 탈출한 후 백골부대원은 설악산으로 들어갔는데 대기하고 있던 북한군의 공격을 받아 상당한 인명 손실을 입었다. 이 기록은 백골병단 전인식 대위가 쓴 설악의 최후에서 발췌한 것이다. 전인식 대위는 설악산 용대리에 백골병단 전적비를 세워 죽은 대원들의 넋을 위로하는 추모제를 매년 지낸다. 안타까운 것은 백골병단이라는 게릴라부대원의 명단은 국군부대에 없다는 것이다.

김원팔이 남한으로 와서 공비들을 지휘하였다면 공비의 활동은 어떻게 되었을까? 이현상의 위상은 어떻게 변했을까? 북한으로 복귀하였을까. 아니면 김원팔 부하 노릇을 하였을까. 그도 아니면? 이현상은 국군의 공비토벌 때 사망했다.

휴전회담 중 소강상태에 접어들었을 때 유엔군 사령관 밴 프리트 대장은 군단장이었던 백선엽 장군을 불러 공비를 토벌하라고 하면서

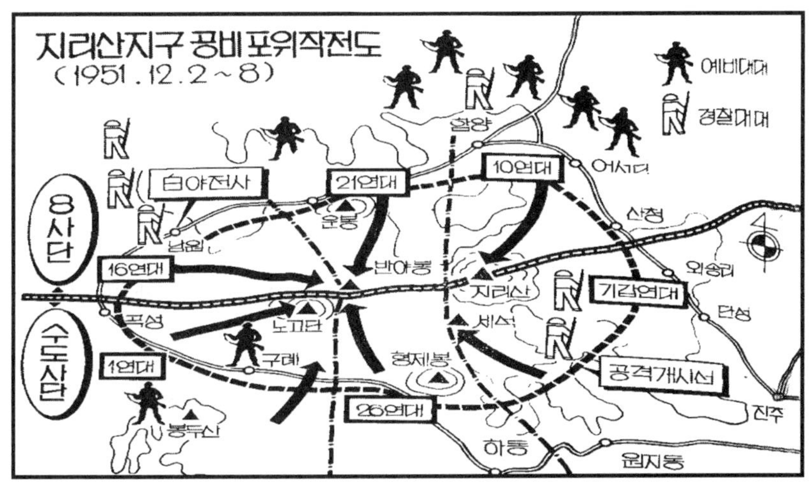

병력이 얼마면 되겠느냐고 했다. 2개 사단을 달라고 했다. 밴 프리트는 4개 사단을 예상하였는데 훨씬 적게 달라고 하여 놀랐다. 1951년 11월 16일 백선엽 군단장은 지리산 일대의 공비를 소탕하는 토벌군 사령관에 임명됐다. 토벌대는 밤에만 이동하여 지리산을 빵 둘러쌌다. 공비들은 전혀 눈치를 못 챘다. 준비 없이 대규모 공습을 당하자 공비들은 흩어졌다.

이태 씨 일행은 9일 밤, 9일 낮을 토벌군에게 쫓겨 다니느라 잠도 못자고, 먹지도 못하여 쓰러져 죽는 사람도 많았다. 국군은 3차에 걸쳐 비행기까지 동원한 토벌 끝에 공비들을 완전소탕하였다.

1980년대 중반에 회사 산악회에서 서대산으로 등산 갔었다. 높이가 904m로 높은 산은 아니나 골이 깊고 산세가 가팔랐다. 정상에서 긴 주능선을 타는데 능선 상엔 바위동굴이 많았다. 바위 밑에 광장같이 넓은 바위가 있는데 공비들이 여기서 모여 회의를 열었을 것 같다. 거기서 점심을 해 먹었다. 점심을 먹으면서 공비의 생활상을 떠올려 보았다.

공비들이 제일 필요로 했던 것은 무엇이었을까. 양식일까? 먹고 사는 것이 양식이니 귀중히 여길 것은 사실이지만 그보다 더 소중히 여긴 것은 '소금'이다. 양식은 농가에 가면 구할 수 있지만 소금을 그대로 두는 집은 많지 않다. 대개 장을 담그거나 김치를 할 때 쓰지만 소금을 많이 두지는 않는다.

산에 사는 사람들이 가장 필요로 하는 것이 소금이란 글을 많이 읽었다. 공비들도 2만여 명이나 되니 본부에서 소금을 구해주는 것은 쉽지 않았으리라. 분대급의 공비들에게 소금을 사유화하지 말라고 했다. 헌데 한 사람의 주머니에 접은 종이가 있어 펴 보니 속이 노랗게 물들어 있었다. 소금을 한 스푼 싼 것이 녹은 것으로 추정하고 소금을 감췄던 사람을 처형했다는 글을 읽었다. 소금 한 숟갈 감췄다고 사람을 죽이니 소금을 얼마나 중요하게 여겼나를 미루어 짐작할 수 있다.

여기서 살던 공비들은 열악한 환경에서 살아가려니 얼마나 고생이 많았을까. 피복이나 먹는 것은 그런대로 적응이 되었을 것이지만 소금은 안 먹으면 여러 가지 병에 걸린다. 양념 중에 가장 중요한 것은 소금이다. 지금은 소금을 너무 많이 먹는다고 의사들은 걱정하지만 서양의학이 다 맞는 것은 아니다.

초가삼간(草家三間)

어느 날 하얀 두루마기를 입고 갓을 쓴 노인이 괴나리봇짐을 지고 마을로 들어섰다. 가까이 오는 걸 보니 우리 할아버지였다. 마을 앞에서 놀던 나는 뛰어가 할아버지 손을 잡았다.

우리가 피난 나올 때 할아버지는 집에 안 계셨다. 할아버지는 한문학자셨다. 일제강점기 때 파주 파산서원에서 훈장으로 계시면서 조소앙, 여운형, 윤기섭 등 독립운동가도 많이 배출하셨다는 내용이 파산서원지에 있다. 주역을 깊이 연구하고 주역의 그림인 하도(河圖)를 전공하시어 그 분야에선 선생님 대우를 받으시어 집에 계실 때가 별로 없었다. 집에 계실 땐 제자들이 많이 찾아와 여러 날 묵어 그들에게 식사대접을 하느라 없는 살림에 어머니는 고생이 많으셨다는 누님의 증언이다.

1952년에 할아버지는 서울에 살던 일가 동생을 찾아가 그 가족과 함께 충북 보은으로 오셨다. 보은 '길구지'라는 마을이 그 일가의 고향이어서 그곳으로 오는데 함께 오신 것이다.

할아버지는 81세(1872년생)에 서울에서 충청도까지 조그마한 괴나리봇짐을 지고 걸어가셨다. 보은이 고향인 그들을 따라와서 옥천 아들을 만나러 100리 길을 오실 때 아들이 거기 없으면 어쩌나 하고 얼마나 마음 졸이셨을까? 그러다 찾는 동네에 들어섰을 때 손자가 달려 나와 손을 잡을 때 얼마나 기쁘셨을까.

할아버지가 오시자 문제가 생겼다. 조그만 방 하나에서 여섯 식구가 기거했는데 80이 넘으신 할아버지가 들어오실 공간이 없었다. 여름이어서 할아버지는 쪽마루에서 주무시면서 낮에는 방에 들어와 벼루에 먹을 갈아 놓고 붓으로 깨알 같은 글씨를 쓰셨다.

할아버지께서 가지고 오신 조그마한 상자에는 손바닥만 한 수십 권의 책과 천문도, 먹과 벼루, 붓, 부싯돌, 골패, 증조부 유패(신분증) 등이 들어 있었다. 『원리도설(原理圖說)』과 『도아일성(導兒日醒)』 두 권의 유저도 있다. 『원리도설(原理圖說)』은 우주만물의 이치를 도형으로 표현한 것이고, 『도아일성(導兒日醒)』은 아이들을 가르치는 교본이 되는 명심보감과 같은 내용이다. 『도아일성(導兒日醒)』은 큰 글씨여서 한문을 몰라도 뜻을 대강 짐작하지만 『원리도설(原理圖說)』은 볼 수가 없어서 답답하다.

먼 훗날 아버지께서는 할아버지 유저인『도아일성(導兒日醒)』 61쪽을 목판으로 새겨 등사판으로 찍고, 『원리도설(原理圖說)』은 얇은 종이를 대고 필사하여 책을 만들어 전국 중요한 도서관에 기증하셨다. 나는 『도아일성(導兒日醒)』책을 한문을 잘 아는 선배께 부탁하여 한글로 풀이하고 복사기술이 보편화된 후 그 책 20여 권을 복사하여 한문을 아는 분들께 기증했다. 하지만 이해할 분들이 얼마나 될까.

내 앞에는 할아버지께서 그때 정리하신 책이 있다. 『도아일성(導兒日醒)』 표지 이면에 '81세옹조석초서우옥천군서면오동리우사(八十

▲ 할아버지 조형규 선생과 헐머니 남양홍씨의 회갑 사진(1932년). 할아버지는 조소앙 선생의 서당 스승이셨다.

一歲翁趙石樵書于沃川郡西面梧桐里寓舍)'라고 쓰신 것을 볼 때, 자신의 생애가 얼마 남지 않은 것을 알고 총정리하신 것 같다.

마을 사람들이 우리 할아버지께서 마루에서 주무신다는 소문을 듣고 집을 지어주고자 했다. 화자 할아버지의 제안이라고 했다. 화자네는 아버지가 처음 이 마을에 와서 주인집으로 정했던 집이고, 아버지가 장질부사에 걸렸을 때 낫게 해준 집이고, 우리가 와서 첫 번째 살았던 집이다. 우리 아버지와 화자 아버지는 형제처럼 사이가 좋았다. 그 후 대수네 집으로 옮겨 살다 정목이네 집으로 옮겨 살 때였는데 그 집 조그마한 방에서 우리 4식구와 작은누님과 3살 먹은 조카, 등 6식구가 비좁게 살았다. 할아버지는 방 앞에 쪽마루가 있어서 거기서 이불을 펴고 주무셨다. 여름에는 그런대로 견디셨으나 가을로 접어들자 할아버지가 거처하실 집을 짓고자 한 것이다.

마을 앞에 밭 100여 평을 가지고 있던 사람은 땅을 희사하고, 산이 있는 사람은 재목을, 그 외에는 짚이나 새끼, 수수깡 등 재료를 주었다. 아버지는 산에서 재목을 베시고, 사촌 형과 나는 지게로 져 날랐다. 준비가 되자 마을 청년들이 집터를 평평하게 다지려고 큰 돌에 여러 개의 끈을 매 사방에서 '들었다 놓았다'를 반복했는데 그 과정을 '지경을 다진다'고 했다. 그 위에 평평한 큰 주춧돌을 놓고 기둥감은 자귀와 까뀌로 4각 지게 다듬었다. 도끼는 날이 세로로 되어 있는데 반해 자귀와 까뀌는 가로로 되어 있다. 자귀는 손잡이가 길어 서서 기둥을 깎고 까뀌는 손잡이가 짧아 앉아서 깎을 때 사용했다. 기둥을 다 다듬고는 주춧돌에 세웠다. 지붕에는 송판으로 덮은 위에 수수깡을 얹고 흙으로 덮고 짚으로 이었다. 벽 역시 수수깡과 나무를 새끼줄로 엮고 흙을 발랐다. 흙벽은 따뜻하기도 했지만, 통풍이 잘되어 위생에도 좋다는 주민들의 말이었다. 방에는 산에서 구들장을 캐다 놓고 위는 흙으로 바르고 그 위에 기직을 깔았다. 창살이 많은 문에 창호지를 발랐다. 부엌에는 부뚜막을 높게 하고 솥을 3개 걸었다. 아궁이도 3개 만들었다. 하지만 아궁이는 가운데만 불을 때고 반찬거리는 솥에 있는 쌀 위에 놓았다. 호박잎, 풋고추 등 여러 가지 나물, 퉁텡이(보리쌀을 씻은 찌꺼기) 등을 밥 위에 놓고 익혀서 간장과 고추장에 묻혀 먹었다.

초가집은 기초가 없이 돌 위에 세운 집이어서 장마가 져서 물이 추녀를 넘으면 반짝 들려서 떠내려간다. 미처 피하지 못한 사람은 지붕으로 올라간다. 우리 고향에는 뒷동산에 올라가면 임진강이 보이는데 장마 때 초가집도 떠내려왔다는 어른들 말씀이었다.

새집에서 사시기를 바랐던 할아버지는 입주하기도 전에 돌아가셨다. 파주 선산에 시향(時享) 지내러 가다 서울에서 병이 나서 돌아오셔서 일주일 만에 작은어머니 댁에서 세상을 뜨셨기 때문이다. 부모가 돌아가실 때는 남의 집에서 운명하게 하지 않는 것이 관례였다고 한다. 우리는 큰 집이지만 남의 집에서 살아 부득이 작은어머니네 집에서 돌아가신 것이다. 아버님께서 몸부림치고 우시는 것은 그때 처음 보았다. 할아버지 장례도 마을 사람들이 치러주었다.

그 마을 사람들의 고마움은 이루 말할 수 없다. 아버지를 몹쓸 병에서 구해 주었고, 피란민인 우리에게 마을 공출로 집까지 지어 주고, 또 할아버지 장례까지 치러주었으니. 모르기는 해도 6·25 사변 때 전국을 뒤져 봐도 피란민 집을 지어 준 사례는 우리 마을밖에는 없을 것 같다. 5·16혁명 후 공동묘지에 모셨던 할아버지 유골은 양주 선산으로 모셨다.

옆집 할머니가 우리 집에 자주 놀러 오셨다. 언제는 아버지가 약장사 하면서 사 오신 빙초산을 보여 줬더니 우리의 허락도 안 받고 마셔서 깜짝 놀랐다. 엄청 독하기 때문이다. 그 할머니는 그 전에 식초를 마셔 봤다고 하셨다. 하지만 그 할머니는 속병이 되어 고생을 하셨다.

그 손녀딸이 명옥이다. 대여섯 살 정도 된 예쁜 여아였다. 아버지는 군대 나갔다 얼마 후에 휴가 온다고 하여 동네 아이들이 마중 나갔다. 늠름한 체구에 군복을 입은 명옥이 아버지는 멋있었다. 그는 포병으로 근무했는데 포를 쏠 때는 귀마개를 하고 쏘아야지, 그렇지 않으면 고막이 터진다고 했다. 그때 155㎜ 포가 가장 컸다. 명옥이 아버지가 쏜 포는 155㎜ 포였던가 보다.

명옥이 아버지가 군대에 있는 동안 명옥이 엄마가 집을 홀라당 태웠다. 명옥이 엄마가 어느 날 저녁때 행랑채에서 쇠죽을 끓이던 중 여느 때와 같이 아궁이에 불을 깊이 밀어 넣고 우물에 물을 길러 간 사이 역풍이 불어 불길이 아궁이 밖으로 길게 나와 땔 나무를 쌓아 놓은데 옮겨 붙어 뒤에 짚으로 친 움막으로 옮겨붙어 순식간에 지붕으로 치달았다.

나는 밖에서 놀다 그 장면을 보고 '불이야'하고 소리쳤다. 마을 사람들이 각자 양동이(빠게쓰)를 들고 뛰어나왔다. 100m 정도 떨어진 개울까지 주민들은 일렬로 서서 물을 퍼 날라 지붕에 계속 퍼붓는데도 두껍고, 마른 초가지붕의 불길은 잡히지 않았다.

그때 불똥 하나가 우리 지붕으로 날아왔다. 우리 집과 그 집 지붕 사이는 불과 2~3m 사이로 거의 붙다시피 했다. 나는 '불이야'하고 소리 지르고 손가락으로 우리 지붕을 가리켰다. 우리 집에는 나밖에 없었다. 불을 끄던 화자 아버지가 사다리를 가져와 우리 지붕을 멍석으로 덮고 물을 끼얹었다. 나는 지붕에 올라가 그곳에 앉아 있었다. 그래서 옆집은 다 탔지만, 우리 집은 구할 수 있었다.

옆집은 본채와 행랑채가 몽땅 탔다. 그 후 꿈에 우리 집이 불타는 장면을 보고 놀라서 수차례 자고 깨기를 반복했다. 되게 놀라면 꿈에까지 보인다. '자라 보고 놀란 가슴 솥뚜껑 보고 놀란다.'고 꿈에까지 우리 집이 타는 것이 여러 차례 보였으니 그때 얼마나 놀랐는가를 알 수 있다.

나에게는 트라우마가 3가지 있다. 대홍수, 비행기 폭격, 우리 집이 불타는 것이다. 대홍수는 장마 때 뒷동산에 올라가면 임진강 물이 노도와 같이 흘러가고 언젠가 바깥마당까지 들어와 피란을 갔었다. 조금만 물이 더 불으면 우리 집이 떠내려갈 수도 있어서였다. 그래서 홍수는 공포의 대상이 되어 꿈속에서까지 따라다닌다. 비행기 폭격은 의정부와 외삼촌댁에 있을 때 옆에 폭탄이 떨어져 죽음 직전까지 가서 일생을 꿈속에서 헤어나질 못한다.

재난은 어느 때 어떻게 올지 모른다. 하지만 주의로 막을 수 있는 것도 있다. 조심이다. 불조심을 위해서 '꺼진 불도 다시 보자.'라는 표어가 있다. 재난을 막기 위해서는 '유비무환(有備無患)'이 있다. 명옥이 엄마도 불을 아궁이에 깊이 밀어 넣고 물 길러 평소에 다녔던가 보다. 그 집 행랑채 부엌은 아궁이 앞에 사람이 앉아서 불을 때고 그 뒤에 땔 나무가 있었다. 아궁이에서 나무까지는 2m도 안 되었다. 하지만 아궁이에 깊이 불을 밀어 넣었으니 안전하다고 본 것이다.

우리가 살아가는데 사고를 막으려면 조심에 조심을 할 수밖에 없다. 나는 아침·저녁으로 이런 기도를 드린다. '하나님 아버지시여, 우리 가정을 지켜주시고, 가족을 사고로부터 보호해 주시고, 재난으로부터 보호해 주시고, 질병으로부터 보호해 주시고, 사건에 휘말리지 않게 하여 주시옵소서.'하는. 사람이 아무리 똑똑하다고 해도 불가항력의 재난을 당하면 결국 하나님을 찾는 것을 여러 차례 보아서다.

우리가 살던 집 아들이 해병대에 입대했다. 우리는 화자네 집에 들었다가 얼마 못 살고 다른 집 단칸방으로 갔는데 그 집 큰아들이 청

▲ 누님 조옥순 님, 매형 한충구 님

년으로 경찰관들이 서대산으로 공비 토벌 나갈 때 동행했던 사람이다.

그에게서 편지가 왔는데 같은 내무반 훈련병 중에 작은누님의 남편 같은 사람이 있다는 내용이었다. 그 집에서 우리와 누님이 어린아이를 데리고 살았기 때문에 관심을 가졌고, 같은 내무반원들과 얘기를 나누다 보니 장단 출생이고 결혼하여 아들 하나 있다고 하여 누님을 생각했던가 보다. 생김새와 정황을 들어보니 매형 같아 편지해보니 매형이었다. 편지가 몇 번 오고 간 후 누님과 그 어머니가 면회를 갔다.

옥천역에서 밤새워 기다려 새벽에 통과하는 부산행 열차를 타고 가다 대구에서 내려 또 바꿔 타고 진해에 가서 매형을 만났다. 면회자를 부대 안까지 들여보냈으니 호랑이 담배 먹을 때 이야기다. 또 훈련 중에 면회가 허용되는 것도 60년대 초에 논산에서 육군 훈련받던 나로서는 상상도 못하던 일이다. 누님이 세수를 하는데, 같은 훈련병들이 '저 여자가 한충구 부인이야?'라고 묻고 '그렇대, 잘 생겼다.'고 뒤에다 대고 수군거리더란다. 훈련받는 매형을 보니 겨울이었는데도 교관은 훈련병들을 바닷물 속에 처넣더란다. 돌아온 누님은 가슴이 아파서 병이 났다.

훈련이 끝날 즈음 부대장한테서 졸업식을 보러오라는 편지가 와서 누님은 그 집 부인과 같이 또 갔다. 연병장에서 하얀 복장에 흰 모자를 쓴 해병대원들의 멋진 분열식을 본 누님은 환상적이었다고 자랑이 대단했다. 얼마 후에 매형이 휴가를 나왔다. 늘씬한 키에 잘생긴 얼굴, 거기다 해병대 옷을 쭉 빼입고 팔각 모자를 쓴 매형은 더욱 멋있었다.

숙모님과 사촌들이 우리에게 온 것도 그렇지만 매형을 만나게 된 것 또한 기적이었다. 매형은 우리가 대전 물건 사러 가는데 같이 갔다. 식장산을 넘는데 으슥한 산에 오니 매형은 무서웠던가 보다. 공비들이 자주 출몰하던 지역이라는 말을 듣고 군복을 입고 가기가 부담되었나 보다. 매형은 문산 전투에 투입되어 부상을 당해 80년대 중반에 세상을 떴지만, 누님은 현역 때 찍은 매형의 사진을 책상 위에 놓고 매일 닦는다.

주민의 산골짜기 밭 300여 평을 얻어 고구마를 심었다. 고구마 싹을 틔워 줄기가 뻗은 후 토막을 내서, 밭 둔덕에 꽂았는데 그 보살핌은 내가 했다. 학교 공부하랴, 땔나무 하랴, 어머니 따라다니면서 장사하랴, 눈코 뜰 새 없이 바쁜 내가 생전 지어 보지도 않은 고구마 농사까지 맡게 되었다.(누님은 자기가 더 일을 많이 했다고 항의했다.)

고구마는 줄기가 자라면 마디마디 뿌리를 땅에 내리기 때문에 떼어주지 않으면 안 된다. 그걸 방지하느라고 아카시아 나무를 찍어다 밭고랑에 깔고 줄기를 거기에 올려놓았다. 어느 날 저녁때 비가 부슬부슬 내려서 집에 오는데 건너편 산기슭에서 애기 우는 소리가 났다. 거기는 애들의 공동묘지인 '애총'이 있는 곳으로 비가 오면 애기들 우는 소리가 났다. 그럴 땐 무서워서 뛰어오기도 했고, 어둑어둑해질 때까지 일을 하다가 너구리가 내려와 놀라기도 했다.

고구마 줄기가 자라자 땅이 툭툭 불거졌다. 그 사이로 빨간 고구마가 보였다. 파 보니 주먹만 한 게 보여 보물 같아 얼른 묻었다. 우리 고향에는 고구마가 귀하다. 그렇게 귀한 고구마가 넓은 밭에 가득한 것이다. 내가 기른 것이니 얼마나 뿌듯한가. 그간의 고생을 잊게 해 주었다. 농사꾼들이 힘들게 일한 농작물에 이런 마음이 들어 여름에 뙤약볕에서 고생하면서도 즐겁게 일하는가 보다.

가을에 어머니와 밭 임자 여자가 와서 호미로 캤다. 고구마 농사가 잘되었다고 주인아주머니는 싱글벙글했다.

'이놈은 진짜 말 O만 하네.' 팔뚝만한 고구마를 들고 주인이 활짝 웃으면서 한 말이다. 나도 중학생이고 남잔데, 하긴 주인이 좋아하면 됐지 그 이상 뭐를 바라랴. 나는 캐는 대로 가마니에 담고 반씩 나누었는데 우리는 10가마니가 차례 왔다. 집으로 가져와 윗방 벽에다 붙여 수수깡으로 통가리(저장고)를 만들고 고구마를 그 안에 넣었다(윗방에는 사람이 살지 않았다). 그것을 바라보는 마음은 먹지 않아도 배가 불렀다.

어느 날 밤 쥐들이 벽을 뚫고 들어와 고구마 통 안에서 마음 놓고 먹었다. 구멍을 돌로 막고 흙을 발랐더니 또 뚫었다. 흙벽은 쥐에게 약해 어쩔 수가 없었다. 쥐덫을 놓아도 걸리지 않고 용케도 잘 피해 다녔다. '쥐새끼같이 약다.'는 말이 빈말이 아니다. '저런 도적놈들, 어떻게 지은 농산데' 방법이 없으니 욕 밖에 안 나왔다. 고심 끝에 한 아이디어가 떠올랐다.

쥐가 가장 많이 들어 왔을 때 밖에 나가 지게를 젖혀 놓고 그 위에 올라가 쥐의 통로인 벽 구멍에다 자루를 댔다. 다른 사람이 방에서 쫓으니 쥐들은 평소와 같이 우당탕거리면서 신나게 뛰어나가다 자루로 툭툭 떨어졌다. 약은 놈은 자루 입구를 허술하게 잡은 틈새 옆으로 빠져나갔다. 자루로 들어가 떨어진 놈은 이게 웬일이냐는 듯 '찍찍' 비명을 지르고 야단이 났다.

'요놈들, 남의 것을 훔쳐 먹는 것이 언제까지나 안전할 줄 알았더냐.'하고 소리쳤다. 다 나온 것을 확인하고는 내려와 땅에다 패대기쳤다. 한 번, 두 번, 세 번……, 움직임이 멈추었을 때 쏟아보니 고구마 살이 오른 강아지만 한 놈 여러 마리가 널브러졌다. 놈들도 미련하다. 사람이 잘 때 와서 먹으면 안전할 텐데 뭐가 급하다고 초저녁에 들어와서 죽음을 자초했나. 모든 것이 때가 있다. 매일 밤 그렇게 잡아도 쥐들은 계속 들어와 결국은 내가 포기하고 말았다. 분노는 치밀지만, 쥐들이 갉아 먹고 남은 것을 깎아내고 먹을 수밖에 없었다.

친구와 같이 산에 나무하러 갔을 때 풀을 한 아름 깎아 지게에 얹어 놓으려고 오니 지게 밑에 팔뚝보다도 더 굵은 검은 구렁이가 있어 기겁을 하고 도망갔다. 친구에게 그 얘기를 하니 같이 가 보자고 했다. 그는 그 고장 출신이어서 겁이 없었다. 살금살금 다가갔더니 놈은 그때까지 거기 있었다. 그가 지게 작대기로 때려잡았다. 돌로 때려잡으면 상처가 나는데, 말짱했다. 들어보니 묵직하고 서늘하여 소름이 끼쳤다.

그놈을 마을에 가져가 사람들을 놀라게 해 주고 싶었다. 그러면 영웅이 되리라는 생각에, 친구와 그렇게 하기로 합의했다. 빈 지게를 지고 구렁이를 목에 걸치니 서늘하여 징그럽기는 했지만, 영웅이 되려면 그만한 고통은 참아야 했다.

마을이 가까워질수록 서로 목에 걸치고 가려고 다투었다. 결국 내가 걸치고 마을에 오니 젊은 여자들은 놀라 모두 도망갔지만, 할머니들에게는 칭찬받기는커녕 그게 뭐냐고 꾸중하시어 혼만 났다. 예상이 완전히 빗나간 것이다. 구렁이 사체는 고이 땅에 묻어 주었다.

어느 겨울에는 큰 구렁이가 나왔다고 마을이 떠들썩하였다. 겨울에 나온 구렁이는 열이 많아서 나왔다고 했다. 차가운 냉혈동물이 열이 많다니 이해는 안 되었지만 그렇게 믿을 수밖에 없었다. 사람들은 구렁이를 놓아주었다.

나는 70년대에 폐결핵 2기에 걸렸었다. 병원 약을 먹으면서 개를 고아 즙으로 해서 먹었다. 개고기 즙을 다 먹고는 뱀탕을 먹으라고 누가 권했다. 뱀탕집에 갔더니 다섯 마리씩 탕을 해서 주어 여러 번 해서 먹었다. 뱀탕은 뜨물같이 회색이고 맛은 구수했다. 전혀 뱀 냄새가 나지 않았다. 뱀 장수 말에 의하면 폐결핵에는 구렁이가 좋고 그중에서도 먹구렁이가 최고라고 하였다. 그 말을 들으니 피란시절 잡았던 먹구렁이 생각이 났다.

내가 어릴 때는 '땅꾼'이라는 직업이 있었다. 뱀을 잡아서 파는 사람들이다. 뱀이 그렇게 좋을까? 뱀 중에서도 백사(白蛇)가 최고로 좋고, 구렁이 중에서는 먹구렁이가 제일 좋다고 한다.

그런가 하면 구렁이에게 농락당하기도 했다. 80년대 중반에 혼자 동해시에 있는 두타·청옥산에 갔다 연칠성령으로 내려오는데 3거리에 누런 큰 구렁이가 똬리를 틀고 앉아서 머리를 들고 혀를 날름날름하면서 쏘아 보았다. 놈을 타고 넘어갈 용기가 도저히 나지 않아서 그 길이 아닌 줄 알면서 옆길로 가다 다시 삼거리로 오니 놈은 가서 무사히 하산했다. 다른 사람은 뱀을 무서워하지 않는데 나는 유난히 무서움을 탄다.

우리 집 초가삼간에 빈대가 많았다. 방에서 자다가 하도 가려워 마당에 나가서 자도 거기까지 따라 나와 깨물었다. 어떤 인사는 빈대가 하도 괴롭혀 침대 네 다리를 물그릇에 넣고 자는데 물을 통과할 수 없게 된 빈대는 천정에서 떨어져 어떻게 피할 방법이 없었다는 글을 읽었다.

모기는 또 어떤가. 빈대 못지않았다. 여름이어서 문을 열어 놓고 자는데 모기는 자유자재로 드나들면서 사람의 피 도둑질을 했다. 모기를 잡으려면 앵 소리가 날 때 뺨을 때리면 손바닥에 피와 몸이 붙을 때가 있다. 하지만 안 잡힐 때가 훨씬 많다. 모기장을 치고 자면

모기에게 안 물리지만, 모기장을 가진 집은 없었다.

낮에 사람을 괴롭히는 것은 파리다. 파리는 음식이나 상처 난 곳에 앉아 빨아 먹는다. 밥상을 받아 놓고 바로 먹지 않으면 상보(床褓)를 씌워 놓아야 한다. 그렇지 않으면 사람이 지키고 있어야 하는데 인력 낭비다. 아프리카의 사자들 눈가에는 파리들이 날아다닌다. 그들은 손도 없으니 어떻게 쫓을까.

물것들을 퇴치하는 약으로 DDT와 칙칙이(뿌리는 액체의 총칭)가 나왔다. DDT는 미군부대에서 나온 밀가루와 같은 흰 가루여서 필요한 데 뿌렸다. 주로 이를 잡을 때 사용했다. 그 후에 칙칙이가 나왔다. 긴 대롱이 붙어 있어 그걸 목표지점에 대고 통 위에서 누르면 나가게 된 액체 살충제다. 모기는 칙칙이로 많이 잡았다.

아파트에 살면서 편리하게 느낀 것은 집을 지을 때 방충망을 설치한 것이다. 문을 열어 놓아도 모기나 파리가 들어오지 못하고, 그 전에 있던 빈대와 이, 벼룩도 없으니 얼마나 살기 좋은가.

산기슭에는 밀이나 콩을 많이 심었다. 초여름 밀 이삭이 누릇누릇하게 익어 갈 때면 초동들은 신이 났다. 나무 한 짐 해 놓고 나면 출출하기 마련이다. 그럴 때 밀을 한 줌 베어서 마른 풀에 불을 붙이고 거기에 넣으면 이삭은 '탁탁' 소리를 내고 수염이 새까맣게 타면서 짚에서 분리된다. 겉이 새카맣게 탈 즈음 불을 끄고 손바닥에 올려놓고 양 손으로 비비면 윤기가 자르르 흐르는 새파란 밀알이 나온다. 그걸 입 안에 넣으면 향긋한 풋내음이 나면서 달콤하다. 마냥 주워 먹고 나서 앞 사람 얼굴을 보면 온통 검정 투성이다. 제 얼굴은 보이지 않으니까 상대방 얼굴만 보고 깔깔 댄다. 그걸 손등으로 쓱 문지르고는 지게를 지고 콧노래를 부르면서 내려왔다.

가을에는 콩을 베어 같은 방법으로 서리를 해 먹었다. 서리를 해 먹어도 임자가 크게 문제 삼지 않았다. 베어 낸 양이 미미해서였던 것 같다.

여름에는 참외 서리도 했다. 동구 밖 참외밭에는 원두막을 지어 놓고 주인이 지켰다. 우리 또래가 그 마을에 5명 있어서 밤에는 모여서 놀았다. 어느 날 밤 작당하여 참외 서리하러 갔다. 살금살금 기어 가 참외밭에 들어가 엎디었다. 원두막에 사람이 있어서였다. 참외는 크기로 봐선 몰라 표면이 꺼끌꺼끌한 거면 안 익은 것이고 매끈매끈하면 익은 것이다. 두드려 보고 맑은 소리가 나면 익은 것이고 '퍽퍽'하는 소리가 나면 안 익은 것이다. 그러한 기준으로 몇 개 망태기에 따 넣으면 주인은 귀신같이 알고 '줄기는 끊지 말고 따 가거라.'고 했다. 쫓으면 빨리 나가다 참외 덩굴을 끊어 놓기 때문이다. 그러면 양심상 더 있을 수가 없다. 집에 와서 망태기를 쏟아 놓으면 노란 것, 푸른 것이 섞여 있다. 우리의 분간법이 맞지 않았던가 보다.

해방 전 마포나루 근처에서 살던 문우가 어렸을 때 참외 서리한 글이 재미있었다. 언니들 참외 서리 하러 가는데 오지 말리는 것을 억지로 따라갔다. 참외밭에 살금살금 기어들어 간 언니들은 원두막에서 지키던 주인의 '누구야'하는 천둥 같은 소리에 혼비백산하여 도망갔다. 동생은 언니들 따라갈 수도 없고, 뒤에서는 황소 같은 주인이 쫓아오니 어떻게 할 수 없어 울음밖에 안 나왔다. 주인이 물어도 울기만 하니 오히려 주인이 답답했다. 그래서 안 동네에 집까지 데려다 주었다. 언니는 집에 없었다. 그런 처지에서 참외밭 임자는 부모님께 항의했겠는가.

5·16혁명 후 참외 서리 한 후배가 주인에게 들켜 쌀 한 가마니 값을 물어주었다는 말을 들었다. '서리'가 아니라 '도둑'으로 본 것이다. 참외 재배를 예전에는 용돈이나 벌려고 소규모로 재배하여 가끔 오는 서리꾼에게도 관대했지만, 5·16 혁명 후는 업(業)으로 생각했나 보다. 세상은 점점 영악해져 서리라는 낭만을 도적으로 보는 각박한 세상이 되었다.

감나무 밑

마을 앞에는 아름드리 감나무가 세 그루 있었다. 한 나무에서 몇 천 개를 따는 큰 나무들로 그 밑이 아이들의 놀이터였다. 봄에는 감꽃을 줍고자 모여들었고, 여름에는 떨어진 감을 주우려고 새벽에 갔다. 주인아줌마와 마주치면 쫓겨나 그보다 먼저 가야했다.

그 나무에 열리는 감은 떫어서 소금물에 3일 정도 담가 놓아야 먹을 수 있었다. 그 감은 바로 물크러져 지금은 곶감을 만든다. 그 마을에 있는 감나무는 다 곶감을 만드는 감나무다. 떨어진 감은 익어서 그대로 먹어도 되어서 새벽에 아이들이 몰려들었다. 단감이 있는 집이 있었다. 그건 소금물에 담그지 않고 바로 먹어도 떫지 않았다. 지금 시장에서 파는 감은 전부 단감이다. 단감은 소금물에 담그는 월하(감나무의 일종)보다 맛이 없었다.

감나무 밑은 넓은 마당이어서 아이들의 놀이터로 사용되었다. 학교 갔다 온 아이들은 으레 거기로 나왔다. 남자들은 자치기, 새끼를 말은 공차기(고무공은 귀했다), 구슬치기, 딱지치기를 하고, 여자들은 공기치기, 사방치기. 고무줄넘기를 하였다.

저녁때가 되면 집집마다 굴뚝에서 하얀 연기가 하늘로 뻗치고, 그 연기가 가늘어질 무렵이면 엄마나 누나들은 사립문 밖에 나와 자기네 아이들 밥 먹으라고 불렀다. 놀이에 빠진 아이들에겐 그 소리가 들리지 않았다. 눈에 불을 켜고 이기려고 온 신경을 집중하는 판에 그까짓 밥이 문제인가. 부르다가 안 되면 엄마들은 와서 손을 잡아끈다. 아이들은 안 가겠다고 앙탈하면서 끌려간다.

만월봉 너머로 해가 서서히 넘어가면 감나무 밑은 땅거미가 깔리고 아이들이 놓고 간 놀잇감은 저희들끼리 다투다가 이튿날 주인을 맞는다. 그런 추억을 간직했던 감나무가 없어졌다. 따라서 아이들의 놀이터도 없어졌다. 흙에서, 왁자지껄 떠들면서 뛰어놀던 감나무 밑 풍경이 아스라이 그리움으로 다가온다.

우리는 중학생이어서 감나무 밑에서 놀지는 않고 좀 더 차원 높게 놀았다. 저녁이면 아버지가 없던 친구 집에 모여 팔뚝맞기 화투도 치고, 종지 돌리기, 노래도 부르면서 놀았다. 남자뿐만 아니라 여자애들도 종종 우리들의 놀이에 동참했다. 민화투를 치면 띠(다섯 끗)에 한 대씩 때렸는데 여자들은 팔이 퉁퉁 부어 이튿날 일을 못 해도 그 당시는 깔깔거리면서 즐거워했다.

종지 돌리기도 남녀 섞여 앉아서 했다. 그 놀이는 무릎을 세우고 둘러앉아 종지를 무릎 사이에 넣고 옆 사람에게 이동시키는 놀이이다. 가운데 술래가 앉아서 동태를 보고 있다가 짚어서 거기 종지가 있으면 술래는 바뀌지만, 헛다리 짚으면 벌칙으로 노래를 불렀다. 노래는 사촌 형이 제일 잘 불렀다. 그 놀이는 옆 사람 허벅지도 만지게 되는데 여자애들이 어떻게 그런 놀이에 동참하게 되었는지 모른다. 그때 아이들은 열댓 살이 되어도 이성을 몰랐는가 보다. 부모들은 걱정을 많이 했다는 후문이다.

▲ 의누님 둘레

무당이 신 내리는 놀이도 했다. 사발에 물을 떠다 놓고 막대기를 거기 세우고 붙잡고 있으면 다른 사람이 주문을 외운다. 그때 한 여자가 진짜 신이 내렸는지 이성을 잃었다. 제 오빠가 뺨을 때렸더니 푹 엎어졌다. 얼마 만에 깨어나서 생각이 안 난다고 했다. 무당들이 신이 내려서 어쩔 수 없이 무당이 되었다고 하는 사람이 많은데 그녀도 그랬던가 보다.

가끔은 처녀나 새댁들도 우리와 같이 놀았다. 처녀들과 의남매를 맺었다. 나는 화자네 고모와 의남매를 맺었다. 의남매를 맺는 의식은 바늘을 꿴 실에 먹물을 묻혀 팔목에 피부를 잡고 바늘로 꿰어 통과시키는 것이다. 내 오른쪽 팔목에는 아직까지 까만 점의 의남매 자국이 선명하다. 화자네 고모는 이름이 없고 '둘레'라고 했다. 그래서 '둘레 누나'라고 불렀다.

우리와 의남매 맺은 누나 하나가 시집갔다. 그 집은 딸만 아홉을 둔 딸 부잣집이었다. 아들이 있었는데 어렸을 때 죽었다. 딸 많은 집 아들은 딸들의 기에 눌려 죽는다고 했다. 셋째가 시집가는데, 가마

타고 갔다. 우리들은 서운해서 가마를 따라갔다. 누나는 가마 안에서 계속 울었다. 뒤에 따라오던 신랑이 그만 울라고 해서 그쳤다. 우리는 서화천까지 1km를 배웅해주었다.

화자네 삼촌이 결혼했다. 마당에 차일을 치고 그 밑에 높은 상을 놓고 닭을 묶어 올려놓고(나무로 만든 기러기 한 쌍을 놓는 것이 상례) 몇 가지 음식을 놓았다. 신랑은 사모관대(紗帽冠帶)하고, 신부는 칠보단장(七寶丹粧)하고 주례의 구령에 따라 식을 진행했다. 나중에는 신랑 신부가 술을 마시고 끝냈다. 그런 의식이 전통적인 우리의 결혼식이다.

내가 거기서 살던 '회고록'를 2007년에 『장단 가는 길』이라는 책명으로 내서 친구와 화자에게 주려고 옥천역으로 나오라고 했다. 아버지 병간호해주느라 새벽마다 미음을 끓여 주었던 화자네 작은 엄마,의 누님인 둘레 누나에게 주려고 몇 권 가지고 기차 타고 옥천역으로 갔다. 거기에 친구와 화자가 나왔다. 화자가 어린 소녀가 아니라 할머니가 되었다.

바로 열차 타고 서울로 오려고 했더니 그들은 서운했던지 구경하고 가라고 했다. 그들이 데려 간 곳이 구읍에 있는 정지용 문학관이다. 거기 관리인이 건너 마을 무중굴 친구의 동생이었다. 그의 안내로 문학관을 구경하고 방에서 커피 한 잔 하고 왔다. 몇 년 후 동작문인협회에서 그곳으로 문학기행 갔을 때 내 책 몇 권 기증했다. 관리인은 이곳에서 피란살이 하던 사람이 그 내용을 책으로 낸 것은 기적이라고 좋아했다.

우리 마을 건너편에 공동묘지가 있다. 거기에 도깨비불이 가끔 나타난다는데 보기는 쉽지 않았다.

친구가 철도국에서 입환(入換) 작업할 때 쓰는 신호등을 얻어 왔는데 그 등에서는 빨강, 파랑, 노랑불을 번갈아 가면서 켤 수 있었다. 우리들은 그것으로 도깨비불 장난을 하여 마을 사람들을 놀래주고자 합의가 되었다. 나무를 잘 타던 내가 마을 앞 감나무 위에 올라가고 친구들은 도깨비불 보라고 집집마다 다니면서 바람을 넣었다.

주민들은 신을 거꾸로 신고 나와 마을 앞에 모였다. 나는 불을 크게 했다 작게 했다 하면서 도깨비불을 조작했다. 작게 하면 사람들은 멀리 갔다 하고, 크게 하면 가까이 왔다고 했다. 거리가 가까워 그들의 말소리가 다 들렸다. 신이 난 나는 빨간불에서 파란불, 노란불을 마음대로 만들었다. 사람들은 감탄하면서 저런 도깨비불은 처음 본다고 하였다. 그때 한 어르신이 '도깨비불은 저렇게 색이 변하지 않는다. 가 보자.'고 했다. '이크, 도깨비불이 어떻게 생겼는지 알아야지'하고 놀라서 있는데 바람잡이가 와서 끄라고 하였다. 불이 꺼지니 그들은 한참 기다려도 다시 나타나지 않자 흩어졌다.

도깨비불은 인(燐)이 흩날리는 현상이라고 한다. 인은 뼛속에 있다 뼈가 썩으면 노출되어 바람에 흔들리는데 그걸 도깨비불이라고 했다. 우리 조상들은 도깨비를 소재로 여러 가지 우화(寓話)를 만들어 냈다. 도깨비의 공통점은 힘이 세고 성격이 단순하다는 것이다. 그들은 힘이 세어도 사림을 죽이지 않는다. 큰 방망이를 어깨에 메고 다니면서 뽐낸다. 화가 나면 사람에게 행패를 부리지만 속에 담아 두지 않는다. 꾀가 없어 사람과 싸울 때마다 진다. 여섯 살 어린 애의 IQ 다. 왜 사람들은 도깨비를 못난이로 만들었을까?

우리 마음속에는 나보다 못한 상대를 만들어 우위에 서고 싶은 욕망이 있는 것은 아닐까? 상대가 너무 완벽하면 주눅이 든다. 어느 한 귀퉁이 허술한 구석이 있어야 친근감이 느껴진다. 그래서 도깨비를 철모르는 어린이로 만들었다고 추측해 본다. 그 마을에서는 도깨비불이 두고두고 이야깃거리가 되었다. 우리들도 맞장구를 쳤다.

우리들이 놀던 놀이 중에 기억에 남는 것은 연극이다. 어느 해 추석 때 고등학생이 연출을 맡고, 윗동네 선배와 우리 다섯이 연극을 하기로 했다. 마을 뒤 담배창고에 무대를 만들어 놓고 밤이면 모여서 연습을 하였다. 우리보다도 동네 처녀와 아주머니들이 더 열성으로 후원 해 주었다. 밤참도 해 주고, 부족한 물품 조달도 해주고.

그 연극의 스토리는 이러했다. 산적에 점백이라는 이름을 가진 두목이 있었는데 그는 뺨에 큰 검은 점이 있어서 여자들에게 인기가 없었다. 그래서 민가에 내려가 예쁜 색싯감을 납치해왔는데 동생이 넘봤다. 처녀도 동생을 좋아하는 눈치였다. 형제간에 여자를 사이에 놓고 싸우는 것은 치사하여 그는 처녀를 동생에게 주고 자살하기로 마음먹었다. 아무도 없는 달밤 점백이는 신세 한탄을 하고 칼로 배를 갈라 자결하고 말았다.

그런 내용의 각본을 만들어 여자역도 남자들이 했다. 점백이역은 윗동네 선배에게 주어지고 잡아 온 처녀는 날씬한 몸매의 사촌 형이 맡았고, 나에게는 산적 졸개역이 주어졌다. 대본은 없었다. 연습을 많이 하여 대사가 몸에 뱄다.

추석 전날 우리들은 무대 복장을 하고 이웃 세 동네(도램말, 무중굴, 점말)를 북과 꽹과리를 치면서 다녔다. 꼬마들은 생전 처음 보는 분장(扮裝)이 신기했던지 졸졸 따라다녀서 우리도 신이 났다.

추석날 밤 화자네 쪽마루가 무대가 되고 마당은 관람석으로 사용했다. 무대 장치가 아무것도 없고 배우들의 몸짓과 대화뿐이었다. 세 마을 주민 1백여 명이 와서 관람석은 만원이었다. 흥행은 박수를 많이 받았으니 성공한 편이었다.

휴전 후 대전에 나와 살 때 이웃에 있는 중도극장에서 임춘앵여성국극단이 '점백이의 일생'연극을 한다기에 가 봤다. 그때는 여성국극단이 많았다. 그중에 임춘앵과 김경애여성국극단이 유명했다. 무대와 옷은 화려했지만 우리만큼 못했다.

1988년도에 KBS에서 드라마를 공부했다. KBS드라마작가과정 8기생이었다. 6개월은 통신 교육을 받고 그 후에 세미나를 가졌다. 전국 수많은 수강생 중 70명 선발하는데 들었으니 행운이었다. 강사는 전설의 고향, 용의 눈물로 한창 이름을 날리던 이환경 작가와 이응진 PD였다. 매주 KBS 제2TV방송국에 가서 강의도 듣고 수강생과 친교도 나누었다. 강사로 온 분들이 유명한 드라마 작가거나 PD분들이었다. 그때 우리가 배운 형식은 드라마 세임이있다. 180매 분량의 90분이 소요되는 극본이었다. 거기에 2편을 써서 보냈으나 소식이 없으니 자동 탈락이었다. 회사에 재직할 때여서 모임에 자주 참석할 수 없었던 것도 한 원인이었다.

드라마 극본 쓰기는 93년 회사를 퇴직한 후 수필로 등단하는 계기가 되었다. 회사에 수필계에서 '바보네 가게'로 이름을 날리던 박연구 선생의 동생이 있어서였다. 수필을 쓰면서 2022년 소설로 한국문인을 통하여 등단했다. 내용은 '아버지의 눈물'이었다. 한국전쟁 일어나던 날 우리 남매를 누님댁으로 보내면서 '만약 전쟁이 길어져 가족을 못 만나게 될지도 모른다. 그렇게 되면 동생 잘 보살피고 살아 전쟁이 끝난 후에 만나도록 하자'고 하셨다. 그 목소리는 떨렸고, 눈에는 눈물이 맺히셨다. 항상 엄하고 행동거지가 반듯하셨던 아버지가 그런 흔들리는 모습을 보이신 것은 처음이었다. 그 말씀이 현실이 되었다. 임진강을 건너다 아버지를 잃어버렸으니. 내가 드라마작가로 계속 극본을 썼다면 아버지의 눈물도 방영되었을 것이다.

그 후 글은 많이 써 왔지만, 무대에 서 보지는 못했는데 10대 중반 피란 시절 비록 쪽마루지만 무대에 서 봤다는 게 더없이 소중하다.

반공포로 석방

휴전 된지 70년이 다가온다. 한국은 휴전을 반대했지만 미국과 중공, 북한은 찬성했다. 그래서 그들만으로 휴전회담이 진행됐다. 휴전회담은 소련의 제의로 1951년부터 시작되었지만, 우리 정부는 북진통일을 주장하고 휴전에 반대하였다.

그래서 한국대표는 당사자이면서도 휴전 회담에 참여하지 않았다. 휴전회담에 중요한 의제는 포로교환이었다. 포로교환에 북측은 전원교환하지 않으면 유엔군 포로를 보내지 않겠다고 했다. 유엔 측도 그쪽으로 기울자 이승만대통령은 반대했다. 포로 중 대다수가 남한에서 강제로 끌려간 의용군인데 무조건 다 보낸다는 것은 사리에 맞지 않는다고 주장했다. 그러나 우리의 요구는 휴전회담석상에서 받아들여지지 않았다.

포로수용소 안에서는 북측으로 보내 달라는 포로와 북한으로 안 가겠다는 포로가 싸워 매일 몇 명씩 죽어 나갔다. 북한군은 대좌(대령급)를 위장 포로로 만들어 수용소 내에서 많은 포로가 북측 편을 들게 선동하였다. 이러한 사정을 안 우리대통령은 반공포로들을 유엔군 측 몰래 석방시키는 방안을 추진했다. 포로수용소는 여러 군데 있었고, 경비는 미군 헌병(MP)이 주였고, 한국 헌병이 보조였다.

이 대통령은 원용덕 헌병사령관에게 반공포로들을 탈출시키도록 지시하였다. 헌병 사령관은 은밀히 조사하여 파악했다. 드디어 포로 석방 날이 결정되었다. 1953년 6월 18일 밤중에 수용소 철조망을 끊고 포로들이 물밀듯이 뛰어나갔다. 미군은 총을 쏘았으나 그들을 제지하지 못했다. 전국 여러 군데에 분산되어 있던 포로수용소에서 같은 날, 같은 시각 일제히 탈출한 포로는 2만7천여 명이었다. 유엔군은 잡으러 다녔으나 우리 국민은 꼭꼭 숨겨 주었다.

한국정부의 반공포로 석방은 국제적으로 커다란 파문을 일으켰다. 미국의 아이젠하워 대통령은 '한국이 유엔의 권한을 침범한 것 아니냐'는 항의를 해왔고, 북한과 중공은 한국과 미국이 공모하여 포로를 석방시켰다고 비난하였다. 미국은 한국 대통령을 교체하려고까지 했지만 이승만 대통령만한 인물이 없어서 포기했다는 소문도 돌았다. 정부는 강한 외압에도 불구하고 흔들리지 않았다.

미국 정부는 정식으로 특사를 보내 '대통령의 독단은 매우 무익한 일이며, 사리에 맞지 않는다, 우리의 요구를 들어준다면 휴전 후에 미국의 힘을 빌려 줄 것을 보장한다.'고 하였다. 이승만 대통령은 한미방위조약을 맺으면 휴전회담에 동의하겠다고 했다. 미국은 방위협정을 맺자고 했지만 한마디로 거절했다. 방위조약이 아니면 우리 혼자 싸우겠다고 했다. 미국도 빨리 휴전하려면 한국의 요구를 들어줄 수밖에 없다고 보았다. 그래서 '휴전 후에 긴밀한 협조 관계의 확대, 포로의 자유의사 보장, 한 · 미 상호방위조약의 체결, 정치 · 경제 · 방위 문제의 협력 증진, 소총 20만 자루 제공, 통일한국의 실현을 위한 상호 협력' 등 한국의 요구를 대부분 들어주었다.

그 결의에 의하여 포로들의 무조건 송환을 저지하고, 자유의사에 의하여 선택하게 만들어, 한국군과 유엔군 12,773명이 자유의 다리를 건너왔다. 판문점 돌아오지 않는 다리로는 북한 포로가 갔다.

미군은 휴전 후 본래 주둔하던 일본으로 건너갈 예정이었는데 한미 방위조약에 의해서 한국에 머물게 되었다. 미군이 한반도에 없다면 우리는 북한의 위협에 발 뻗고 살지 못했을 것이다. 이 대통령의 배짱, 어떻게 해석해야 하나. 어려운 때 국익을 위해 생명을 내놓고 도박을 한 애국자였다고 생각된다.

1950년 6월 25일 오전 4시에 38선 전 전선에서 북한군의 발포로 시작된 6·25사변은 1953년 7월 27일 오전 10시까지 1,127일 만에 총성이 멈추었다. 피아에 240만여 명의 사상자를 내고.

휴전회담은 1951년부터 시작하여 무려 158번의 만남 끝에 1953년 7월 27일 조인식을 가졌다. 27일 10시 판문점에서 한국군 측에선 최덕신 소장이 배석한 가운데 유엔군 측에선 해리슨 소장이, 북한군 측에선 남일 중장이 휴전에 동의하는 문서 각각 9부 씩 도합 18부에 서명했다.

휴전선의 경계는 양군이 주둔해 있는 지역으로 했다. 동서 155마일 전역에 흰 말뚝 2천여 개를 박아 경계 표시로 하고 그 남쪽 2km까지를 남방한계선, 북쪽 2km까지를 북방한계선이라고 하여 도합 4km에 양쪽 군인이 들어가지 못하게 해 우발적인 충돌을 막게 했다. 그래서 휴전선은 38선과 같이 일직선으로 그어지지 않고 서쪽은 남쪽으로 내려오고, 동쪽은 북쪽으로 올라갔다.

실제 휴전선 너비는 처음에 정해진 4km대로 되지 않고 몇백m 되는 곳도 있다는 GP에서 근무하다 제대한 군인의 증언이다. 그래서 양쪽 군인이 상대방 지역에 넘어 와 놀다 가기도 했다는 설도 있다. 영화 JSA는 그런 가정(假定)하에서 제작된 것이다.

그 후 70년이 지났다. 아직도 휴전선은 그대로 있다. 그 동안 휴전선 북쪽과 남쪽은 얼마나 변했나? 남쪽은 자유민주주의 시장경제를 택하여 세계를 향해 문을 활짝 열고 장사를 한 결과 세계 10위권에 드는 경제 대국이 되었다. 원조를 받던 나라에서 주는 나라로 변했다. 쌀밥을 배불리 먹고도 남는 나라가 되었다. 미국에서 생활수준이 중위권에 드는 교포가 와서 보고 부러워했다는 글을 읽었다. 비데를 미국에선 잘 사는 집에 설치하는데 한국에선 공중화장실에도 설치되어 있는 것을 보고 놀랐다. 선진국이라는 유럽도 공공시설이 우리만 못하다. 지하철 화장실에서도 돈을 받는다. 동남아 사람들이 와서 보고 한국을 떠나지 않으려 한다는 무역계통에 있는 아들의 증언이다.

우리는 일상이 되어 느끼지 못하는 것을 그들은 부러워하는 것이다. 불편한 점도 있다. 전자기기(電子器機)가 많아 다룰 줄 모르는 노인에겐 불편하다. 문맹만큼 불편한 컴맹이란 말이 있는데 맞는 말이다. 나도 모르는 것은 아들이 해 주어 불편함이 없지만 혼자 사는 노인은 어떻게 할까?

휴전선 북쪽은 어떤가. 굶어 죽는 사람이 많다는 언론보도다. 일은 내 것이라야 열심히 하지 공공적인 일은 열심히 하다 병이 나면 나만 손해다. 그래서 적당히 한다. 적당히 하면 발전이 없다. 90년대 초

소련을 비롯한 동구권 공산정권이 무너졌다. 그 원인 중 하나가 88 서울 올림픽이다. 동구권 국가들도 많이 와서 보고 한국의 발전을 경이의 눈으로 보았다. 소련의 고르바초프 서기장이 제주도에 와서(국교가 없어서 서울에는 못옴) 그 부인이 라면을 먹어 보고 '꼬부랑 국수가 맛있다.'고 했다. 그 후 소련에는 개혁의 바람이 불었다. 고르바초프는 소련의 공산주의 국체는 그대로 두고 개혁하자고 했으나 같은 개혁파인 옐친은 아예 공산주의 소련을 무너뜨리자고 했다. 옐친의 목소리가 커서 고르바초프는 옐친에게 정권을 넘겨주고 은퇴했다. 옐친이 러시아로 국명을 바꾸고 16개 위성국을 독립시켰다. 중국은 정치는 사회주의지만 경제는 시장경제를 택하여 숨통을 틔웠지만 북한은 '우리 식대로 살자'고 더욱 문을 안으로 꽁꽁 걸어 잠갔다. 그러니 자급자족이 안 되는 경제가 엉망이었다. 거기에 그치지 않고 핵무기와 미사일을 만드느라 국민 생활은 돌보지도 않는다. 앞으로도 그러리라 예상된다. 하지만 없는 돈을 해킹이란 도둑질을 하여 남의 나라 금고에서 돈을 훔쳐서(언론보도 인용) 핵무기와 미사일을 개발하는 것과 풍부한 자금을 가지고 인공위성까지 쏘아 올리는 대한민국과는 상대가 되지 않는다. 북한은 망상에 젖어 있지 말고 현실을 똑바로 보기 바란다. 자고로 민심을 거슬러 잘 된 정권은 없다.

나는 매일 아침·저녁으로 '하나님을 섬기는 자유가 있고, 자유민주주의 방식으로 통일이 되게 해 주십사' 하는 기도를 하나님께 드린다. 피 한 방울 흘리지 않고 남북이 하나가 되어 광개토 대왕 때 만주 대부분을 차지했던 영토를 다시 찾게 해 주시기를 간절히 기도드린다.

덤으로 사는 인생

나는 나면서부터 탈장이 있었다. 불알로 창자가 나려 와 밀어 넣으면 들어갔는데 어느 날 들어가지 않아 그대로 잤더니 혼수상태가 되었다. 3일째 마을 사람과 아버지께서 들것을 만들어 나를 눕히고 옥천의원으로 갔더니 거기서는 수술해야 산다면서 대전 박 외과로 가라고 등을 밀었다. 날은 저물어 버스가 끊겨 지나가는 트럭을 얻어 타고 대전에 와서 물어물어 시청 뒤에 있는 박 외과를 찾아갔다.

의사가 퇴근했다 간호사의 부름을 받고 나와 내 상태를 보더니 곧바로 수술 해야 한다면서 간호사에게 준비를 시켰다. 여러 시간 만에 수술이 잘 되어 입원실로 옮겼다. 보증금 한 푼 내지 않은 환자를 큰 수술까지 하고 입원시켜 주었으니 박 외과 원장님은 생명을 존중하는 진정한 의료인이었다.

땔감은 나무를 옥천에서 사촌 형이 져다 주었다. 20여 일 만에 병원 마당 담장에 붙어 서서 밖을 내다봤더니 길 건너에서 뛰어노는 아이들이 부러웠다. 돌멩이를 주워 던졌더니 바로 앞에 떨어졌다. 기운이 하나도 없는 것이다. 나는 언제나 저렇게 뛰어놀 수 있을까? 눈물이 핑 돌았다.

원장이 아버지를 불러 치료비를 청구하였다. 예상했던 대로 거액이었다. 아버지는 서울 시골로 아는 사람을 찾아다니면서 돈을 구하러 다니셨으나 내남없이 살기 힘든 세상에 남의 아들 치료비를 보태 주려는 사람은 없었다. 그때 일가 중에 영등포에서 방직공장을 경영하던 아저씨가 계셨는데 그분이 병원비의 반을 대 주셨다.

어머니는 조기찌개를 맛있게 끓이고, 아버지는 도라지 위스키 한 병을 준비하여 원장 선생님을 우리 입원실로 불렀다. 아버지는 그 동안 돈을 구하러 다녔던 과정을 얘기하고 이제 더는 구할 수 없으니 은덕을 베풀어 달라고 사정했더니 원장도 흔쾌히 승낙하여 43일 만에 퇴원하였다.

부모를 잘 못 만났으면 그때 병원에 데려가지 않았을 것이고, 박외과가 아니었으면 내 생명은 그때 끝난 것이고, 영등포 아저씨가 아니었으면 박 외과에 최소한의 체면도 세워주지 못할 뻔 했다.

박외과 병원에서 퇴원한지 얼마 안 되어 추석을 맞았다. 명절에는 마을에서 돼지를 잡는 게 그 고장의 관례였다. 어떤 때는 세 동네 공동으로 소를 잡기도 했다. 그해에도 마을에서는 돼지를 잡아 우리 집에 두 근이 배당되었다. 아버지는 내가 큰 수술을 했기 때문에 돼지고기를 먹으면 해로울지 모른다면서 먹지 못하게 하셨다. 나는 죽어도 먹겠다고 떼를 썼다. 돼지고기를 먹겠다고 죽기 살기로 달려 든데에 나 자신도 놀랐다. 내가 제일 싫어 한 고기가 바로 돼지고기였기 때문이다.

어렸을 때 이웃에서 돼지를 잡았다고 할아버지 드리라고 국 한 그릇을 가져 왔다. 하얀 것이 있어 한 점 먹어 봤더니 암만 씹어도 물컹물컹하여 구역질이 나서 뱉었다. 비계를 몰랐다. 그 후에 돼지고기하면 쳐다보기도 싫었다. 그런 돼지고기를 죽어도 먹겠다고 달려들었으니 내 자신도 놀랄 수밖에. 큰 수술을 받고도 고기 한 점 못 먹었으니 내 식성과는 관계없이 몸은 강력하게 고기를 원했던 모양이다.

아버지는 동네 어른과 상의하더니 먹으라고 하셨다.

그때의 기쁨이란!

말무덤고개

어느 겨울밤 어머니께서 대전 갔다 늦은 시간에 열차로 오신다고 짐 받으러 옥천역으로 나오라고 하셨다. 저녁을 먹고 나갔다. 어머니는 그 열차로 오시지 않았다. 가로등도 없는 개울가 산길을 늦은 밤 혼자 오기는 무서웠다. 그 구간에는 마을은 없고 개호주와 도깨비도 나온다는 말을 들었기 때문이다.

삼국시대 때 백제의 26대 성왕이 3만여 명의 군사를 이끌고 신라의 관산성(옥천 소재)을 치려고 말무덤 고개로 왔다. 고개 밑에는 큰 서화천이 꺾여서 흐르고 그 건너가 군전(軍戰)벌이다. 백제군이 군전벌에 왔을 때 말무덤고개에 진치고 있던 신라군에게 앞뒤에서 공격받아 백제군은 성왕 이하 좌평 명과 함께 29,600명이 전사하였다. 그 후 이 고개는 말무덤고개가 되었다.

'말'은 타고 다니는 말(馬)이 아니라 '큼, 크다'의 대명사라는 옥천 향토사학자의 설명이다. 그 고개가 성왕의 무덤이 있던 고개라고 하여 '말무덤'이라는 지명이 지어졌다는 것을 그 사학자를 통하여 알았다. 우리가 살던 마을 건너 동네 이름이 무중굴인데 그때 신라군이 1만 명을 여기에 숨겨 놓아서 그런 이름이 붙여졌다. 백제군은 아무것도 모르고 오다 앞뒤에서 신라군의 협공을 받아 전멸하다시피 했다. 그 전장이 말무덤 밑에 있는 군전벌이다.

백제군이 신라를 치려 한 원인은 신라에 있었다. 고구려가 도읍을 평양으로 옮기자 위협을 느낀 신라와 백제는 공수동맹(攻守同盟)을 맺었다. 성왕 때 백제군이 고구려군과 싸울 때 힘이 달려 신라에 원군을 청했다. 신라군은 오더니 고구려군만 치는 것이 아니라 백제군까지 쳤다. 기진맥진한 백제군은 기운이 펄펄 나는 신라군을 당할 수가 없어 쫓겨났다. 화가 난 백제 성왕은 왕자 여창을 시켜 신라군을 혼내 주라고 했으나 오히려 패하여 돌아왔다. 그래서 120년 동안 유지되어 오던 두 나라 동맹은 깨졌다. 신라는 한창 힘이 솟는 진흥왕 때였다. 성왕은 대가야와 합하여 3만의 군사를 손수 이끌고 금산 쪽으로 오다 식장산 긴 협곡을 통하여 옥천 관산성을 치고자 했다. 신라에서는 사전에 알고 말무덤고개에 진 치고 후미인 무중굴에 만여 명의 군사를 숨겨 놓았다. 말무덤고개는 서화천을 끼고 ㄱ자 형태를 이루어 꺾이는 지점에 있어 그 밑에 있는 벌판을 조망할 수 있는 가로 놓인 긴 능선이었다.

성왕이 적장 도고 앞에 끌려 왔다. 도고는 정중히 절을 하고는 "왕의 머리를 베려 합니다."했다. 성왕은 "왕의 머리를 노의 손에 맡길 수 없다."고 했다.

"국법에 왕의 머리를 베지 않으면 처벌을 받습니다."했더니 성왕은 눈물을 철철 흘리면서 "짐은 아직까지 수많은 어려움을 뚫고 헤쳐 왔으나 목숨을 구걸하고 싶지는 않다."고 말한 뒤 고개를 내밀었다. 도고는 성왕의 목을 베어 그 자리에 땅을 파고 묻었다.

- 자료출처 : 이선근 지음 『대한국사』

일제강점기 때 옥천 물레방앗간에서 방아를 찧어 오던 사람들이 밤중에 말무덤 고개에 올라섰을 때 하천 하류 쪽에서 여러 개의 횃불이 올라왔다. 가까이 오는 걸 보니 상체만 있고 하체는 없는 괴물들이 순식간에 지나쳐 상류로 올라갔는데 키가 미루나무만 하였다. 사람들은 놀라서 일제히 소에게로 달려들었다는 어른들 말씀이었다.

그 생각을 떠올리니 무서워서 혼자 갈 수가 없어 성냥과 초를 사서 들고 갔다. 여차하면 불을 켜서 쫓으려고. 말 무덤 고개에 올라서자 뒤에서 사람들이 얘기하는 소리가 두런두런 들렸다. 같이 가려고 한참 기다렸으나 그 소리는 가까워지지 않았다. '혹시 귀신의 소리가 아닐까?'하는 생각이 들자 뒤에서 뭐가 목덜미를 잡아당기는 것 같아 집까지 정신없이 뛰어 왔다. 옷을 벗으니 겨울인데도 땀에 흠뻑 젖었다. 옥천역에 가는 길이 지금은 승용차를 타고 가면 10분도 채 안 걸리니 개호주고, 도깨비고, 귀신이고 나올 겨를이 없다.

내가 피란살이 했던 고장이 3국 시대 때 백제와 신라가 국경을 맞댄 특수한 지역이었다. 1,500년이 지났어도 군전리(軍戰里), 무중굴(武中窟) 등 전쟁에 관련된 이름이 그대로 있는데 정작 말무덤 고개에는 전쟁에 관한 흔적이 아무것도 없다. 원귀(寃鬼)는 억울함을 호소하기 위하여 나타난다는 전설이 있다. 밀양에 아랑각이 있는데 원님에게는 아랑이라는 예쁜 딸이 있었다. 그녀를 통인이 좋아하여 유모를 꾀어 아랑을 유인하여 정을 통하고자 했으나 거절하자 살해하여 묻었다. 원님은 갈리고 새 원님이 오면 계속 죽어서 밀양으로 오려는 원님이 없었다. 그때 담력이 센 젊은 선비가 밀양군수를 지원하였다.

그가 부임지에 와서 옷을 벗지 않고 앉아 있으니 밤중쯤 되자 바람이 휙 불더니 촛불이 꺼지고 장지문이 스르르 열렸다. 예쁜 여인이 들어와 절을 하였다. 원님은 정신을 똑바로 차리고 앉아 있으니 여인은 자초지종을 얘기하고 원수를 갚아 달라고 했다. 아랑의 원혼이다. 내일 아침에 조회할 때 나비가 앉는 사람이 범인이라고 했다. 원님은 범인을 잡아 처형하고 아랑의 시체를 찾아 장사를 지내 주고 추모하는 표징으로 정자를 지었다.

그런 풍속이 널리 퍼졌던 것이 우리네 성정인데 말무덤고개에는 성왕(聖王)과 수 많은 사람이 죽었는데 릉(陵)도 없고 위령비도 없으니 영령들은 얼마나 허전할까. 그래서 그 원혼들이 귀신으로, 도깨비로 나타난 것은 아닐까 하는 상상을 해봤다.

대전으로 이사 오다

이렇게 살기 힘든 중에도 친구들이 있어 재미있는 놀이도 하면서 살았는데 우리가 거기서 살 수 없는 상황이 되었다. 휴전이 되고 사회가 안정되자 아버지께서 륙색에 지고 다니면서 파시던 양약 때문에 경찰관에게 뺨을 맞았다는 소문이 있었다. 아버지 앞에서 그 얘기를 꺼내니 고개만 푹 숙이셨다. 사실인 모양이다. 원래 약은 자격증이 있는 사람만이 팔지, 일반인이 못 팔게 되어 있어서이다. 목공일도 없고 약장사도 할 수 없다면 우리는 그 고장을 뜰 수밖에 없었다.

아버지는 대전에 사는 고향 사람을 통하여 나오고 싶다고 하였다. 그의 주선으로 대전역 뒤 삼성동 산 중간에 있는 판잣집 방 한 칸을 얻어 아버지만 나오셨다. 목공 기술이 있어 어렵지 않게 일자리를 잡으셨던가 보다. 산촌이 아무리 좋고 오동리 인심이 후해도 그곳은 우리를 더 이상 머물게 하지는 못했다. 더 넓은 곳, 더 사람이 많은 세상으로 나가 꿈을 펼치라고 하나님은 등을 미셨다.

하지만 거기서 산 4년은 어려울 때 농촌과 산촌생활을 체험한 시공간(時空間)이어서 글을 쓰는데 귀중한 자료를 제공해 준다. 농촌 생활을 안 해 본 사람은 나물을 모른다. 냉이도, 꽃다지도, 소루쟁이도 뜯어 보지 않았기 때문이다. 모내기도, 벼 베기도 해 보지 않았다. 개울에서 송사리, 가재 잡는 쏠쏠한 재미도 모른다. 모르고 글을 쓰는 것과 해 보고 쓰는 것과는 천지 차이다. 그래서 체험이 중요하다.

우리는 대전으로 다 이사 왔다. 아버지 계신 곳에서 고개 너머에 공터가 있어 거기에 판잣집을 짓고서였다. 땅은 누구네 것이건 상관하지 않고 공터만 있으면 무조건 지었다.

판잣집은 말 그대로 판자(板子)로 지은 집이다. 피란민 때문에 인구가 급증하자 먹고 사는 것 못지않게 살 집이 문제였다. 그들이 임시로 지은 집이 판잣집이다. 판잣집은 하천부지나 산비탈에 땅을 평평하게 다지고 그 위에 각목을 세우고 벽은 판자로 막았다. 지붕은 루핑이나 깡통을 펴서 연결한 함석으로 덮고, 방바닥에는 구들을 놓은 다음 흙을 바르면 집이 되었다. 기술도 필요 없고 며칠이면 완성되었다.

우리도 그렇게 하여 방 하나, 부엌 하나를 만들고 이사 하였다. 집에 딸려서 10여 평 쯤 되는 목공소를 만들고 고향 사람과 같이 동업하였다. 만든 물건은 시내 재봉틀 판매소에 납품하는 손재봉틀과 발재봉틀 박스였다.

이렇게 해서 우리는 후방에서 제2의 피란생활을 대전에서 하게 되었다. 시골 아이들은 대처(도시)에 나가 살기를 얼마나 원했는지 모르는데 나는 쉽게 그 뜻을 이루었다.

시골 사람들이 고향을 쉽게 떠나지 못하는 건 땅 때문이었다. 농토를 묵힐 수도 없고 팔려고 내놓아도 팔리지 않았기 때문이다. 점말의 선배는 그들의 땅을 위임받아 기계로 농사를 지었다고 했다. 땅을 묵히지 않게 된 땅임자는 얼마나 고마워했을까.

판잣집에서 연탄을 땔 때 시원치 않게 바른 방바닥으로 연탄가스가 올라와 사람이 죽어 나갔다. 죽는 사람이 하도 많아 신문에 다 실리지도 않았다. 나도 연탄가스에 중독되어 죽을 뻔했다. 밤에 방안에 조개탄을 피워 놓고 아버지가 일하셨는데 기분이 이상하였다. 밖에 나갔더니 하늘이 노랬다. 이상하다? 생각하고 방에 들어왔더니 옆에서 자던 어린 생질 조카가 피를 흘리고 깼다. 그제야 조개탄에서 살인 가스가 나오는 줄 알고 문을 활짝 열어 놓았다. 조개탄은 연탄으로 만든 조개 모양의 연탄이고 초창기라 살인 가스가 나오는 줄 몰랐다. 조카 아니었으면 아버지와 나, 조카, 세 사람이 그날 밤 황천행 열차를 함께 탔을 것이니 아찔한 생각이 든다. 연탄은 50년대 후반부터 구공탄이 19공탄이 되면서 박정희 혁명정부에서 널리 보급시켰다.

우리가 살던 고장은 대전역 뒷동네로 북한에서 피란 온 청소년들이 특히 많았다. 그들은 대전역 담을 넘어 열차에서 도시락을 팔아 생계를 유지하였다. 후방에서 우리가 겪은 피란 생활은 아버지께서 먼저 와서 기반을 잡아 놓으신 관계로 다른 피란민보다는 고생을 덜 했다.

피란민들은 고향을 떠나 천리타향 모르는 곳으로 와서 바글대는 사람들 속에 처음 섰을 때 얼마나 막막하고 기가 막혔을까. 그들 중에는 일해 보지 않은 사람도 있을 것이고, 부귀영화를 누리던 사람도 있을 것이다.

대전에서 살 때 피란민 중에 '김 대포'라는 별명을 가진 사람이 있었다. 목수 일을 했는데, 어디서 일거리가 생기면 자기가 맡았다고 허풍을 떤 데서 비롯되었다. 동료들한테 술도 잘 사 인기도 좋았는데 한번은 어머니께서 저녁때 시장에 가다 사람이 빵 둘러싸고 있는 구경거리가 있어 가 보니 김 대포가 술집 여자한테 입고 있던 옷을 빼앗기고 속옷만 입은 상태에서 손이 발이 되도록 빌고 있었다. 친구들이 술을 얻어먹고 도망 가 술값이 없던 김 대포가 망신을 당하는 장면이었다. 풍문에 의하면 그는 고향에서 잘 살았다 한다. 부잣집 아들로 태어나 친구들한테 술도 잘 샀는데 아무것도 없는 피란민이 되어서도 그 습성은 이어졌다고 주위에서는 혀를 끌끌 찼다. 이렇게 어려워진 환경을 이기지 못하고 주저앉은 사람도 있었지만, 의지가 굳은 사람은 뛰어넘었다.

부산이나 서울 시장의 상권을 크게 쥐고 있는 사람들은 대개 이북사람이라고 한다. 그들은 피란 나와 의지가지없는 타향에서 죽기 살기로 장사에 매달린 결과로 피 눈물 나는 고생을 헤쳐 온 사람들이다.

성경 창세기 편에 보면 하나님께선 야곱의 열두 아들 중 하나인 요셉이 형들에게 밉게 보여 애굽 장사꾼들에게 팔렸다. 요셉은 애굽 시위대장 집의 청지기로 있었는데 주인 여자가 동침하자고 눈길을 주었다. 요셉이 싫다고 했다. 안에 볼일이 있어 들어갔더니 그녀 혼자만 있었다. 요셉의 소매를 붙들고 동침하자고 했으나 요셉은 급히 나오다 옷을 벗겨놓은 채 나왔다. 주인 여자는 심통이 나서 요셉이 자기를 겁탈하러 들어왔다 소리를 질렀더니 옷을 벗어 놓고 도망쳤다고 했다. 주인에 의해 요셉은 감옥에 갇혔다. 궁중 대신 둘이 요셉이 갇혀 있는 감옥에 들어왔다가 꿈을 꾸고 궁금해하여 요셉이 꿈풀이를 해 주었는데 그대로 되었다. 한 사람은 복직되고 한 사람은 죽임을 당했다.

몇 년 후 왕이 꿈을 꾸었는데 그 꿈을 해석하는 사람이 없었다. 궁중 대신은 요셉을 생각하고 그를 천거했다. 왕이 불러 꿈얘기를 하자 요셉은 7년 풍년 후 7년 흉년이 들 터이니 대비하라고 했다. 왕은 요셉에게 맡겼다. 요셉은 총리가 되어 풍년이 들 때 곡식을 많이 저장해 놓았다. 7년 흉년이 들어 요셉이 아버지와 형제들을 애굽으로 옮겨와 살게 했다. 요셉이 애굽으로 팔려온 것은 형들이 판 것이 아니라 하나님께서 내리신 조치였다고 요셉은 보았다.

우리 가족들 고생을 덜 시키기 위하여 하나님께선 아버지를 충청도로 먼저 보내신 것은 아니었을까? 창세기 편을 읽으면서 그런 생각이 들 때가 있다.

동생의 유골을 안고

피란 다닐 때 아홉 살(42년생)의 어린 몸으로 죽을 고생을 많이 했던 여동생, 신이 없어 추운 겨울에도 찢어진 검정 고무신을 신고 눈길을 걸었던 어린이. 그 동생이 다니던 회사에 불이 나서 몇 사람과 함께 불귀의 객이 되고 말았다. 열아홉 살의 한창 피어날 꽃송이가 피어 보지도 못하고……. 아침에 '잘 갔다 오라'고 손을 흔들면서 서로가 출근길에 올랐는데 저녁에 퇴근해보니 죽었다고 한다. 도무지 믿어지지 않았다.

하나님께 동생을 살려 달라고 기도하였다. 교인은 아니었지만, 간절히 기도하면 들어 주신다는 말을 들었기에. 하지만 하나님은 내 기도를 들어주시지 않았다.

회사 마당에 안치된 동생의 시신을 보려고 갔더니, 울타리 안에 천막으로 덮여 있어 안으로 들어가려고 했더니 어른들이 못 보게 말렸다. 휘영청 밝은 달을 올려다보니 달 속에 활짝 웃는 동생의 얼굴이 들어 있었다. 저 얼굴을 영원히 다시 볼 수 없다니…….

며칠 후 한 줌의 재가 된 동생의 유골을 안고 회사 사람들과 함께 교외 봇도랑에 가서 뿌렸다. '나는 너를 보내지 않았다, 네가 떠나갔을 뿐이다'라고 자위하면서. 회사에서는 절에 동생의 사진을 봉안하는 위령제를 지내 주었다.

▲ 맨 우측 사람이 죽은 동생 금순

동생 비슷한 몸매의 처녀 뒷모습을 보면 오열이 일어 대전에서 도저히 살 수 없어 결국 고향 가까운 서울로 삶의 터전을 옮겼다.

서울로 와서 내가 동생을 위해 해줄 수 있는 것은 무엇인가? 해 줄 것을 찾은 것이 아니라 동생의 존재를 까맣게 잊었다. 사망 달도, 날짜도 잊었다. 기일에 사진이 봉안된 사찰에 가서 기도라도 올려 주어야 하는데, 무심한 오빠가 된 것이다.

뒤늦게 후회하고 아침·저녁 하나님께 예배 드릴 때 조상님들과 여동생 영혼도 보살펴 주시옵소서 하는 기도를 드린다.

70년 만에 찾은 도램말

죽을 때가 가까워 옥천에서 피란살이 하던 도램말을 가보기로 하였다. 2021년 아들 차 타고 70년 만에 가보았다. 헌데 옥천읍에서 군서면 오동리 가는 길이 전연 달랐다. 그전에는 비포장 2차선이었는데 지금은 말무덤고개 밑 군전벌에 포장된 길이 뚫렸다. 서화천 건너는 것도 2차선 다리를 놓아 징검다리는 없어졌다. 오동리 세 마을인 도램말, 무중굴, 점말은 그대로 있었다. 대전 외곽 그린벨트 지역에 포함되어 개발제한구역이 되었기 때문이다. 하지만 우리가 살던 도램말은 원형은 거의 그대로 있지만, 우리가 지은 집은 헐리고 아는 사람도 없다. 동네 위쪽에 있던 화자네 집은 비어 있고 마루에 올라서니 가족사진이 걸려있다. 화자 어머니 8순 때 찍은 사진이다. 자손들은 비록 몸은 떠났어도 고향을 잊지 않겠다고 어머니 팔순 때 모여 찍은 사진을, 낳고 자란 옛집에 걸어 두고 싶었던가 보다.

화자네는 마음속으로부터 정이 가는 가족들이다. 우리 아버지와 화자 아버지는 의형제를 맺을 만큼 사이가 좋았고, 그 엄마는 수더분하고 마음이 좋아 우리 어머니하고 가깝게 지냈고, 우리가 그 마을을 떠나서도 가끔 가면 자고 오던 집이었다.

마을 앞 도랑 가는 길은 폐쇄됐다. 거기에는 반듯한 돌 네 개가 있었다. 거기서 빨래하고, 김치 거리 씻고, 고추 마늘을 빻았던 곳이었는데 집집마다 수돗물이 나오고 빨래는 세탁기가 해 주니 도랑에 갈 일이 없어서였다. 풀이 무성한 논둑을 건너 도랑에 갔더니 옛날에 빨래하고 김치 거리 씻던 돌들은 이끼를 퍼렇게 뒤집어썼지만 그대로 있어서 반가웠다.

점말에 선배가 살아 있다고 하여 가보았다. 군서고등공민학교에 같이 다녔던 동창이다. 간단한 주안상을 며느리가 준비하여 주었다. 그 선배는 고향을 지켰단다. 고향을 떠난 사람의 농사도 지어 주어 광작의 기계 농사를 지었다고 한다. 연극할 때 점백이 역을 맡았던 선배는 죽었다고 한다.

차타고 나오면서 알알이 사연이 박혀 있는 정든 고장을 후딱 지나쳐 나온 차가 야속하다.

〈掌篇소설〉

풀매듭

나이가 80대 중반에 이르니 저세상으로 갈 날이 얼마 안 남은 것 같아 살아온 길을 돌아보았다. 고향에서 13년, 충청도에서 13년, 서울에서 60년을 살았다. 짧은 기간이지만 가장 강렬하게 떠오르는 곳이 피란살이 하던 충청북도 옥천 산골로 4년을 살고 대전에서 9년을 살았는데 그때의 기억이 가장 뚜렷이 떠오른다. 명제는 아들에게 피란살이 하던 고장에 가고 싶다고 했더니 어느 토요일 시간을 냈다고 같이 가자고 하여 차 타고 옥천 산골에 가 보았다. 그전에는 차를 몇 번씩 갈아타고 갔는데 지금은 주소만 차에 입력하면 가만히 앉아서 갈 수 있으니 천지개벽할 만큼 세상이 변했다. 그곳에서 같이 자라던 친구 다섯이 다 저세상으로 가고 나만 남았다.

우리가 살던 마을이 도랫말로 10여 호의 농가가 있었다. 대전 외곽 그린벨트 지역에 묶여 있어 변하지 않았지만 아는 사람은 하나도 없었다. 쓸쓸하게 돌아서 나오는데 길가에 뚜렷이 기억되는 곳이 있어 차를 세우고 내려 보았다. 우리가 비석을 해 세웠던 곳인데 길을 넓히느라 없어져서 찾아보았다. 옆에 있는 산기슭에 그 비석이 세워져 있었다. 그 비석에는 이영구지묘(李永求之墓)라고 쓰여 있고 앞에는 꽃다발도 있었다. 임자 없는 비석을 잘 관리해준 마을 사람들이 고맙다.

마을 앞길은 그 폭이 좁고 풀이 많았다. 머리털같이 가늘고 부드러운 풀이 양쪽에서 가운데로 덮여 있어 행인들은 풀 속으로 걸음을 내디뎌야 했다. 그래서 짓궂은 아이들이 장난을 치는데, 사용되기도 했다. 미운 사람이 저만치 앞에서 올 때 속 풀을 살짝 매 놓으면 걸려 넘어졌다.

초등학교 6학년 때 우리들이 학교 갔다 오는데 앞에서 커다란 광주리를 이고 오는 여자가 있었다. 우리 마을에 사는 영구 엄마였다. 영구네가 오늘 모를 내기 때문에 거기에는 일꾼들이 먹을 점심밥이 들어 있었다. 모를 낼 때는 품앗이로 마을 사람들이 모여서 일을 하여 사람이 많다. 머리에 인 것이 무거워 보였고 손에는 커다란 주전자까지 들려 있었다.

"정선아, 저기 영구 엄마 온다."

"그래서 · "

잔뜩 부어 뒤에 따라 오던 정선이는 시큰둥한 얼굴로 친구들을 보았다.

"그래서는 무슨 그래서야, 골통을 먹이자는 거지."

영구와 사이가 좋지 않았던 상철이의 말이었다. 상철이는 심술궂어 깐깐한 성격의 영구와 자주 다투었다. 오늘은 영구가 정선이와 싸워서 영구는 우리들과 같이 오지 않고 정선이만 잔뜩 부어 따라 오던 중이었다. 상철이는 풀을 묶어 놓고 우리들은 인근 산에 올라가 숲속에서 눈만 내놓고 바라보고 있었다.

'쿵', 결과는 너무나 뻔한 것, 영구 어머니는 길바닥에 엎어지면서 밥과 반찬과 그릇들이 한데 엉켜 앞에 쏟아졌다. 신음소리를 내면서 일어나지 못하는 영구 어머니, 그 뒤에 따라오던 다른 아주머니는 머리에 인 것이 무거워 내려놓지도 못하고 소리만 버럭버럭 질렀다.

'킥 킥,' 우리들은 숨죽여 웃었다. 다음 순간 "아이고 난 몰라."

상철이의 그 큰 눈이 겁에 질려 더 깊은 산 속으로 뛰어 우리들도 따라갔다.

"왜 아직 점심이 안 오지."

"그러게 말이야. 올 때가 지났는데."

논에서 모를 내던 동네 어른들은 고갯마루에 눈길을 주고 점심을 가지고 올 영구 엄마를 기다리고 있을 것이다. 거기에는 우리 아버지도, 정선이 아버지도, 상철이 아버지도 있었다. 우리는 산속에서 불안에 떨다 땅거미가 진 후 잔뜩 겁을 먹고 내려왔다.

이튿날 아침 학교 가는 길목에서 영구의 강한 눈이 정선이를 향했다. 정선이의 눈이 아래로 서서히 떨어졌다.

"영구야, 내가 잘못했다."

"아니, 괜찮아."

엄마가 아파서 아침을 못 먹고 나왔지만, 콧대 센 정선이가 머리를 숙이는 데는 기분이 나쁘지 않았다. 어제 일은 잊은 듯 친구들은 어깨동무하고 노래 부르면서 걸어갔다. 하늘은 맑고 머리 위에 떠있는 뭉게구름은 우리들을 포근하게 감싸 주었다.

하지만 영구 어머니는 그때 놀란 후유증으로 자리에 누워 앓다가 달포 만에 세상을 떠나고 말았다. 영구에게는 새엄마가 들어왔으나 영구와의 사이는 좋지 않았다. 영구는 학교도 쉬고 힘든 농사일만 했다. 우리와 마주쳐도 외면하여 점점 멀어졌다.

어느 늦은 가을밤 영구가 나를 찾아왔다. 좀처럼 없던 일이었다. 무슨 말인가 하고 싶은 눈치였으나 끝내 입을 열지 않고 돌아갔다. 자존심이 강한 그가 무엇 때문에 왔을까. 밤새도록 생각했으나 가닥이 잡히지 않았다. 그 궁금증은 이튿날 풀렸다. 무서리가 하얗게 내린 새벽 영구가 아무도 모르게 종적을 감춘 것이다.

세월이 흘러 우리들도 장성하여 각자 생활 전선을 따라 고향을 떠났다. 살기에 바빠서 영구 일은 까맣게 잊었다. 그러던 어느 날 신문을 보니 커다란 폭력 사건이 게재되었는데 그 사건의 주동자가 영구였다. 고향친구들은 경찰서로 면회 갔으나 영구는 만나 주지 않았다. 그는 30이 넘도록 장가도 못 가고 불량배들과 어울려 살고 있다고 했다. 우리들은 사식을 넣어 주었으나 그것도 받지 않았다.

그 후 영구의 일은 또 잊고 살다 3년이 지난 어느 날 아침 영구가 죽었다는 전화를 정선이로부터 받았다. 과거 다친 부분의 후유증으로 오랫동안 병석에 누워서 간호해 주는 이 없는 쓸쓸한 방에서 세상을 떴다고 한다. 그 전화를 받고 심한 고통을 느꼈다. 철없던 시절에 저질렀던 장난이 한 친구의 생애를 망친 죄책감에서 오는 괴로움이었다.

영안실에 들어서니 그의 빈소를 지키는 사람은 영구의 후배인 듯한 사람들과 상철이, 정선이 등 옛날 고향 친구 몇 명이 있을 뿐이었다. 영정 앞에서 정신없이 술잔을 들이키는 정선이를 볼 수 있었다.

"나 때문이야, 영구가 이렇게 된 것은."

몸부림치는 정선이를 여러 사람들이 진정시키는 것이 보였다. 그 옆에서 상철이도 꺼억꺼억 소리를 지르면서 땅을 치고 울었다.

영구의 영정은 방긋 웃으면서 나를 맞았다.

'나는 너희들을 원망하지 않는다. 모든 것은 나의 운명이니까, 고향 친구들에게.'

이런 내용을 적은 쪽지가 영정 밑에 붙여져 있었다.

순간 뜨거운 것이 목울대를 타고 치밀어 올라왔다. 영구는 고향 친구들을 잊지 않았던 것이다. 비록 우리들의 성의를 거절했지만. 본마음은 그게 아니었다. 떳떳하지 못한 자신의 처지가 달려 나오고 싶은 발걸음을 수천 번은 붙잡았겠지. 고향도 가고 싶었을 것이다. 진달래 피는 뒷동산, 가재 잡던 냇가, 뛰어놀던 감나무 밑……, 눈만 감으면 어른거리는 고향산천으로 매일 달려가고 싶었을 것이다. 하지만 모두가 손가락질 할 고향은 가서 무얼 하나, 그래서 고향을 잊고자 독하게 마음먹었던 것 같다. 그때마다 자신을 불행하게 만들어준 우리들을 얼마나 원망했을까. 그러나 다 쓸데없는 일, 차라리 운명으로 받아들이는 쪽으로 마음을 굳혔던 것 같다. 그때 그의 마음은 얼마나 아팠을까. 나는 죄인이다. 그의 불행을 만들어 낸 방조자다. 눈물이 앞을 가렸다.

장례를 치르고 우리들은 풀매듭이 있던 길가에 영구의 비석을 세우기로 합의했다. 마을 사람들의 동조도 얻어 냈다. 높이 90㎝, 너비 30㎝의 추모비를 해 세웠다. 비석에는 '李永求之墓'라고 앞에 쓰고 뒤에는 사연을 새겼다.

끝에 발기인 김상철, 이정선, 조명제라고 새겼다. 동네 사람들을 다 불러 떡 시루 앞에 놓고 묘비제막식을 했다. 상철이가 잔을 올리다 기어코 울음을 터뜨렸다. 덩치만 컸지, 성정은 자라지 않았다.

그 후 정선이와 상철이는 그곳이 고향이어서 가끔 내려가 묘도 관리하고 길을 넓힐 때 다른 곳으로 옮겼던가 보다. 묘비를 만지면서 세상을 떠난 친구들을 생각하고 있는데

"이제 그만 가요."

기다리다 못한 아들의 재촉이다.

〈프롤로그〉

영원한 로망

'6·25사변'의 명칭도 여러 가지다. 6·25동란, 나라와 나라 간의 싸움이 아니고 같은 민족끼리의 충돌이어서 '전쟁'이라는 명칭을 안 쓰고 '사변', 또는 '동란'이라고 그동안 표기해왔다. 근래에는 '한국전쟁'이라고 공식적으로 쓴다. 외국인들이 그렇게 불러서다. 내가 들은 여러 가지 이름 중에서 '6·25사변'이 가장 먼저 귀에 들어왔고 또 많이 써와서 그것으로 표기하기로 했다.

6·25사변을 전체적으로 다룬 시중에 나와 있는 책들이 아쉽게도 우리가 펴낸 것이 아니라 일본인이 만든 것들이다.[1] 그 원인은 한국전을 지휘했던 총사령부가 일본에 있어서 그쪽 사람들이 자료를 구하기가 쉬워서였을 것이다. 따라서 내가 가지고 있는 자료들도 일본인들이 만든 것에서 많이 인용하였다. 그 외에 전쟁에 참전했던 우리 장군들이 쓴 책[2]도 많이 보았으나 전체적인 것은 아닌 아쉬움이 있다.

6·25사변이 우리 민족에게 미친 영향에 대해서 생각해보았다.

첫째는 세계를 알게 되었다는 점이다. 비록 전 국토는 초토화되고, 수백만의 인명이 살상되기는 했지만, 세계 20여 개 국가가 직간접적으로 참전하여 3년여 동안 수백만 명의 노랑머리, 파란 눈, 까만 피

---

1) 『한국전쟁』, 고지마노부로, 1,2권, 『한국전쟁』 일본육전사 연구원 전10권,
2) 백선엽, 정일권, 김종오, 채명신, 전인식

부, 회색 피부의 세계 젊은이들이 대거 몰려오고 그들의 문화가 들어와 조용하던 아침의 나라 대한민국은 격랑에 휩싸였다. 그 결과 우리 것보다는 그들의 것을 존중하게 되었고, 미국이라는 태평양 건너 아득히 먼데 있던 나라가 가까이 다가와 우리에게 많은 영향을 주었다. 따라서 세계를 향하여 눈을 뜨게 되었고, '잘살아 보자.'는 공감대가 자연스럽게 형성되었다.

둘째 민족의 대이동이다. 유사 이래 6·25사변처럼 전 국민을 뒤섞은 사건은 없었다. 몽고의 난과 임진왜란 때도 전국적이었지만 인구가 많지 않아 이동은 적었을 것이다. 이번 전쟁은 북한 사람이 남한으로 많이 내려 왔고, 남한 사람도 북한으로 갔다. 그 수가 1,000만여 명이라는 당국의 발표다. 그들을 통하여 민속, 언어, 음식 문화가 널리 퍼졌다.

셋째, 이념의 극한 대립이다. 자본주의와 공산주의를 신봉하는 층들이 확연하게 구분되었다는 점이다. 그렇게 갈라놓은 속에서 남북은 자기들 체제로 국가를 운영해 왔다. 남한은 세계를 향해서 문을 활짝 열고 장사를 하여 세계 10위권에 들 만큼 발전했으나, 북한은 '우리민족끼리 살자'는 슬로건을 내 걸고 문을 안으로 꼭꼭 걸어 잠가 세계적인 가난한 나라중 하나가 되었다.

넷째, 무기의 발달이다. 6·25사변 때 총도 못 만들던 우리가 이제는 M-16이라는 성능 좋은 총은 물론, K-9이라는 전차, 미사일, 초음속 훈련기, 잠수함, 거기다 최첨단 무기 중의 하나인 이지스함까지도 만들게 되었다.

다섯째 해양문화의 발달이다. 대륙으로 가는 길이 막히니까 우리는 해양으로 나갔다. 스스로 배를 만들어 세계 5대양인 태평양, 대서양, 인도양, 남극양, 북극양에 태극기를 단 우리의 화물선들을 띄워 쉴 새 없이 상품을 실어 나른다. 따라서 배 만드는 기술도 발달되어 선진국들도 우리 조선소에 배를 만들어 달라고 주문하는 숫자가 많아 그 수입이 어마어마하다.

여섯째 공업의 발달이다. 우리 자동차 회사에서 만든 차들이 세계 여러 나라에 팔려 현대, 대우, 기아, 삼성 마크를 단 자동차들이 세계 6대주인 아시아, 아프리카, 유럽, 북아메리카, 남아메리카, 오세아니아 등을 누비고 다닌다. 전자 공업도 발달시켜 텔레비전, 냉장고는 물론 핸드폰, 빈도체도 만들어 세계에 팔려나간다.

일곱째 우리가 자랑해 온 배달민족, 단일민족 개념이 깨지는 계기가 되었다. 아직까지 우리는 중국, 몽고, 일본, 만주 등 황색인종과 무수히 피를 섞으면서 살아왔다. 따라서 우리 민족이 단일민족이라는 것은 말이 안 된다. 6·25사변은 우리가 황색인종 뿐만 아니라 백인종, 흑인종 등의 세계인과도 피를 섞는 계기를 만들었다. 그것은 우리가 원해서가 아니라 어쩔 수 없이 그렇게 되었다. 이제 우리는 좋든 싫든 단일민족임을 자랑하면서 살 수는 없게 환경이 바뀌었다. 민족 개념이 아닌 대한민국이라는 국가 개념을 소중하게 여겨 넓은 세계로 나가 좀 더 잘 사는 나라를 만들어야 한다. 그렇지 않으면 한말풍운 때 외세를 배척한 대원군의 전철을 다시 밟게 될 것이며 우리 민족끼리 살자는 가난한 북한과 같이 될 것이다. 6·25사변은 우리에게 수많은 변화를 가져왔지만 나는 일곱 가지를 꼽고 싶다.

오늘 우리가 누리는 번영은 우리 민족에게 '6·25사변'이라는 아픈 상처가 있었기에 일터가 주어졌을 때 밤잠을 안 자면서 허리띠 졸라매고 일하여 얻은 결과다. 이제 나에게는 더 잘 사는 나라를 만들어 귀여운 손자들에게 물려주는 것이 꿈이다.

2023년 늦가을

원당 조 홍 제

인용된 책

· 한국전쟁, 상·하권, 고리마노부루 지음

· 한국전쟁, 10권, 일본육전사보급회 편

· 백선엽, 지리산토벌도 289쪽

· 정일권

· 백마고지, 김종오

· 채명신

· 설악의 최후, 전인식

· 6·25전쟁 50주년 기념 응모작, 조선일보사, 월간조선 부록

조홍제 한국전쟁 회고록

아버지 찾아 삼만리

초판발행일 2023년 11월 15일

지은이 : 조홍제

발행인 : 김순진

편집장 : 전하라

디자인 : 김초롱

펴낸곳 : 도서출판 문학공원

등　록 : 2004년 3월 9일 제6-706호

주　소 : 우편번호 03382 서울 은평구 통일로 633
녹번오피스텔 501호 스토리문학사

전　화 : 02-2234-1666

팩　스 : 02-2236-1666

홈페이지 : https://blog.naver.com/ksj5562

이메일 : 4615562@hanmail.net